エース外国語教育

バブルトレーニング法の入門

お問い合わせは下記までお願いいたします。

ブック・ドメイン LLC. 543 イー・ルイーズ・ドライブ フェニックス、アリゾナ州 85050

ご注文に関する情報:

数量割引。法人、団体、その他によるご購入数量に応じて、特別割引がご利用いただけます。詳細については、上記住所まで販売代理店にお問い合わせください。

アメリカ合衆国において印刷。

ISBN-13

ペーパーバック 978-1-964100-35-7
電子書籍 978-1-964100-34-0

エース外国語教育

バブルトレーニング法の入門

チェオル・ボム・リー

BOOK DOMAIN LLC
Publish to Perfection

内容物の表

前書き

2009年にこの本の最初のバージョンを出版した後、誰からも意味のある反応はありませんでした。私はそれをこの本のカルマとして受け止めました。それでも、少なくとも自分がやるべきことをやったことに、ただただうれしかったです: 外国語教育を成功させるための議論の余地のない真実を、後でこの本を見つける人のために明らかにするのです。

それから約1年半が経った今、私は意味のある反応を受け取り、最初の本を改訂して、FLEを成功させるための唯一無二の真実であるBTMに力強さを加えました。

ピアノのスキルは、ルールを勉強したり、読んだり、書いたり、暗記したり、聴いたり、見たり、他の人と一緒に音楽を演奏したりすることでは身につけられないことを私たちは知っています。私たちは、必要なスキルを習得して初めて音楽を演奏できることを知っています。

外国語教育の歴史は、ルールの学習、読む、書く、暗記する、聞く、見る、および/または会話を通じて外国語を習得することはできないことを証明しています。必要なスキルを習得して初めて会話が可能になることを知っている人はほとんどいません。

非常に残念なことに、外国語教育のリーダーを含む私たちの絶対大多数は、ルールの学習、読書、書き込み、暗記、リスニング、視聴、および/または会話を通じて外国語を習得できると盲目的に信じています。

ピアノを上手に弾くための唯一の方法があります。私たちはそれが何であるかを知っています。同様に、外国語を上手に話すための唯一の方法があります。しかし、私たちの多く、特に外国語教育のリーダーは、まだそれを認識していません。

この本が出版されてから10年以上が経ちました。外国語教育のパラダイムには、意味のある変化は起こっていません。BTMが、外国語教育のニューノーマルパラダイムを確立するための礎石となることを願っています。

フラットアイアンシティから

コロラド州ボルダー

2025

概要:BTM仮説

1. 言語習得に関する作業仮説

言語の習得には、次の3つの獲得要素を[1]司時に獲得するために、実際のインプットと時間を大量に喋る必要があります:(1)言語的直感、(2)身体能力、(3)言語リソース。

2. インプットとアウトプットに関する作業仮説

1. 入力と出力の間に変異はありません。
2. 入力がないと出力は出ません。

---

1 私は「せせらぎ」または「せせらぎ」という用語を、学習者が言語、特に口頭での習熟度を習得する目的で、言語入力を模倣、コピー、模倣、または練習する繰り返しの行為を意味するために使用しています。しかし、広義には、学習者が言語入力後に「聞く」「読む」「書く」という繰り返しの練習行為を、それぞれのスキルを身につける目的で使うものでもあります。

2 これは、学習者が実際の環境で習得し、実際に使用できる現実的なインプットを指すものとして私が使用している用語です。意図した出力に応じて、実際の入力を実際の入力として指定して、それぞれ話す、読む、聞く、書く、文法を学習できます。意図した出力の取得を容易にするために必要な、ユーザビリティ、ストーリー、会話、語彙、音声、文法などの機能を欠いている入力は、それぞれの意図された出力に対する効果的かつ効率的な実際の入力とは見なされません。

3 実際のインプットの量と時間は、TLに対する個人の言語的耐性とTLを学ぶためめの精神的な没入の程度によって異なります。具体的な議論については、後ほどご紹介します。

4 「言語習得に関する作業仮説」というタイトルの記事を参照してください。

5 言語的抵抗とは、インプットを処理するための身体的および認知的不適性の程度であり、それがアウトプットの生成を妨げます。言語抵抗は、主にMTからTLまでの言語的距離と年齢によって引き起こされます。年齢は、MTの言語的特徴に対する物理的および認知的接着性の堅固さの程度を示しています。さらに、言語的抵抗は、入力を処理するための任意の種類の個々の不適性によって増加する可能性があります。言語的な抵抗は、異なるMTのバックグラウンドを持つ学生が他の言語と比較してそれらを習得するのが難しいまたは難しい理由を説明しています。また、一般的に子供が大人よりも比較的早く外国語を習得できる理由も説明しています。

3. インプットからアウトプットへの意味のある移行のためには、克服すべき個々の言語的抵抗がある。
4. 学習者にとって最も現実的で、シンプルで、よく理解されている入力が、最も効果的な出力を生み出す。
5. アウトプットの習熟度は、学習者の言語リソースプールに保持されているインプットの質、量、および現実に依存します。
6. インプットは、一定の強い精神的な没入感を持って定期的に繰り返し実行されることにより、言語リソースプールに最も効果的に保持されます。
7. インプットカテゴリーには、アウトプットとしての口頭能力の習得と開発に最も効果的なインプットカテゴリの特定の順序と組み合わせがあります。

3. BTMの実践モデル

BTMは、子どもが母語の言語能力を習得し、発達させる典型的なプロセスに示されているように、自然言語の習得とスキル向上のプロセスを実践モデルとして取り上げています。

4. BTMの登場

BTM(Babble Training Method)は、包括的な口頭能力指向の外国語教育法です。これは、生徒に外国語を教えることに従事している教師や、自分で言語を学びたい学習者のためのロードマップとして機能します。BTMは、スピーキングスキルの習得から口頭能力の開発までを網羅する体系的な教育プロセスに基づいて、外国語を教えるためのアイデアと方法を提供します。また、BTMは、外国語教育に関する最大の疑問である「なぜうまくいかないのか」という問いにも答えています。さらに、BTMは、「いつ」、「どこで」、「何を」、「どのように」、「どれだけ」という具体的な質問に対する詳細な答えを提供します。

何百もの異なる言語があるという事実は、言語ごとに異なる教育方法が必要であるという意味ではありません。これは、すべての母語がまったく同じ方法で成功裏に習得されているという事実から理解できます。したがって、BTMは言語学習の普遍的な方法であると主張しています。

BTMの出現は、従来の外国語教育(FLE)の方法が一般的に共有していた次の問題によって引き起こされました。

まず、従来のFLE法は、言語スキルの特定の領域を習得することに重点を置いていました。つまり、彼らは話す、読む、書く、聞くという包括的な言語スキルを開発するのではなく、特定の言語スキルを開発することに大きく制限されています。集中的なリスニングの練習のみに焦点を当てた方法もあれば、集中的なリーディング、文法、またはスピーキングの練習に焦点を当てた方法もあります。この問題を解決するために、BTMは、学習者が包括的な言語スキルを習得し、口頭での習熟度を向上させるための体系的な段階的なFLEプロセスを提供します。

第二に、現在主流の方法は、話す、聞く、読む、書くなどの目に見える活動のみを言語教育の対象としています。それらは一般的な言語活動の表面的な現象のみに限定されているため、言語習得の根底にある現象に基づく重要なプロセスを見落としています。したがって、学習者が包括的な言語スキルを習得するための基礎的なスキルを構築するようには設計されていません。それどころか、準備ができていない学習者にTL活動の表面現象を示すように作られており、学習者はTLを習得する場所がありません。BTMは、言語スキルを習得する基本的なプロセスにおいて、やらなければならないバブルトレーニングがあることを認識しています。このような認識のもと、BTMでは、学習者がそれぞれの言語スキルを習得するための基礎的なスキルを開発し、口頭能力を向上させるための体系的なBabble Trainingを提供しています。

第三に、新しいテクノロジーベースの方法が登場し、従来の慣行から根本的な変更がないため、FLの教師と学習者の両方が簡単に目がくらみ、迷子になります。これは、すべてのテクノロジーベースの方法が間違っているということではありません。ある方法や材料が最新の技術で開発されたからといって、必ずしもFLEを優先して適用すべきではありません。また、最新の方法や材料は、それが最良の方法でなければならないという意味ではありません。それぞれがFLEプロセスの特定のステップに非常にうまく適合する可能性があります。しかし、確かに、そのすべてがFLEで始めるべき第一歩であるべきではなく、また、その有効性がテストされることなく最高と見なされるべきではありません。FLE業界は、ほとんどの新鮮な魚が常に最高と考えられている魚産業ではありません。BTMは、FLEメソッドを適用して、基礎となるスキルを効果的に構築します。

第四に、従来の方法では、TLの特定のスキルを効果的に教える方法のアイデアや方法が提供されていません。効果的であろうとなかろうと、新しい外国語学習の方法やアイデアが毎回紹介されます。しかし、実際の教授法は代々変わっていません。BTMは、言語の習得と教育に関する多くの理論、観察、および言語スキルの習得とTLの口頭能力の開発のための論理的分析に基づいて、外国語の教育または学習の体系的なプロセスを提供します。

第五に、BTMの誕生は、FLEプロセスに対する前近代の無意識の認識が一般的であったことが最も引き起こされた。長い間、FLEプロセスについて最も一般的に認識されているのは、文法→読む→書く→聞く→話す順序にあり、そのような順序の一部にはわずかな意見の違いがありますが、劇的な違いや根本的な違いはありません。この種のプロセスは、特定の思慮深い提案によって設定されたものではありません。むしろ、産業の歴史を通じて、さまざまな時期に必要な外国語スキルに応じて、そのように自然に設定されてきました。BTMは、口頭能力の習得と開発の根本的な現象と、人々が言語を習得するための最も自然で効果的なプロセスの観察に基づいて、体系的で効果的なFL教育プロセスとアイデアを導入します。

第1章

外国語教育の背景

FLの教師として、私たちは自分の教育で何人の流暢なスピーカーを生み出しましたか?

FLEの専門家として、FL学習者がTLを習得するために私たちは何をしましたか?

私たちは正しい道を歩んできたのでしょうか?

なぜ人々はFLを学ぶために世界中をさまようのですか?

なぜ彼らは家で言語を習得できないのですか?

1

AIがあります。なぜ私たちは外国語を学ぶのですか?

言語は人間のコミュニケーションのためのツールです。言語がなければ、人間はお互いを理解するために多くの苦しみを味わわなければならないでしょう。あるいは、私たちが使ってきたような高度な言語を持たない人間の生活は、チンパンジーとそれほど変わらないのかもしれません。

当社は、主に当社の判断プロセスをサポートするための情報を共有、提供、および/または収集するために言語を使用します。つまり、言語は、人々が自分の認識状況や考え、ニーズを伝えるためのメディアなのです。したがって、言語は、人々の間のコミュニケーションメディアとして、誰もがうまく使いこなすべきものです。

聖書のバベルタワーの物語は、誰もが共有するときの言語の力を示しているという点で、非常に象徴的です。言語は、言語内の人々の間で団結の力をもたらし、異なる言語の人々の間では不可能なことを可能にします。言語は人々の文化、価値、哲学、精神世界、潜在意識の世界を反映しているため、統一のための基本的な結びつきは、同じ言語を指揮することによって作られます。

残念ながら、それが神の意志であろうとなかろうと、世界の人々が特定の言語を共有することは現実的ではないため、世界が人間世界の真の力を示すことができる可能性は非常に低いと思われます。

今、世界中の誰もが一つの共通言語を使うことは非常に非現実的であり、それによって天国に到達するという奇跡が起こることになるので、この競争の世界で私たちの個々の潜在的な価値を最大化するために私たちは何をすべきでしょうか?私は、母国語以外の少なくとも一つの言語の力をつかむべきだと提案します。母国語が生まれた場所での日常生活を川で泳ぐことであるとすれば、外国語(FL)は海に手を差し伸べて人生を広げ、成功することです。

しっかりとしたバイリンガルまたはマルチリンガルのスキルを持つことが、個人に貴重な価値をもたらすことは非常に明白です。言語の習得は、自分の主要な職業に加えて、さまざまなスキルのスキルを習得するのと同じです。バイリンガルスキルのレベルに応じて、自信、余暇、自由、リラクゼーション、セキュリティ、プライバシー、異世界とのつながり、コントロール、達成感、誇りなどの感覚をもたらします。それは確かに、より多くの機会の世界に人を導くことができるでしょう。最高のものだけが生き残る競争の現実の世界で、堅実なバイリンガルの人が得る利点の重要性を人々が理解するのを助けるために、多くの説明や証言は必要ありません。

コンピュータエンジニアが家を建てるスキルを習得すれば、エンジニアはメンテナンスが必要なときにいつでも自分の家の手入れをするスキルを活用することを楽しむことができるでしょう。エンジニアは、家を自分の好みに合わせてカスタマイズすることもできます。エンジニアは、時間、コスト、材料、設計をコントロールでき、さらに自分でやっている自分に誇りを感じることができました。エンジニアはまた、彼が望むなら、彼の職業を別の分野に変えるという選択肢の贅沢を持っています。エンジニアは、建設業界の人々とのコミュニケーションを楽しむことができました。もちろん、これらのことは必ずしも家づくりの技術を習得しなくても行うことができます。お金は馬を走らせることができます。

しかし、バイリンガルのスキルは、他のスキルやお金では得られないものを生活にもたらすことができます:プライバシーと、異なる言語を話す人々から直接情報を処理する能力です。バイリンガルの人を雇うためにどれだけお金を払っても、独自の文化や哲学を反映した言語感覚や感情を得ることはできません。

コミュニケーションスキルの点でモノリンガルの人は、コンピューター業界の最も初期の世代のCPUの1つであるZ80　　CPUを搭載したコンピューターのようなものです。Z80　CPUコンピューターの何が問題でしたか?何もない。少なくとも機械的には、後の世代の286、386、486、および順次導入された多くのプロセッサには何も問題がありませんでした。しかし、彼らは、爆撃する3次元レベルのコマンド、情報、要求をユーザーが期待するような方法で処理できないという理由だけで、次々と解雇されています。彼らは単に、日々進化する高レベルの情報を効果的に処理する能力を持っていなかったのです。それでも、プロセッサは絶えず進化すると予想されます。コンピュータシステムのアップグレードは、単に非常に高価な周辺機器を購入するだけでは実現しません。

情報戦争の時代を迎え、世界中から集められた様々な言語の多次元爆撃情報を処理できることが求められています。専門知識に加えて、情報を流暢に処理できる人は、政府や企業から常に強く求められています。しっかりとしたバイリンガルスキルに対する需要はますます高まっていくでしょう。実際のところ、モノリンガルの人々は、経済が悪い時期に最も脆弱になる人々の中でも、他の人々の中でも最も脆弱になるでしょう。

AI時代の到来により、グローバルステージでのコミュニケーションの壁は大幅に下がったと人々は信じています。言語サービス業界では、AIはすでに人間を超えています。一般的には、AIデバイスの使い方を知っている限り、より速く、より安価な言語サービスを提供できます。数百ページのドキュメントを数秒で繰り返し翻訳でき、購入価格以外の追加料金はかかりません。これは、プロの翻訳者が請求する料金と比較して非常にわずかな金額です。

引退したプロの翻訳者として、私はAIが犯した多くの重大なエラーを見てきました。私は、AIによって翻訳されたメッセージが、意図した元のメッセージと全く逆になるケースをたくさん見てきました。この問題は、AIの高度な能力によって克服できます。しかし、AIの言語サービスに完全に依存したくないかもしれません。

しかし、AIが膨大な量の産業情報を瞬時に選択した言語に翻訳できるという点で、人間に大きな利益をもたらすことは事実です。

AIは、個人言語よりも工業言語指向型だと思います。なぜなら、個人言語は工業言語よりもはるかに複雑だからです。AIは、人間が個人の言語を理解するのも完璧であることができないように、個人の言語を翻訳するのに完璧ではないかもしれません。

しかし、人間はAIよりも個人の言葉をよく理解することができます。人間とは異なり、AIは「オーケー」、「はい」、「いいえ」、「愛してる」などの言葉や、イントネーション、音の音量、会話の雰囲気、身振り手振り、顔の表情、視線の方向、時間の遅れ、文化的な特異性、および/または不本意な、愛らしい、またはがっかりした声のトーンなどの非言語的特徴の組み合わせで言われるその他の日常的な一般的な表現の意味の程度を理解することができません。など

AIがどんなに進歩したとしても、AIを通じて愛、友情、感情、信頼、パートナーシップ、感情、精神世界、温かい心を当事者間で共有することは非常に非現実的です。個人的な言語を通じてのみ、AI言語ではなく、相互理解、共感、合意、および簡単なコミュニケーションを特徴とする、親密で友好的で調和のとれた関係を築くことができます。

ですから、AIが最高のものにしましょう。自分が望むことを達成するために成功するためには、世界の人々との信頼関係を築くために、バイリンガルまたはマルチリンガルである必要があります。

2

外国語教育の目標と性質

私は、外国語教育(FLE)の主要な目標と最終的な目標は、学習者がTLの口頭能力を習得し、発展させるのを助けることであるべきだと強調してこの本を書いています。

FLEの目標については、おおむね私に同意するでしょう。しかし、ここでの私のポイントは、FLEの専門家、教師、学習者を含むほとんどの人々がFLEの主要な方法であると確信しているTLの体系的なルールベースの読み書きを学生に教える伝統的な方法をすべて排除することであることを明確にしても、彼らの多くは私に同意しないでしょう。彼らのほとんどは、従来のFLEメソッドに洗脳され、そのようなルールベースの読み書きスキルを習得することが唯一の橋であり、口頭言語スキルの開発の始まりに到達するために誰もが通過しなければならないと信じているため、このように考えています。したがって、彼らはFLを学ぶための究極の解決策として、ルールの知識に対するそのような徹底的な信念に基づいてFLEメソッドを開発し、それに従います。私は、人々がそのような信念を持っているのは、言語の性質や言語習得に対する理解が不十分であることに基づいていると考えています。

TLを獲得するとは、自分の母国語(MT)を命令するのと同じように、言語を命令できることを意味します。TLの習熟度は、言語の使用経験のレベルによってMTの能力レベルと異なるかもしれませんが、TLの命令方法は母国語と同じであるべきです。

したがって、誰かのFLスキルを評価するための基準は、口頭でのコミュニケーションスキルであるべきです。読む、書く、聞くなどして言語を理解する能力が何であれ、言葉によるコミュニケーションを通じて自由に言語を操ることができなければ、言語を習得したとは言えません。言語の読み書きやリスニングの理解力がどれほど劣っていても、口頭で言語を流暢に命令できる限り、言語を征服したと分類することができます。

世界には、まだ自分の母国語を読み書きできない人々が無数にいますが、自然に自分の言語を非常に上手に口頭で命令することは困難です。人類の歴史を振り返ってみると、これまで世界で生きてきた人間は、文字を持つ人間よりも文字を持たない人間の方が多い。

したがって、言語習得の最も基本的な側面は、その言語で口頭でのコミュニケーションを実行できることであると私は信じています。特定の言語で口頭でのコミュニケーションを行うスキルは、言語を指揮するために必要な最も基本的なスキルです。信じられないかもしれませんが、口頭でのコミュニケーションスキルは、読み書きや文法のスキルと比較して、最も開発しやすいスキルでもあると確信しています。また、それは一度開発されると、読み書き、文法の理解などの他のスキルを簡単に構築するのに役立つスキルです。実際、TLの口頭形式を流暢に命令することができれば、書かれた単語を認識できるという単純な問題であり、TLで読み書きすることができます。

したがって、FLEの主な目標は、学習者が最初から口頭言語を教えることにより、口頭でのコミュニケーションスキルを流暢なレベルにまで構築するのを助けることであることを強調します。私たちは皆、人々が数年でTLの口頭言語を直接学ぶことによって外国語を習得することを知っています。また、私たちは皆、人々がルールベースの読み書きを学ぶことによって外国語を習得しないことを知っています。だからこそ、最初から口頭で言語を教えることがとても重要なのです。

この主要な目標が達成されたら、FLEは、話す、読む、聞く、書くための多くのトレーニングを通じて、口頭での習熟度をより高いレベルに発展させるという究極の目標に焦点を当てる必要があります。主要な目標と高度な目標を達成することにより、自分の母国語と同じようにTLを征服します。

また、母国語であろうとFLであろうと、生まれつきの言語は、学習したり理解するために研究したりする科学的な主題ではなく、習得すべきスキルであることを強調して書いています。天才であろうとなかろうと、TLで昼も夜も喋る人だけが、言語を流暢に使いこなすことができた。したがって、FLEは、学習者がTLの働きを理解するためにTLの原子を分解することに焦点を当てるべきではなく、学習者がスキルを習得するための一貫した継続的な教育努力に焦点を当てるべきです。

つまり、言語の性質は、バスケットボールやサッカーなどの楽器やスポーツとまったく同じです。したがって、FLEの性質は、ピアノやスポーツを教える性質と同じであるべきです。ピアノを弾く技術は、様々な種類のピアノ音楽を何度も繰り返し練習し、半本能的なピアノの技術を身につけるまでしか身につけられません。科学的なアプローチでは構築できません。言語を指揮するスキルは、TLの言語本能を獲得するまで、さまざまな種類の日常生活表現の多数の繰り返しのせせらぎを通じてのみ開発できます。

さまざまなFLEメソッドは、言語の性質についての独自の理解に基づいて、個々のFLE専門家によって開発されています。言語パフォーマンスの性質についての理解が異なるため、多くの異なる方法が開発されるのは非常に自然なことです。言語の性質を語彙の問題だけと見なすと、自然と学習者が最初からできるだけ多くの語彙を習得するためのFLEメソッドの開発に焦点を当てるかもしれません。

FLEの専門家と非専門家のほとんどは、FLは何よりもまず理解するために研究されるべきだと信じています。彼らは、FLを習得することは母国語を習得することとは異なると主張しています。なぜなら、通常、学校からFLEを受け取るまでに脳はかなり発達しているからです。非常に発達した脳を持つ人は、TLがどのように処理されるかを理解するための理解力と推論力を持っています。彼らは、人間の脳がTLを解析できるようになれば、その言語を操ることができると信じています。そのため、学習者がTLの摂理を実感するためのすべてのルールを自然に理解することに集中します。

しかし、その有効性はおろか、このような原子の法則や理論に基づく教育には多くの問題があります。まず第一に、TLのすべての秘密を知っている人は多くありません。第二に、彼らがルールを教えるには何年もの繰り返しの授業が必要なため、TLのすべての秘密を明らかにするのに十分な時間がありません。彼らでさえ、ルールや理論を学ぶことは、主に後で繰り返しクラスを教えるプロセスを通じて学びます。繰り返しの教育経験を通じてTLの秘密を学ぶと、その秘密は学習者が取り組んで理解するのに十分簡単であると考える傾向があります。彼らは、学校で若い頃に秘密を研究するのにとても苦労したことを簡単に忘れます。それはまるでカエルがオタマジャクシだったときを覚えていないかのようです。さらに、学習者はルールの難しさを克服し、それらすべてを理解するのに十分な時間もありません。

一方、FLEの専門家の中には、FLは言語で直接行動することで学ぶべきだと考える人もいます。したがって、彼らは最初からクラスでのみTLを使用し、学習者にすぐにTLを話すように強制することに重点を置いています。TLで行動する効果的な方法を知らないため、学習者はTLをどんどん深く掘り下げて、原子の秘密を見つけ、それらがどのように連携するかを確認しようとします。彼らがsecreteの論理の一部を見つけたら、それを一度適用して言語で行動し、パフォーマンスに満足します。熱心な学習者の中には、次回も同じようなシナリオで使えるように、より多くの秘密を得ようと懸命に努力する人もいるでしょう。このようにして、学習者はTLの理論だけを流暢に話せるようになります。

これまで、私は非常に確信しているFLEの目標と性質を示そうとしてきました。また、FLEの性質に対する目標と理解が異なると、FLEへのアプローチがまったく異なるという非常に重要なメッセージを指摘しようとしました。FLEはかなり複数年にわたる取り組みであるため、誤解を招くようなアプローチをとると、若者にとって非常に貴重な時間を含む、膨大なリソースの浪費を意味し、まったく取り戻すことができません。私たちは、誤解を招くような、または無駄なFLEの方法を故意に許すことはできませんでした。

これ以上読む前に、FLEの目標と性質に関する自分自身の理解を必ず見直す必要があります。

3

外国語教育の方法

FLの口頭での習熟度が学校から学ばれない理由について話す前に、私たちが知っているさまざまなタイプのFLEメソッドの概要を簡単に紹介します。以下の要約は、インターネットの情報源から引用したものです。これは、FLEメソッドのさまざまな側面を理解するのに役立ちます。

文法翻訳:文法翻訳法は、エラスムス(1466-1536)の頃に始まりました。その主な焦点は、動詞パラダイム、文法規則、および語彙の暗記にあります。この知識の応用は、文学テキストの翻訳に向けられ、TLの文学に対する学生の理解を発展させることと、言語を教えることに焦点を当てました。今日の教室で利用されている活動には、読書のパッセージに続く質問が含まれます。ある言語から別の言語への文学的な文章の翻訳。文法規則を暗記する。ターゲット言語の語彙に相当する母国語を暗記する。

直接法:直接法は、1800年代初頭にドイツの教育者ヴィルヘルム・フィエトールによって導入されました。口頭言語に焦点を当てると、すべての指導は翻訳に頼ることなくTLで行われる必要があります。読み書きは最初から教えられますが、スピーキングとリスニングのスキルが強調されます-文法は帰納的に学習されます。バランスの取れた4つのスキルが強調されています。

サイレントウェイ:教師は教室の状況を設定することに積極的であり、生徒は自分たちの間での会話や相互作用のほとんどを行います。4つのスキル(聞く、話す、読む、書く)はすべて最初から教えられます。生徒のエラーは、学習の正常な部分として期待されています。先生の沈黙は、自立心と生徒の自発性を育むのに役立ちます。

Suggestopedia:学習環境はリラックスして落ち着いており、照明は低く、バックグラウンドでは柔らかな音楽が流れています。生徒はTLで名前とキャラクターを選び、その人物であることを想像します。音楽に合わせて対話が提示される間、学生はリラックスして耳を傾けます。生徒は後で「アクティベーション」フェーズで対話を練習します。

コミュニティ言語学習:教師は、学習が脅威となることを認識し、生徒の恐怖を理解し受け入れることで、生徒が安心し、言語学習に対する恐怖を克服するのを助け、最終的には生徒に言語学習に向けた前向きなエネルギーを提供します。生徒はクラスで何を学びたいかを選択し、シラバスは学習者が作成します。

ナチュラル・アプローチ:1866年頃にボストンでゴットリーブ・ヘネーゼとL・ソヴァール博士によって導入されました。ナチュラル・アプローチはダイレクト・メソッドと似ており、単語やフレーズをオブジェクトやアクションに関連付けることで意味を伝えるための積極的なデモンストレーションに焦点を当てています。関連付けは、パントマイム、言い換え、および操作の使用によって達成されます。テレル(1977) は、有意義なコミュニケーション、生産前の理解、および間接的なエラー修正の原則に焦点を当てました。Krashen (1980) の入力仮説は、ナチュラル アプローチに適用されます。

読書法:この読書法は、1900年の12人委員会と1928年の近代外国語研究に続いて、米国で顕著になりました。以前の方法は、従来の文法/翻訳法に似ており、言語理解を英語に移すことを強調していました。現在、読書方法は、理解を目的としたサイレントリーディングに重点を置いています。

ASTPとオーディオリンガルメソッド:このアプローチは、言語学習とは一連の正しい言語習慣の習得であるという行動主義者の信念に基づいています。学習者は、言語実験室でパターンとフレーズを自発的に再現できるようになるまで繰り返します。ASTP(Army Specialized Training Program)は、1940年代に使用された言語教育への集中的で専門的なアプローチでした。戦後、ASTPの民間版とオーディオリンガル方式は、対話の暗記、パターンドリル、発音の強調を特徴としていました。

技術的アプローチ: このアプローチは、1920年代からフロリダ州の教室で利用されてきました。レコード、短波ラジオ、映画や映画、ワイヤーレコーダー、ビデオテープレコーダー、コンピューターなどの視聴覚機器や資料へのアクセスは、指導を強化するだけでなく、生徒にTLでの本物の露出と相互作用の機会を提供します。

認知的方法:言語教育の認知的方法は、文法構造の有意義な習得とそれに続く意味のある実践に基づいています。

コミュニケーション方法: コミュニケーション言語アプローチの目標は、教室での言語習得のための現実的な文脈を作り出すことです。焦点は、機能的な言語の使用と、学習者が自分のアイデア、感情、態度、欲求、ニーズを表現する能力にあります。自由回答形式の質問や問題解決活動、個人情報の交換は、主要なコミュニケーション手段として活用されています。生徒は通常、コミュニケーション活動について小グループで本物の資料に取り組み、その間に意味を交渉する練習を受けます。

トータル・フィジカル・レスポンス・メソッド(Total Physical Response Method):この第二言語(「第二言語」)教育へのアプローチは、生徒の積極的な口頭参加が期待される前に、聴解力が完全に発達する必要があるという信念に基づいています(子供が母国語を学んでいるときと同じように)。

Total Physical Response Storytelling Method: このアプローチはTPR法をモデルにしていますが、習得した語彙を、学生が聞いたり、見たり、演じたり、語り直したり、修正したり、書き直したりできる関心の高いストーリーに文脈化することで、活用し、拡大するための重要な手段であるストーリーテリングを提供します。

語彙アプローチ:言語習得の重要な部分は、語彙フレーズを未分析の全体、つまり「チャンク」として理解し、生成する能力であり、これらのチャンクが学習者が伝統的に文法と考えられてきた言語のパターンを知覚するための生データになるという考えに基づいて、言語生成は特定の状況に適した既製のユニットをつなぎ合わせることであるという考えに基づいて、レキシカルアプローチは学習者の語彙能力の開発に焦点を当てています。　または単語と単語の組み合わせ。この方法は、言語の基礎は文法ではなく語彙であり、文法体系の習得は効果的なコミュニケーションの前提条件ではないことを提案しています。

Focus-On-Formアプローチ:　Focus-On-Formアプローチでは、文法は異質なもの、つまり説明しやすく適用しやすい文法ポイントもあれば、不可能ではないにしても適用が難しいポイントもあると考えています。この方法は、本当の問題は、両方のアプローチにおける文法指導が少数の教育実践に限定されていることであると提案しています。Focus-On-Formの教育法は、文法項目とコミュニケーションタスクに応じて、明示的スキルと暗黙的スキルを有益に組み合わせます。

コンテンツベースの方法: コンテンツベースの指導 (CBI) では、カリキュラム編成の原則は言語ではなく主題です。CBIは、TLで教えられる歴史や科学などの通常のアカデミックコースに焦点を当てることも、通常のカリキュラムから選択された一連のテーマを中心に編成することもできます。

コルチナ法:この方法は、19世紀後半にR.D.コルティナによって開発されました。まず、TLの言語機能の簡単な紹介と、クラス中の会話の相互作用に焦点を当てています。教師は、教師が共通の言語を使用して答える必要がある場合、または最初のレッスンで必要となる可能性のある説明をする絶対的な必要性がない限り、TLでのみクラスを続ける必要があります。生徒は、授業に来る前に十分な準備をしておく必要があります。これにより、すべての時間を会話に費やすことができます。

上記のさまざまなFLEメソッドの種類と要約によると、世界中の伝統的なFLEメソッド、特に中等学校以上の学校では、主に文法翻訳メソッドとリーディングメソッドが主流であったようです。また、オーディオリンガルやテクニカルアプローチなどの方法が大学の研究室で適用されているのもわかりました。

4

従来のFLE法の歴史

英語は過去100年間、世界で最も人気のある言語であったため、世界中で普及しているFLEの主要なTLは英語でした。また、英語教育は、他の言語教育と比較して、個人や教育関係者が導入する教育プログラム、教科書、学習参考資料などが最も活発に展開されているようです。アメリカ、カナダ、イギリス、オーストラリア、フィリピンなど、多くの英語圏の国でも、留学生向けの英語教育は非常に人気があり、集中的で体系的です。たとえば、英語圏の大学のESLスクールでは、外国人に毎日4〜5時間の英語クラスを数か月または数年提供しています。私の知る限り、専門的な目標を持つ一部の組織や研究所を除いて、米国では一般的に学生にこれほど集中的なFLEを提供している学校や大学は多くありません。

そこで、英語教育の動向をFLEとして捉え、従来のFLEメソッドの変遷を見直してみたいと思います。英語教育が非常に体系的で集中的に行われている他の多くの国の中で、私は他のどの国よりも韓国のTESL全般に精通しているため、韓国のTESLの状況を取り上げます。

国によってFLEの方法が違ったとしても、韓国の英語教育方法の変遷は、英語が公用語として第二言語に指定されている一部の国の英語教育を除けば、他の国とそれほど変わらないと思います。このような仮定は、私が出会った多くの異なる国々の多くの人々の証言から得られた私の発見に基づいており、彼らは私のそのような仮定が正しいことに同意し、確認しました。また、非英語圏の英語教育は、大学入試の筆記試験、TOEFL、TOEICなどの一般的な英語評価方法を対象としてきたことにも基づいています。

韓国の伝統的な英語教育は、中学校に進学するところから始まります。学校では毎日英語のクラスを提供しており、基本的な英語の文法を教え始めます。その上、多くの生徒は放課後に毎日私立の英語学校に通い、英語を学びました。3年間の中学校の英語の授業は、主に基本的な英語の文法の勉強に費やされます。すべてのクラス教材と教科書は、文法を説明するように設計されています。各章の英語の対話は簡単に無視され、英語のテキストは主にテキストに適用される文法ポイントを見つけて説明するためにも使用されます。

高校の英語教育は、いまだに文法翻訳法に基づいています。高校では、英語の文法のより洗練された側面が教えられます。英語の教科書には、各章に2～3ページの長いテキストが含まれており、生徒は学んだ文法コンポーネントを適用して読んで理解できます。高校教育の3年間で読む英語のテキストの数は、せいぜい150ページ程度です。しかし、英語学習において最も重要な問題が読書量であると言っているわけではありません。

数年前から国立大学入試の英語試験で聴解力が試されるようになったのをきっかけに、韓国の高校では文法翻訳法に加えて技術アプローチを採用するようになりました。明らかに、このような技術的アプローチの追加は、学生の積極的な口頭参加が期待される前にリスニング理解を完全に開発する必要があるという信念に基づくTotal Physical Response Methodの概念に基づいています。

中学校と高校での集中的な文法翻訳法、そして高校での技術的アプローチにより、何百人もの高校卒業生のうち、家族を英語で紹介できる人はごくわずかです。

大学に入学すると、必要に応じてさらに1年間の英語教育を受けることができます。大学での典型的な英語教育は、文法翻訳法とリーディング法の組み合わせです。これにより、生徒は高校で読むよりも多くの本を読むようになり、それでも生徒が各文に適用される文法要素を見つけて理解することを期待します。各文で使用されている文法を説明できないまま記事の意味を理解できることは、英語の強力な基盤がないと見なされます。

大学で提供されている英語の授業以外では、英語のテストの点数が競争力を決定する最も重要な要素の1つと考えられているため、ほとんどの大学生は英語を非常に一生懸命勉強しています。したがって、彼らは大学時代に毎日少なくとも2〜3時間を英語の勉強に費やすでしょう。多くの大学生は、TOEFLやTOEICで高得点を取るために、1〜2年間、1日10時間以上英語を勉強します。

彼らが大学でのこのような非常に集中的な独学期間中に主に採用する方法は、文法翻訳法、リーディング法、語彙アプローチ法、およびリスニング理解力を向上させるための技術アプローチ法です。言い換えれば、彼らは英語の文法、読解、聴解をすべて一緒に勉強し、各学習領域に毎日数時間を割り当てます。

全体として、韓国の多くの人々は、上記のような英語教育方法に基づいて、10年近く非常に集中的な努力を費やすことになります。このように、TOEFLとTOEICから非常に高いスコアを獲得することに成功する大学生はまだ多くありません。

しかし、テストに合格した人でも、英語を征服しておらず、英語をあまり使いこなせません。彼らは厳しいつぶやきで家族を紹介することができるかもしれませんが、英語でのビジネスパフォーマンスは言葉が出ないほど貧弱です。長年にわたり、さまざまな方法に重点を置く努力をしてきたにもかかわらず、生徒たちが基本的なレベルの英語さえ十分に話すことができないことは、非常にイライラします。

まだ英語が習得できなかったため、新しい方法を探し始めました。彼らにとって、彼らが試したことのない唯一の方法は、イマージョンメソッドであり、私はこれを学生をTLコミュニティに没頭させる方法と定義しています。彼らは、すべての方法が、これまで非常に真剣に試みてきた失敗であることが判明したことを発見したので、彼らは言語を拾うためにTLコミュニティと混ざるべきだと信じていました。TLコミュニティに混ざり合う方法として、毎年何千人もの大学生が世界中の英語圏の国に飛んで英語を学びました。彼らは、ESLスクールからESLクラスを受講すると同時に、英語コミュニティに没頭できるという利点を利用しています。このタイプの方法には、ESL & Immersion Methodを使用します。

たとえば、アメリカ、イギリス、オーストラリアなどの英語の国の大学のESLスクールや私立の英語学校は、世界中から飛んできた学生が英語コミュニティに没頭することを歓迎しています。

英語圏のほとんどのESLスクールは、韓国の学校と同じ方法を採用しています:ほとんどの場合、文法翻訳メソッドとリーディングメソッドに基づいてESLプログラムを実行しています。ただし、違いは、クラスが英語のみを話す教師によって行われることと、ESLの英語クラスがはるかに集中的であることです。このような従来のFLEメソッドに加えて、ESLスクールは、英語の英語文化クラスなどのいくつかのクラスを提供することにより、ダイレクトメソッドやコンテンツベースの指導(CBI)メソッドなどのいくつかのメソッドを追加します。

韓国のESLの学生のほとんどは、英語を学ぶために海外に1年以内滞在します。英語コミュニティとESLのクラスに1年間没頭した後、学生はレストランでの食事の注文、レンタカー、挨拶、道順の質問など、日常生活の問題を英語で管理できるようになります。これは、韓国の約10年間の英語教育の結果と比較して、非常に生産的な結果です。しかし、それは彼らの英語力の限界です。彼らのほとんどは、ビジネス問題を処理するのに十分な英語をまだ習得していません。

ESL & Immersion Methodの問題の一つは、生徒が英語コミュニティに本当に没頭しないことです。彼らは主に、自分と同じように英語を学ぶために外国から来た人々と仲良くしています。彼らは英語を母国語としていません。教師だけが英語を母国語としています。その結果、ESLの学生のほとんどは英語のコミュニティに没頭しません。

1年間のESL&イマージョンメソッドは、大学生が流暢な英語を習得するのにあまり効果的ではないことが判明したため、韓国の多くの裕福な親は、子供を英語圏の小中学校に長期間通わせるようになりました。彼らは、大学生の年齢が外国語を習得するには年齢が高すぎる。そして地域社会で1年では不十分だと考えています。

子供たちは3年から4年、または高校を卒業するか、さらには大学に入学するまで、その国に滞在します。このため、母親は子供たちと一緒に滞在する必要があり、父親は家族を支えるために仕事の収入を維持するために韓国に滞在するため、家族は何年も離れていなければなりません。このような家族を参考に、家族の豊かさの度合いに応じて新しい韓国語の単語が生まれます。

イーグルファミリーとは、いつでもお互いを訪問するために往復する費用と時間を費やす余裕のある裕福な家族を指します。グースファミリーとは、季節ごとにお互いを訪問するための費用と時間を買う余裕のある平凡な裕福な家族を指します。ペンギンファミリーとは、長年にわたってお互いを訪問するための費用と時間を買う余裕がなかった、あまり裕福でない家族を指します。このタイプのFLEには、グースファミリーメソッドという用語を使用します。

グースファミリーメソッドが成功したかどうかを評価するのはまだ時期尚早です。英語の習得だけという点では、Goose Family Methodが機能しているようです。私の周りのガチョウやペンギンの家庭の幼い子供たちは、約3年で英語を習得します。しかし、多くの壊れたガチョウやペンギンの家族は、容易に想像できる理由で新聞に報告されています。途切れることのない家族の苦しみも想像を絶するものです。

英語の習得の観点から見ると、グースファミリーメソッドは、家族が子供を3年以上サポートできる場合、ほとんどすべての幼い子供に非常に効果的であるように思われます。また、英語をあまり上手に習得できなかったにもかかわらず、約1年間のESL&イマージョンメソッドは、韓国の伝統的な英語教育と比較して、やや効果的であるように思われます。しかし、これらの方法の問題点の一つは、コストがかかりすぎて、お金持ちしか利用できないことです。したがって、公教育の方法にはなり得ません。

最近、韓国の多くの大学が学生の英語力を向上させるためにCBIメソッドを採用しています。この目的のために、多くの大学は教授が英語のみで講義することを強く推奨しています。しかし、大学のCBIメソッドが学生の英語力を向上させるかどうかはまだわかりませんが、残念ながら私は疑問に思います。

韓国で非常に人気のあるもう一つのトレンドは、学生が何週間も何ヶ月も英語の生活に没頭する経験を積むことができるイングリッシュビレッジの建設です。繰り返しになりますが、1〜2年間の英語の国でのESLとイマージョンの方法の結果を考えると、イングリッシュビレッジのアイデアは表面的なものにすぎない可能性があります。

ここまで、韓国における様々なTESL法の変遷を詳しく紹介してきました。英語を話さない他の国の多くの友人から集めた情報に基づいて、他の国でのTESLの変遷は非常に似ていると思いますが、学校システムの特性から来る違いはごくわずかです。

さらに、英語以外の言語の各国のFLE法は、基本的に韓国で適用されているTESL法とあまり変わらないと思います。

私は、主に文法翻訳方法とリーディングメソッドに基づく従来のFLEが、複数年にわたって学生がTLを習得するのを助けていないことを示しました。さらに、文法と読解のバックグラウンドを持つ学生のためのESLとイマージョンメソッドもあまり効果的ではないことを示そうとしました。

例えば、韓国の学生は、TOEFLやTOEICなどの過去の世代の英語テストで非常に成功しているにもかかわらず、流暢な英語を話すことができなかったことを示しました。その結果、これらの方法のいずれも、学生が英語を習得するのに本当に役立たないことが証明されています。

私が読者に伝えたいのは、韓国におけるTESL方式の具体的な変遷を紹介することで、特定の言語におけるFLE方式の傾向に多少の違いがあるにせよ、外国語教育の目標や性質を真剣に考えずに適用したFLE方式は無意味であり、TLを学ぶための真剣な努力に支障をきたす可能性があるということです。

5

FLEメソッドの問題点

前回の記事では、さまざまな種類のFLEメソッドを紹介しました。ほとんどの方法は、少なくとも数十年にわたって私たちに導入されてきました。また、その中でも文法翻訳法は、前世紀から世界中で採用されている一般的な方法のようです。これほど多くの種類の方法が紹介されているにもかかわらず、FLEの歴史を見ると、流暢なTLスピーカーを生み出すことに成功した方法はほとんどありません。

もちろん、方法が成功するかどうかを判断することは非常に困難です。この理由の1つは、FLEの成功は、メソッド、教師、および学生の複合的な効果の結果でもあるということです。どんなに優れた方法であっても、教師と生徒の効果的な努力なしには成功しません。それに対しては、教師と生徒がどれだけ頑張っても、その方法が本当に彼らを言語そのものに導かなければ意味がありません。私は、FLEのこれまでの失敗の主な理由は後者のケースによるものであるという強い信念を取り除くことはできません。

実際、FLEメソッドの効果を判断する際には、教師と生徒の両方が英語を第二言語として多くの非英語圏の言語として取り組むために費やした必死の努力を考慮すると、教師の努力と生徒の能力を最大限に学ぶためのコミットメントを見つけることは不可能でもそれほど難しくもありません。それらの国の英語学習者が必死に英語を学ぼうと努力していることは容易に見つけることができます。彼らは主に文法翻訳法から始め、体系的な順序なしに、語彙アプローチ、リーディング方法、リスニング方法などのさまざまな方法に進みます。学校や私立の学校の教師も、体系的でないさまざまな種類の教授法を通じて生徒に英語を教えることを約束します。

しかし、私の知る限り、大多数の人々は、世界的な英語教育が流暢な英語を話す人を生み出せなかったことに同意しています。これは、インド・ヨーロッパ語族以外の言語を持つ国々で特に当てはまります。これには理由があると思いますが、それは後の章で紹介する言語的距離の概念によって説明できます。

上記の方法から私が見つけたことの1つは、彼らが口頭での習熟度のための直感的な言語スキルを開発するのではなく、TLの言語的特徴と非言語的コミュニケーションスキルを教えることに重点を置いているということです。言い換えれば、どの方法も、生徒が言語コミュニケーションスキルを開発するための非常に基本的な言語スキルの構築に実際に焦点を当てていないようです。外国語を習得するためには、学生がしっかりとした基礎スキルを身につけることが非常に重要であることは、誰もが認めるところです。

したがって、すべての教師とプログラムは、生徒が最初からかなりの時間をかけていわゆる強力な基本スキルを構築するためのFLEを提供することに焦点を当てています。しかし、FLEを何年も続けた後、ほとんどの学生は、TLで意味のある表現を行うために非常に重要な正しい音やフレーズを生成するなどの基本的な言語スキルが不足していることが簡単にわかります。

結局のところ、これは、非常に基本的な言語スキルの概念と、学生がそのような言語スキルを発達させるのをどのように支援するかについて、私たちが誤解していることを示しています。では、言語を学ぶために身につけるべき基本的なスキルとはどのようなものなのでしょうか。私は、言語の直感と身体能力が、学生が言語を習得するために身につけるべき基本的なスキルであると提案します。

私は、言語的直感という用語を、音、単語や文の構造、意味の解釈、および表現のセット、形態素、単語、イディオム、その他の言語の有用な表現などの言語リソースの使用に対する半本能的な理解と実行と定義しています。そして、身体能力とは、TLの音を流暢に聞き、明瞭に表現する身体能力を意味します。

いくつかの方法は、口頭でのコミュニケーションスキルを開発するという点で、他の方法よりも現実的で効果的であるように思われます。例えば、コルティィナ・メソッドは、生徒の口頭でのコミュニケーションの実践に重点を置いているようです。また、最初に基本的な言語機能を簡単に紹介します。しかし、最初からTLでコミュニケーションをとるように生徒を導くことに重点が置かれているようで、基本的な言語スキルをどのように習得し維持するかを生徒が理解することに任せられており、生徒がそのようなスキルをどのように習得し維持するかについて生徒がよく知らないため、これは生徒にとって大きな問題です。

この方法は、言語距離が非常に短い、または家族の言語が非常に近いTLを学ぶ学生にとってより効果的です。例えば、英語とイタリア語の間など、密接に関連する言語の場合、生徒が母国語に対する言語の直感やスキルに基づいて、音を出したり、言語の直感を身につけたりするなどの基本的な言語スキルを身につけるのに、はるかに少ない労力で済みます。

したがって、TLが母語の家族言語の1つである学生は、言語的な距離から来る大きな困難に悩まされることなく、コルティナ法が適用されているクラスに簡単に参加できます。言語的距離の概念は、2つの言語間の違いの程度であり、後の章で紹介します。

しかし、韓国語と英語、日本語と英語など、言語的にかなり距離が離れている言語の場合、TLだけでクラスをリードし、基本的な言語能力を自分で身につける作業を学生自身が宿題として行うのは現実的ではありません。それだけでなく、この方法は、TLのみでクラスを指導できるFL教師があまりいない多くの国にとっても実用的ではありません。

この方法では、TLの基本的な言語スキルを身につけることはできないため、TLの遂行レベルまで自分でTLを習得しなければならないのは学生です。どの方法も、TLの言語的知識の代わりに言語的直感を習得してTLでのパフォーマンスレベルに到達するように学生に教える方法を実際に示していません。何をどうしたらいいのか、どれだけやればいいのかわからない学生が、授業で何を教えられているかに関係なく、自宅で自分で口頭パフォーマンスのレベルまでTLを習得できると考えるのは現実的ではありません。

比喩的な表現として、上記の方法は、真新しい赤ちゃんにサッカーの遊び方を教える方法だと思います。サッカーの視点から見ると、その方法は、ルール、戦略、シュート、ドリブル、パスの技術、他の人のプレーを見ること、そして物理的にゲームをプレイすることです。赤ちゃんがまだ立ったり、歩いたり、走ったりすることさえできないとき、すべての方法が効果的であるとは限りません。赤ちゃんは、座り方、立ち方、仕事の仕方、走り方、ボールのコントロール方法など、非常に「基本的なスキル」から教えられる必要がありますが、これらはすべて、そのような「高レベルの」技術について教育される前に、膨大な量の繰り返しの練習を必要とします。言語を学ぶための基本的なスキルを開発するために真剣に設計された方法は見当たりません。

この目的のために、言語学習の最も重要な段階を網羅する5つのレベル**バブルトレーニング法、**「BTM」を提案しています。言語を習得する際、会話を学ぶためのバブルトレーニング「**バブルトレーニング**」は、流暢に話せるようになるために最も重要な要件です。バブルトレーニングを成功裏に克服しなければ、誰も実際に言語を習得することはできません。

私がこの方法に欠けていると感じたもう一つのことは、上記のどの方法も、生徒がTLを最初から習熟度レベルまで習得するための体系的なTL教育手順を導入していないことです。それぞれの方法は、言語習得プロセスの特定の適切な段階に正しく適用されている場合にのみ有用です。

したがって、学習者が最も効果的な方法でTLを習得するためには、方法を体系的な構造で配置する必要があります。現在、外国語の教師と学習者は、構造化されていない多くの方法に直面しています。その結果、言語習得の適切なプロセスを理解できず、彼らは教育を受けていない選択を迫られることになります。そのため、彼らは耳を澄まして、何を聴くかによって次々と方法を選んでいくのです。

[6]この本では、「せせらぎトレーニング」という用語を一般的に使用し、BTMが提案したように、生徒が適切な方法で繰り返し練習して話すことを学びます。しかし、私はこの用語を、BTMが提案しているように、それぞれの文脈で使われるときに読むこと、聞くこと、話すこと、書くことを学ぶために、生徒が適切な方法で繰り返し練習することを意味するものとしても使用しています。

また、いくつかの方法は非常に危険である可能性があることも指摘したいと思います。FLEの教師と学習者が一部の方法に長期間固執すると、学習者が被った損害を回復することは容易ではありません。

私にとって最も危険な方法は、文法翻訳法です。世界の長いFLEの歴史を通じて、この方法はせいぜいスピーカーではなくモニターしか生成できないことが証明されています。それは、この方法で大きな教育を受けた何十万人もの学生によって証明されています。文法を深く掘り下げれば掘り下げるほど、よりプロフェッショナルなモニターになります。彼らは、文法の理解が限られているため、他の人のスピーチから文法上の間違いを簡単に指摘できますが、TLで口頭でコミュニケーションをとることはできません。

本来、文法は言語の一部ではなく、言語の体系的な記述です。したがって、言語の文法を征服することは、言語スキルとは何の関係もありません。それはちょうどサッカーのルールを征服することが、選手としてのサッカーのスキルとは何の関係もないのと同じです。

また、リスニング方法も被害をもたらすことが証明されています。私の読者の多くは、英語の勉強を聞くために2〜3年集中して時間を費やしたと主張し、これについて私に証言を提供してくれました。彼らはプロが制作したオーディオを聴いたり、リスニング方法に従って何年もテレビを見たりしました。しかし、彼らは最終的に自分たちが持っているものにとても動揺します:彼らは少しは耳を傾けることができますが、生き残るために自分自身の表現を言うことはできません。

FLEの教師と学習者には、まず人間が言語を流暢に話すために本当に何が必要かを明確に理解する必要があると警告したいと思います。外国語を流暢に話すことは、そのような言語を話すこととそれほど変わらないはずです。人が言語の流暢な指揮官になるために必要なのは、体系的または理想的に構造化されたバブルトレーニングです。それだけで十分です。

繰り返しになりますが、特定のFLEメソッドを承認または不承認にすることは容易ではありません。特定の方法が効果的か効果的でないかを証明することは、言語習得への科学的なアプローチがまだ行き過ぎているため、さらに困難です。しかし、これまでに導入されたFLE法は、流暢なバイリンガルスピーカーを生み出すのに明らかに生産的または成功していないため、私たちは立場を取るべきです。私たちは、なぜFLEで何世紀にもわたって失敗してきたのかを説明するべきです。私が方法の失敗を説明するために適用している一つの基準は、人間の自然言語習得プロセス(NLAP)からのものです。

FLE法とNLAP法の主な側面を比較すると、大きな違いが1つあることが簡単にわかります。NLAPでは、Babble Trainingに無条件に費やされる時間が非常に多くあります。一方、FLEメソッドはBabbleトレーニングにあまり焦点を当てていません。彼らは、外国語の学習におけるバブルトレーニングの基本的な役割については言及していません。これはおそらく、彼らが言語習得におけるBabble Trainingの基本的な役割に気づいていないからでしょう。それらはすべて、言語学習の表面的な要素を教えることに焦点を当てています。

カエルの生涯には、オタマジャクシ期、カニル期、成長期の3つの別々の連続した段階があります。同様に、言語習得の生活にも、話すことを学ぶための喃語段階、習得段階、改善段階の3つの別々の段階があります。

したがって、時間、労力、および膨大な数のリソースを節約するために、外国語の学習と教育の直接的な経験と、FLEに関与し、FLEに大きな関心を示している他の人々からの貴重なインプットに基づいて、口頭での習熟度を習得および開発する方法についての構造化されたアイデアを提示します。

6

なぜ学校で口頭能力が学ばれないのですか?

学校内のFLEに関しては、これまで失敗していると思わざるを得ません。私は、公立または私立の学校の語学プログラムが、それ自体のメリットによってしっかりとしたバイリンガルスピーカーを生み出していることを認識していません。学校の言語教育プログラムの大半は、しっかりとしたバイリンガルスピーカーを輩出できていないと確信しています。もし、このようなバイリンガルスピーカーの輩出に成功している公立または私立の学校があるとすれば、私は彼らを例外的な存在として評価したいと思います。

一部の人々は、学校の語学プログラムを成功または失敗として見つける仕事は非常に主観的な問題であると指摘するかもしれません。また、評価の焦点は、言語プログラムの目標によって異なるべきであること。私は一方を否定しませんが、もう一方には同意しません、なぜなら、言語プログラムは、そもそも生徒にその言語を話させること以外の主要な目標を持つべきではないからです。

もちろん、語学プログラムの最終的な目標は、生徒が言語を上手に話せるようにすることであることは、誰もが認めるところです。したがって、すべての言語プログラムの成否は、TLの学生のスピーキング能力に基づいて判断されるべきです。このため、私は、米国や他の国の学校の伝統的および現代的なFLプログラムが失敗していると信じています。

家族、友人、親戚、コミュニティのメンバーなど、学習者にFLを話す社会環境を通じてFLが学習した結果は、FLの口頭能力の点で、非常によく組織された体系的な言語プログラムを備えた学校環境を通じてのそれとは劇的に対照的であるように思われます。つまり、生徒は学校環境よりも社会環境を通じてより効果的にFLを習得します。

ここで強調したいのは、FLの学習環境の種類について言及する際に、私は「学校環境」という用語を、特に伝統的または現代的な主流の学校環境のみを意味するために使用しているということです。私は、最初からTLの話し方を生徒に教えることに重点を置いていない学校の言語プログラムは、伝統的または現代的な言語教育に属すると考えています。私は、FLを教えるための特定の例外的な学校環境を含めるつもりはありませんし、進化し続ける将来のすべての学校環境を、伝統的または現代の学校環境と同じものとして分類したいとも思いません。それは、学校環境が社会環境を凌駕する将来性を否定したくないからです。実際、私は、FLを生徒に教えるという点で、学校が社会環境を超える方法があると強く信じています。だからこそ、読者の皆さんと私のビジョンを共有するために、これを書いています。

ここでの2つの環境によるFL学習の結果の比較は、科学研究の結論に基づいていないことは認めます。このテーマについて科学的な研究を行うためには、学生の年齢、学習期間、日々の学習時間、教授法、教える科目の領域、FLとの言語的関係の背景、母語とFLとの言語的距離など、それぞ

れの要素に基づいて多くの観察、実験、データ分析が必要です。 など

科学的な結論を提示することなく、これまでのところ、社会環境を通じたFL学習が学校環境を通じて学ぶよりも効果的であるという議論を否定する人に会ったことがありません。誰もが、FL学習は社会環境を通じて最も効果的に行うことができることをためらうことなく当然のことと考えているように見えました。

FL学習が社会環境で最も効果的であると信じる理由について尋ねました。ほとんどの人が、社会環境に囲まれているときに学生がFLに没頭することを余儀なくされるからだと私に答えました。彼らはさらに、一方、学校環境でFLを勉強するとき、学生はFLにあまり没頭することはできないと信じています。質問に対する他の種類の回答は、学校環境のFLで生徒が互いに話すことができないということです。他のグループの人々は、学校の環境では、生徒はFLを話す動機を得られないが、社会的な環境では、生徒は生き残るために、または少なくとも仲良くするためにFLを話すことが強く求められていると答えました。まあ、どれも良い答えのように聞こえます。

しかし、彼らはいくつかの非常に基本的な事実を理解していないと感じています。学校の語学教師は、生徒たちが学校で教えられていることに没頭するように強く促しているのではないでしょうか?学校の語学教師は、生徒が学校だけでなく、放課後の家でも教えることに没頭できるように、常にアイデアを絞り出しています。彼らは常に生徒に宿題、クイズ、試験、およびプロジェクトの課題を出します。これは、中学校、高校、大学など、どの学校でも同じです。学校環境への没入度が社会環境よりも大幅に深刻ではないとは本当に思えません。

強制的な没入レベルの大学生を例にとってみましょう。コロラド大学ボルダー校の私の学部の語学プログラムでは、アラビア語、中国語、ヒンディー語、日本語、韓国語などの5単位のアジア言語コースを提供しています。各コースは週5時間の授業時間があります。語学コースの1つを受講する学生は、毎日クラスを復習して準備する必要があることは簡単に理解できます。そして、それに加えて、宿題、頻繁なクイズ、中間試験、期末試験、プロジェクトに取り組む必要があります。これにより、学生は通常の平日に少なくとも2〜3時間、テストやプロジェクトの期間中はさらに多くのFLに非常に集中的かつ積極的に没頭することが容易になります。

FLへの強制的な没入のもう一つの興味深い例は、ESLプログラムです。世界中の多くのESL学生がアップロードした多くのエッセイ、メール、記事から収集した情報に基づいて、世界中のESLプログラムはすべて同じか、非常に似ていることがわかりました。また、私が知っているESLプログラムのかなりの数が、実際には非常に同じであるか、少なくとも互いに似ていることも事実です。

コロラド大学ボルダー校のESLプログラムの学生は、英語を言語としない世界の国々から集まっています。ESLプログラムは、月曜日から木曜日または金曜日まで毎日4〜5回の英語クラスを提供しています。これは非常に集中的な英語プログラムです。アメリカに住んでいるため、学校中や放課後は、文字通り一日中、各国から集まった生徒たちは、文字通り一日中英語に没頭することを余儀なくされています。コロラド大学ボルダー校の私の学部のFLプログラムと比較して、ESLの学生の強制的な没入の程度ははるかに集中的です。

イマージョンのアイデアの本当の問題をよりよく理解するために、ESLの学生が自国のESLスクールに来る前にどのように英語を勉強したかの背景をもっと深く見てみましょう。まず、私が育ち、アメリカに来る前に約28年間韓国に住んでいたため、韓国での学生の没入感に限定させてください。私はニュースメディアを通じて韓国の状況を常に把握してきたので、韓国の学校の環境には今でもかなり詳しいと言えるでしょう。

簡単に言うと、韓国の中学校以上の生徒たちは、少なくとも1日2時間は英語の授業に没頭することを余儀なくされています。彼らのほとんどは、学校の内外で英語を勉強するために毎日多くの時間を費やすことにより、さらに英語に没頭するために非常に懸命に努力しています。韓国のほとんどの大学生は、1日に何時間も英語の勉強に没頭し、1日に5時間以上も非常に集中的に英語を勉強しています。彼らは、人生で英語に挑戦し、習得することに強くコミットしています。結局のところ、韓国の学生は6年から10年にわたって英語に深く浸ることになります。彼らの多くは、1年または2年間、英語にさらに没頭するために、米国や他の英語圏のESLプログラムに来ます。

私の知り合いである日本や中国の多くの人々が、彼らの国でも全く同じ状況であることを確認するために志願しました。韓国、日本、中国の学生の英語への没入状況と比較すると、アメリカの学生のFLへの没入状況は、一致させるには近づいていないようです。あるアメリカ人は、「当然のことながら、私たちは真のアメリカ人です」と言うでしょう。しかし、それは私の主張ではありません。私が言いたいのは、韓国、日本、中国の人々が学校主導でFL(主に英語)に深く関与しているにもかかわらず、彼らは依然として真の韓国語、日本人、中国語であり続け、しっかりとしたバイリンガルスピーカーではないということです。

結局のところ、私は上記の例を取り上げて、学校環境からのFL学習における強制的な没入感のレベルは、社会環境からの没入感レベルほど深刻ではないか、それ以上ではないことを示しています。また、学校の環境が生徒にFLを話すように刺激するという事実に基づく根拠をたくさん示すこともできます。そして、彼らは言語を流暢に話すことができることの重要性を強調しています。

さて、FLを教えるための学校環境に欠けていると思うことのポイントにたどり着きましょう。学校環境によってFLEに欠けているのは、口頭言語トレーニングです。これはまさに私が学校のFLクラスに欠けていると思うものです。学校の語学の授業では、口頭で習得する言語はあまりありません。これが、FLの口頭での習熟度が学校から学ばれない理由であると私が確信している理由です。

FLEの学校環境と社会環境との唯一の違いは、一方の環境では生徒が口頭言語以外のすべてを学び、もう一方の環境では口頭言語以外は何も学ばないという明確な事実です。

これまでのところ、学校は言語の授業で生徒に口頭言語自体を十分に教えていないと思います。あるいは、少なくとも、口頭での言語訓練自体が教育によって完全に無視されたり、埋もれてしまったりしています。誰もそうするつもりはなかったと理解しています。それは、彼らが生徒が言語を学ぶための最良の方法を教えているという信念の下で起こりました。彼らがこれまで学校で適用してきた教授法は、単純にうまくいかなかったと私は本当に信じています。したがって、学校が語学クラスを通じてしっかりとしたバイリンガルスピーカーを輩出していないことはまったく驚くべきことではありません。

2つの環境の間にこれほど劇的な違いがあるとき、社会環境のメンバーと学校の言語教師の間で誰がより良い教師であるかはもはや問題ではありません。誰が教えているかに関係なく、生徒は一方の環境で失敗し、もう一方の環境で成功する必要があります。

学校の言語教育に口頭言語が欠けているとはどういう意味ですか?学校が口頭言語自体以外のすべてのことを生徒に教えてきたとはどういう意味ですか?それについて話しましょう。

7

せせらぎのトレーニングを教えていないから

では、学校の語学教室では何を学んでいるのでしょうか?

伝統的に、学校のFLEには、文法、リーディング、ライティング、リスニング、スピーキングの5つの主要な科目があります。そして、人々は、言語に取り組むために、これら5つの科目の間の特定の順序または組み合わせに従うべきだと信じています。つまり、それが正しいか間違っているかにかかわらず、人々の心の中には論理的な連鎖があり、それがそれぞれの主題を特定の順序に結びつけているのです。

どういうわけか、そのような異なる科目の中で、FLEに関わっているほとんどの人々は、昔も今日も、FLEに関わっているほとんどの人が、文法をFLを研究する上で最も基本的な科目と考えています。したがって、彼らは何よりも先に生徒に文法を教え始めます。彼らは、それらが何を意味し、どのように機能することになっているのかを明確に説明せずに、何百ものなじみのない文法用語を使用します。

また、さまざまなテキストを引用して、文を分析し、その中の文法要素を見つけます。彼らは時々、言語を言う際にルールがどのように適用されるかを示すために、生徒にいくつかの表現を言わせようとしました。そのように文法を教えるのに何年も費やした後、彼らは生徒たちにFLで読み始めて集中するように指示しました。

文法は非常に難しく、日々進化しているため、教師は生徒が文法の一部を理解するのを助けるために、文法の一部を繰り返し教えるために何年も費やす必要があります。言語の文法を理解することは、人が話すことができないことは非常に困難です。自分の言語の文法を理解することさえ簡単ではありません。そして、彼らが本当に理解する前に、それはすぐに終わります:学生は学校を卒業します。

結局のところ、学校のFLクラスでは、教師と生徒がTLを教えて学ぶために与えられたほとんどの時間が、非常に複雑な文法に費やされています。その結果、学生はTLで読む機会さえあまりありません。たとえそうであっても、不完全な文法スキルに基づいて読んで理解することの難しさを知るだけです。その結果、生徒は学校を出ると、FLスキルの点で再び振り出しに戻ります。生徒たちに残っているのは、学校で集中的な文法の授業を受けた記憶だけです。

教師はTLで生徒をリーディング、ライティング、スピーキングのレベルまでサポートするつもりですが、徹底的な文法教育を完了するのに十分な時間がないため、より高いレベルに進むことができません。結局、口頭での習熟度は言うまでもなく、一般的にTLスキルが非常に限られている状態で学校を卒業する人はほとんどいません。学校の終わりに、言語を話すことはおろか、TLを本当に上手に読むことができる人はごくわずかです。だからこそ、私はそれを全損と呼んでいます。

伝統的に、学校でのFLEの目標は、主に書き言葉のTLの知覚スキルを習得するように生徒に教えることでした。なぜなら、20世紀半ばまでは、外国人との瞬間的な言葉のやり取りが必要な状況に対処する必要がなかったからだと思います。昔ながらの外国人とのコミュニケーションは、同時口頭でのコミュニケーションモードではなく、ドキュメントベースのコミュニケーションモードです。ですから、その時点では、学習者が外国のパートナーからの通信に対して文書を読んだり、返信したりするだけで満足できるはずです。

したがって、中等学校および高等教育の伝統的なFLEがTLの文法を教えることに重点を置いていることは驚くことではありません。時間と費用対効果の高い問題の側面は別として、文法がTLの文の意味を分析し理解するのに役立つことは事実です。したがって、文法に関する優れた知識とスキルがあれば、TLを取得しなくてもそれを行うことができます。そのため、誰もが同じ道を追求します。しかし、多くの人は、文法の側面から言語に取り組むことがどれほど困難で、効果がなく、非生産的で、破壊的で、有害であるかを知らないようです。

このような文法ベースの教育を提供する傾向は、FL教師のほとんどがTLのネイティブスピーカーではないか、TLを話さない多くの非英語圏の学校の特に当てはまります。これは、米国のほとんどのESL学校にも当てはまります。同様に、韓国、中国、日本などのアジア諸国では、英語が生徒にとって最も重要な第二言語の1つと見なされていますが、学校のFLEは伝統的に長年にわたって非常に集中的な英語の文法クラスを提供しています。

学校の言語の授業で教えられている会話を学ぶための実際のインプットがあまりないことを理解するには、人間の言語の性質と言語スキルがどのように習得されるかについて非常に注意深く理解する必要があります。自然界の人間の言語は、直感的な音声コミュニケーションツールです。言語を流暢に命令するには、私たちの体の言語器官の無意識の半本能的な動きが必要です。このような言語器官の半本能的な身体運動は、脳から来るアイデアに半本能的に反応する半本能を体が構築するまで、反復的な運動によってのみ獲得できます。

ネイティブスピーカーよりも優れたTLの優れた知識が言語を流暢に話すことができないという事実は、たとえば、英語の文法を長年勉強しているにもかかわらず、レストランで英語で食事を注文することさえできない世界中の何百万人もの人々によって証明されています。

優れた文法知識に加えてTLを読み書きする優れたスキルが、言語を流暢に話すことを許さないという事実は、私たちの周りの何百万人もの先祖や現代の人々によっても証明されています。例えば、彼らは英語のテストで非常に高い点数を取るレベルまで、英語の読み書きを非常に上手に行うことができました。しかし、ほとんどの人はレストランで英語で食事を注文することもできませんでした。

文法、読み書きなど、教師が学校で教えるレベルを超えて、FLを非常によく聞いて理解できるように自分自身の努力をした人々も、高度な口頭能力を開発できませんでした。彼らは、PBTやCBTなどのTOEFLやTOEICテストなどのFLテストで非常に高いスコアを取得することに成功しています。それでも、TLで簡単なビジネス電話をかけることができる人はほとんどいません。

結局のところ、世界のほとんどの国で、学校が中学校と高校の期間中、伝統的なFLEアジェンダに基づいて主に文法、読み書きを教えるのに約6年を費やしていることはよく知られています。その後、非常に勤勉な学生は、大学でTLを勉強するためにさらに約4年ほどを費やします。それだけでなく、大学卒業後も多くの人がTLの勉強を続けています。これは、例えば韓国で英語を勉強している人にとっては特にそうです。他の多くの国の人々も、韓国の人々と全く同じ状況にあることを私は知っています。しかし、10年以上にわたるFLEは、学生のFLパフォーマンスに関する限り、学生にほとんど何ももたらしていません。つまり、このような長い年月のためのすべての努力が無駄に終わってしまうのです。

何よりも、それは単に時間とリソースを失うことではありません。それはそれ以上の意味があります。文法の勉強、リーディング、ライティング、TLのリスニングに10年を費やしたため、ほとんどの学生は、言語器官の筋肉と神経がすでに老化しているため、口頭言語を専門レベルまで学ぶための多くの機会と最高の物理的条件を逃すことになります。私たちは皆、老化がFL.ロスオフの優れたパフォーマンスのための機会と身体適応性を学ぶ能力に何を意味するかを知っています、老化した体のために、そのような種類のぼんやりとした教育から最大の苦しみになる可能性があります。

上記の事実は、文法、読解、作文、さらにはリスニングの主題に重点を置く伝統的および現代的なFLEが、口頭での習熟度の目標を達成するという点で非生産的であることが証明されていることを示すのに十分な根拠となるはずです。このような非生産性の根本的な理由は、どの主体もそれ自体が言語ではないということである。言語は本質的に口頭でのコミュニケーションツールであるべきです。上記のいずれも、口頭でのコミュニケーションのスキルとは関係ありません。オーラルコミュニケーションのスキルは、オーラルコミュニケーションの集中的なトレーニングを通じてのみ開発できます。

したがって、教師がどれほど偉大であっても、科目を教える際にどのような手順や順序に基づいて教えようとも、伝統的および現代的なFLEは、口頭言語スキルを持つ学生を生み出す可能性はあまりありません。非常に残念なことに、世界中のFL教師の大多数が、自分の選択の有無にかかわらず、依然として伝統的なFL教授法に固執しています。

このような伝統的なFLEと現代的なFLEは非生産的であることが判明したため、私たちはTLコミュニティに短期的または長期的に浸ることを通じて、限られた学生にTL教育を提供し始めました。実は、私たちは彼らに教えていません。むしろ、一部の裕福な親が子供をTLコミュニティに送り、そこで子供たちが言語を習得したということです。裕福な人々は、言語のより良い習得のために、子供たちをより長くTLコミュニティに送り出すことができます。あるいは、子供たちが言語を習得するために、家族全員がTLの国に移動することさえあります。一方、短時間しか浸からない子どもたちは、強い刺激を受け、言語学習への挑戦をします。

選ばれた少数の生徒が学校を離れ、家族の有無にかかわらずTLに没頭している一方で、FLの教師のほとんどは、それがうまくいかないことを知りながら、残りの大多数の生徒に伝統的な方法で教え、ますます多くの生徒が学校を離れてTLの国に住むべきだと信じていました。

一般的に、公立学校は変化に最も消極的な学校のようです。彼らはむしろ変化を拒否します。一方、私立学校や私立の語学学校は、問題を認識し、教授法の調整に適応することにおいて、より敏感です。

そのため、私立教育グループのFL教師の中には、私たちがこれまで教えてきたことが生産的ではないことに気づき、会話や一対一の指導を通じて生徒に本当の意味での言語を教えようとしている人もいます。あるいは、他のネイティブスピーカーの教師が直接法を使って生徒を指導しました。しかし、そのような教師が生徒にTLを手に取らせるものを教えてきたとは思えません。

それでは、もう一度問題を確認しましょう。TLコミュニティに没頭すると、学生がTLを手に取る理由は何ですか?なぜ学生はFLクラスからTLを拾わないのですか?これらの質問に対して、人々はさまざまな答えを持っています。大多数の人々は、原因を第一に「文法スキルの欠如」、第二に「読解力の欠如」に起因すると考えており、文法と読解に関するFLEを増やすことを主張しています。他の多くの人々は、生徒の「語彙力の欠如」を非難しています。

ですから、私たちはより多くの文法、読解、語彙を教えてきましたが、無駄でした。また、リスニングスキルは教えるべきだと主張し、多くの学生が自分でやったのに無駄な人もいます。そして、「私たちは言語を話すことを教える必要がある」と言ったとき、人々は本当の問題に気づいたようです。

しかし、彼らの仕事の深い側面を見ると、彼らが実際に学生に言語を習得させるものを教えているようには見えません。言い換えれば、彼らは表面的なレベルでスピーキングスキルを教えているのです。彼らは、一つの表現を表面レベルに吐き出すために、表面レベルで多くの準備が行われていることに気づいていないようです。

基本的に、私たちは生徒たちに表面レベルで可能な限りのことを教えてきました。自任または他の任命されたFLE専門家の人々が何と言おうと、私たちはそれらを学生に教えました。

しかし、これらの方法はすべて、言語システムの領域や表面レベルより上で容易に見ることができる現象にのみ焦点を当てているという共通の根本的な問題を抱えています。このような言語の習得と発達の現象を水面下で支えているものを見つけ出し、発展させるための徹底的な観察は、完全に欠落しています。水面に自由に浮かぶアヒルの姿から見えるものをもとに、生徒が水に浮かぶための方法をたくさん開発しました。

その結果、水に浮かぶことに成功した生徒は一人もいませんでした。それどころか、失敗のない方法を開発するためには、水中で何が起こっているのかを非常に注意深く観察し、アヒルが自由に浮かんでいるように見えるべきでした。

表面の下には、最も必要とされ、最も現実的で、最も重要な何かがあり、それが学生がTLをどこで勉強してもTLを習得させるでしょう。理解できなければ、TLコミュニティにどんなに深く没頭しても、その言語を習得することはできません。私たちがそれを学生に教えなければ、彼らはTLを手に取らないでしょう。それがなければ、表面的なレベルでは何も意味がありません。これが、私たちが学校の語学の授業で教えていないということです。私はそれをバブルトレーニングと呼んでいます。

第2章

スティーブン・クラッシェン対BTMの問題点

真実は、言語はバブルトレーニングを通じてのみ習得されるということです。これが習得に必要かつ十分な条件です。したがって、最初に会話を学ばなければ、話すことはできません。

クラッシェンは、自然な習得は**沈黙の期間**の後に、理解可能なインプットが継続的に提供されることで起こると述べました。しかし、彼が正確に観察していれば、自然な習得は**バブルトレーニング**が成功した後に起こると言ったはずです。

クラッシェンはさまざまなインプットを提案しましたが、バブルトレーニング用のインプットは提供していません。会話は、読解、リスニング、ライティング、スピーキング、または文法のためのインプットでは習得できません。

クラッシェンが提案したすべてのインプットは、読解とリスニングのためのものであり、会話を学ぶためのものではありません。

そのため、クラッシェンの理論は他の従来の方法と同様に失敗したのです。

まず会話を学ぶために設計されたプログラムが存在しない場合、さまざまなインプットについて議論することは無意味です。

1

Krashenの入力理論の問題点:

入力仮説(i+1)、理解可能な入力、最適入力

1. クラシェンのインプット仮説の歴史

著名な言語学者であり、言語教育に最も人気のある影響力を持つスティーブン・クラシェンは、言語習得に関する多くの理論とガイドを紹介しています。クラッシェンは初期の頃、文法を信じ、南カリフォルニア大学で文法に基づいた言語教育プログラムを長期間運営していました。

それから、彼は文法が生徒が言語を習得するのを助けないと告白し、文法理論から離れてインプット理論に飛び込むようになりました。彼は、インプット仮説(i + 1)、理解可能なインプット仮説、最適インプット仮説など、複数の「インプット」理論を紹介しています。彼は、これまでの言語習得の失敗は、基本的に文法を含む効果的なインプットがなかったことが原因だと考えているようです。

彼は自分のインプット理論の問題点に気づき続け、次々とインプット理論を導入しました。しかし、私には、そのどれもが言語教育業界の現実の世界に大きな違いをもたらしているようには見えません。残念ながら、彼の理論は、学

習者と教師に言語教育の混乱と不安定な概念をさらに追加しているようです。

彼がいつ新しいインプット理論の導入をやめるのかはわかりません。また、彼がこれまでに導入したインプットが言語習得に効果的であるものは、世界中の何億人もの人々によって試みられ、言語教育の歴史によって失敗と証明されたもの以外は、何も新しいものではないと私は信じています。

実際、韓国には、10年以上、あるいは20年以上にわたって、書店、映画、ドラマ、雑誌、絵本など、さまざまな情報を試してきたにもかかわらず、英語を流暢に話せなかった人が何十万人もいることを私は知っています。実は、英語を第二言語として習得したいと思っているのは韓国の人々だけではないことを私は知っています。

2

私たちは皆、同じ方法で言語を習得します

クラッシェンは、言語習得に関する最も重要な質問「どのように言語を獲得するのか」に対して、「不安の少ない環境で理解可能なインプットを得るとき、私たちは一方向にのみ言語を獲得する」という理解可能なインプット仮説で答えています。彼はまた、「私たちは皆、同じ方法で言語を獲得する」と宣言しました。さらに、彼は、理解可能なインプットが学生に絶えず提供され、それが避けられない現象である沈黙期間の後に自然な習得が行われると述べました。

Krashenの理解可能なインプットは、驚くべきことに、彼の古い仮説の1つである言語習得学習仮説と矛盾しており、彼は習得(会話)が流暢さに貢献し、他方では学習(文法)が正確さに貢献していると主張しています。この理論に基づいて、彼は非常に典型的な文法学者の言語学者であり、会話ベースの習得プログラムと体系的な文法ベースの学習プログラムを一緒に追求すべきだと主張しました。しかし、流暢さと正確さの両方が習得によってのみ達成されることを知ったとき、彼は自分の理論を断ることを躊躇しませんでした。彼はまた、体系的な文法教育は言語教育では機能しないと主張しました。

Krashenの入力理論は、言語習得デバイス(LAD)[7] を仮定しています。つまり、彼は、それらのインプットが学生に常に提供されるとき、LADは獲得のために働くと信じているようです。彼はまた、インプットが常に提供されるときに取得が行われなければならないと信じているようです。

私は、私たちが言語を獲得する方法は一つしかないというクラッシェンに完全に同意します。しかし、彼の理解可能なインプット理論が本当に言語を習得するための唯一の方法であるということには同意しません、なぜなら、「低不安環境での理解可能なインプット」が無数の学生を失敗させたことを歴史が証明しているからです。

私にとって、私たちは一つの方法で、一つの方法でのみ言語を獲得するのです。長時間にわたる実際のインプットに対する集中的なせせらぎトレーニングは、私たち全員が言語を習得するための唯一の方法です。

7 7LAD(Language Acquisition Device)とは、チョムスキーが提唱した仮想概念で、すべての男性は脳のどこかに言語習得装置を装着し、言語入力を処理して獲得するというものです。

3

クラシェンの理論の問題点

3.1. インプット理論

クラッシェンのインプット仮説（i+1、理解可能なインプット、または最適なインプット）は、それ自体に問題を抱えています。それらのインプットの定義が非常に曖昧で具体性に欠けるためです。ある講義で、彼は理解可能なインプットについて説明しました。彼は人間の顔について説明し、目、鼻、口、耳を名前で呼びながら指し示す例を取り上げました。この説明から、理解可能なインプットとは、文脈に基づいて学生に理解可能なインプットを指すようです。しかし、この方法は外国語教育を主に自然な没入環境に限定することになります。また、視覚資料を活用するプログラムに依存せざるを得なくなり、多くの障壁や制約、困難を外国語プログラムにもたらすでしょう。

多くの講義で、クラッシェンは学生が言語を学ぶための読書を強調しました。これは、クラッシェンが理解しやすいインプットを取り入れる方法として読書を推奨していることを明確に示しています。書くことについてはどうですか?

しかし、言語教育の歴史を振り返ると、読書を通じて言語を習得した事例は極めて少ないことが分かります。さらに、歴史は、リスニングで言語を習得した学生はほとんどいないことを明らかに証明しています。

私にとって、インプット理論は失敗するでしょう、なぜなら、それらの理解可能な、または最適なインプットを読むことが、習得のための効果的かつ効率的なバブルトレーニングのために設計されていないからです。

3.2. 感情フィルター理論

習得を強化するために、クラッシェンは、生徒の習得レベルはモチベーション、自尊心、不安によって異なる可能性があるという感情フィルター理論を提案しました。モチベーションが低く、自尊心が低く、不安が多い学生が言語を習得しないのは理にかなっているように思われます。しかし、感情フィルター理論は、モチベーションが高く、自尊心が高く、不安が少ない多くの学生が、彼らに提供された理解可能なインプットに取り組むための無限の努力にもかかわらず、依然として言語を習得できていないという反対の事実を説明できていません。

多くのリーディングとリスニングを通じて優れたリーディングとリスニングのスキルを習得した結果、学習者が言語を習得できなかったことが歴史が明確に示しているのであれば、リーディングとリスニング、さらにはライティングからの効果的なインプットについて話すことに何の意味があるのでしょうか?

これまで、クラッシェンの理解可能なインプット理論と情意フィルター理論の問題点を指摘してきました。彼が「文法はもはや言語習得において重要ではない」と指摘した点や、「言語はたった一つの方法でのみ習得される」と述べた点は評価します。

しかし、私は理解可能なインプットが唯一の条件であるという意見には賛成できません。クラッシェンは、言語を習得するための根本的な要件であるバブルトレーニングを見落としています。

実際のところ、私は理解可能なインプット理論を効果的な言語習得の方法とは認めません。この理論は、学生を誤解させ、失敗させてきた従来の方法と大差ありません。

3.3 最適インプット理論

クラッシェンの最適インプット仮説は、基本的に理解可能なインプット仮説とそれほど変わりません。彼は、'理解可能な' インプットに加えて、'魅力的な'、'豊富な'、'質の高い'、'量的な' インプットを含む「最適なインプット」という概念を単に作り出したように見えます。

彼は、最適なインプットが言語習得において最も効果的なインプットであると主張しています。また、物語を聞くことやガイド付き読書が最適なインプットを得るための最良の方法であるとも述べています。

しかし、現実の世界では、たくさんの本を読むことは、生徒の読解力を向上させるのに役立つだけです。同様に、ストーリーリスニングやその他の種類のリスニングは、生徒のリスニングスキルを向上させるのに役立つだけです。これは、言語教育の歴史を通じて、特に奇妙な言語にとって真実の問題として証明されています。

例えば、TOEFLやTOEICでリスニングとリーディングのスコアが高い学生は、確かに高いレベルのリスニングとリーディングのスキルを持っているが、流暢なレベルのスピーキングスキルは全くないということは、まったく秘密ではありません。この歴史が証明された現実の世界は、Krashenの理解可能なインプットと最適なインプット理論が口頭での習熟度の習得を伴わないことを示しています。[3]

私は、インプットが効果的かつ効率的なバブルトレーニングのために設計されていない場合、インプットがリーディングとリスニングに最適であるかどうかに関係なく、言語習得は期待できないと信じています。

2. クラシェン理論の失敗の根本的な理由

Krashenの入力理論が補完され、さまざまなバージョンに発展したという事実は、入力理論シリーズが成功しても、獲得が保証されないことを示しています。これは、理論によって定義された入力と、入力を取得するために必要な行為が成功した場合、取得の要件を満たしていないことを意味します。

インプット理論が成功した取得をもたらさない理由がわかります。BTMの作業仮説を交えて、その理由を解説します。

1)入力と出力の間に突然変異はありません

8 私はこの言葉を、互いに全く関係のない言語や、韓国語と英語、あるいは日本語と英語のように、言語的特徴が極めて異なる言語を指して使っています。一方、英語、スペイン語、ドイツ語などの言語は、言語的および文化的に比較的小さな違いを示しています。私はこれらの言語を「いとこ言語」と呼んでいますが、比較的習得が難しくありません。

BTMの入出力作業仮説の1つは、入力が異なるカテゴリの出力を生成することはできないと規定しています。つまり、読解力に対する理解可能なインプットは、読解力の習得をアウトプットとしてのみ生み出すことになる。同様に、リスニングのための最適なインプットは、アウトプットとしてのみリスニングスキルの習得を生み出します。ですから、インプットとして書くことの結果は、ライティングスキルの習得になります。インプットとしての文法は、文法に関する知識のみを生み出します。これが、クラッシェンが言ったように文法が習得に貢献しない理由です。

私自身の言語教育の経験と観察から、これは普遍的な現象であると信じています。この仮説に異議を唱える人もいるでしょうが、これは、リスニングのためのインプットを通じてある程度のスピーキングスキルを身につけた人がいるということです。このような現象は、仮説が間違っていることを証明するものではありません。それは単に、リスニングのための与えられたインプットに対して、生徒がある程度のせせらぎトレーニング(覚えて言うための繰り返しの努力)があったことを意味します。誰かが読むための入力を通じてある程度のスピーキングスキルを習得した場合、それは単に、学生が読むための与えられた入力に対してある程度のせせらぎトレーニングがあったことを意味します。

クラッシェンがインプット理論を通じて導入したインプットのタイプは、読むためのインプットとリスニングのためのインプットです。したがって、これらのインプットから期待される出力は、リーディングスキルとリスニングスキルの習得のみです。

2) 入力がないと出力が生成されない

BTMの入力出力に関する別の作業仮説は、「入力がないと出力が生成されない」というものです。クレシャンのインプット理論が言語の流暢さを獲得できなかったのは、イマージョンの場合を除いて、理論が会話を学ぶための実際のインプットを提供していないという事実から来ています。

クラッシェンは、最適なインプットが言語習得に最も効果的なインプットであると主張しています。彼の最適なインプットは、「理解しやすい」、「説得力がある」、「豊富」、「量」の5つの特性を備えています。また、彼は、ストーリーリスニングとガイド付き読書が最適なインプットを得るための最良の方法であると主張しています。

しかし、ガイド付きリーディングやストーリーリスニングによる最適なインプットは、バブルトレーニングではなく、リーディングとリスニングに最適になるように設計されているため、実際のインプットとは言い難いものです。

その結果、最適なインプット法からのインプットは、実際のインプットに必要な機能を欠いているため、口頭での習熟度を習得するための有意義なアウトプットは期待できません。i+1入力、分かりやすい入力、最適入力のいずれが提供されていても構いません。彼らはバブルトレーニングの実際のインプットになる資格がないため、学生は話すスキルを習得できません。

3) バブルなし, 習得なし

BTMの言語習得に関するもう一つの作業仮説は「バブルなし, 習得なし」です。この自己説明的な仮説は、バブル[10]

活動なしでは習得が起こらないことを主張しています。この仮説によれば、言語的直感、身体的能力、および言語的リソースという3つの習得要因は、バブルトレーニングを通じてのみ同時に達成できるとされています。

[9]これは、学習者が実際の生活環境で習得し、実際に使用できる現実的なインプットを指すために使用する用語です。意図するアウトプットに応じて、話す、読む、聞く、書く、文法を学ぶための現実的なインプットとしてそれぞれ特定することができます。使いやすさ、物語、会話、語彙、発音、文法など、意図するアウトプットの習得を促進するために必要な特徴を欠いたインプットは、それぞれの意図するアウトプットに対して効果的かつ効率的な現実的インプットとは見なされません。

[10]「バブル」または「バブリング」という用語は、学習者が特に話すスキルを習得する目的で、言語的インプットを繰り返し模倣、コピー、模倣、または練習する行為を意味するために使用しています。しかし、広義では、言語的インプットの後にリスニング、リーディング、ライティングのそれぞれのスキルを習得する目的で行う学習者の繰り返しの練習行為を指すためにも、この用語を使用しています。

もし、三つの習得要因のいずれかがゼロであれば、話す、聞く、読む、書くといった言語活動を行うことはできません。[11]また、集中的なバブルトレーニングは、学習者が目標言語に対して抱える言語的抵抗[12]を克服するのに役立ちます。そのため、バブルトレーニングは言語を習得するために必須の活動です。

クラッシェンのインプット理論が、言語流暢さの習得に必要な実際のインプットを提供していないという事実は、最適インプット理論に基づくプログラムが失敗する二つの根本的な原因の一つです。

最適理論に基づくプログラムの失敗のもう一つの根本的な原因は、クラッシェンが習得における非常に重要な要素であるバブルトレーニングを彼のインプットモデルに適用していないという事実です。クラッシェンは、バブルトレーニングを習得のための重要な要素として考慮していないようです。彼は、言語習得におけるバブルトレーニングの重要な役割を認めていないようです。

自然言語習得において、家族のメンバー、特に母親は、実際のインプットを提供し、赤ちゃんをバブルさせる役割を果たします。したがって、一定の量の実際のインプットとバブルトレーニングの時間を経た後、母国語が習得されます。赤ちゃんが言葉を学ぶためにバブルをしなければ、言語を習得することはありません。同様に、学習者も、実際のインプットに対する粘り強いバブルトレーニングなしでは言語を習得することはできません。[4]

[11] 「言語習得に関する作業仮説」というタイトルの記事を参照してください。

[12] 言語的抵抗とは、インプットを処理するための身体的および認知的な不適合の度合いであり、これがアウトプットの生成を妨げます。言語的抵抗は、主に母国語（MT）から目標言語（TL）への言語的距離や、個人の年齢によって引き起こされます。年齢は、母国語の言語的特徴に対する身体的および認知的な固着の度合いを示します。さらに、言語的抵抗は、インプットを処理するための個人の不適合によって増加する可能性があります。言語的抵抗は、異なる母国語の背景を持つ学生が他の言語に比べてどの言語を習得するのが難しいか、または容易いかを説明します。また、一般的に子どもが大人よりも外国語を比較的速く習得できる理由も説明します。

3

BTMの現実世界での適用

私は個人的に、英語習得に失敗した経験があります。また、韓国で自分自身で英語を習得することに成功した経験もあります。私は、英語習得の失敗と成功の体験、他の人々の成功した英語習得の証言、言語習得に焦点を当てた自分の言語学研究、韓国とアメリカでの外国語教育の失敗経験、そしてコロラド大学ボルダー校や民間プログラムでのBTMの成功・失敗に関する実験に基づいてBTMを開発しました。

私がこれらの経験から得た結論は、実際のインプットに対する集中的なバブルトレーニングが、言語を習得するために必要不可欠な要素であるということです。私の実験は、集中的なバブルトレーニングを十分な時間実施しなかった場合、どんな妥協をしても習得は失敗に終わることを明確に示しました。

私は韓国の中学校で英語の文法と語彙が非常に少ない状態でスタートしました。高校では、週に1時間しか英語の授業がなかったため、1年生の2学期から2年生の終わりまで、約1.5年間、毎日コツコツと英語文法を学びました。しかし、英会話スキルにはまったく進展が見られなかったため、最終的にあきらめました。3年生の年次、韓国での最終学年では英語を勉強しませんでした。

高校卒業後、私は大学には進学せず、仕事を始めました。その後、英語を再び学び始めました。会話のダイアログを使った教科書と音声テープを使ってバブルトレーニングから始めました。その1年後、読み書きの学習にもバブルを取り入れました。また1年後には、日々のジャーナルを書くことでライティングのバブルトレーニングも始めました。驚くことに、これらは非常にうまくいきました。英語での会話、読書、執筆にかなり自信を持つことができました。おおよそ3年ほどかかったと言えるでしょう。その後、韓国で大学を卒業し、アメリカに来て言語学を学ぶことになった際には、アメリカの裁判所やコロラド州の裁判所でプロの韓英通訳としてフリーランスの仕事を得ることができ、運が良かったと思います。

私は、自分にとって驚くほど成功した学習法を、後に私のパートナーとなった大学生に紹介しました。彼女も私と同じように、最初はバブルトレーニングから始めました。その後、リスニングを学ぶためにバブルを加えました。私ほど読書やライティングを学ぶためのバブルトレーニングを行うことはありませんでしたが、それでも彼女も非常に成功し、英語の便利なスピーカーになりました。

アメリカで出会った数人の40代の韓国系アメリカ人のことを知っていますが、彼らは非常に流暢に英語を話します。信じられないかもしれませんが、30歳を過ぎてからアメリカに移住し、10年以上、20年以上アメリカに住んでいる純粋な韓国系アメリカ人が、流暢に英語を話せるのは非常に珍しいことです。彼らも私と同じように英語の習得に失敗した経験があることを知りました。また、彼らが韓国で何年も英語を習得するために粘り強く行ったことが、今私が「バブルトレーニング」と呼んでいるものだということも分かりました。

アメリカに来る前、私は韓国で高校生や大学生に英語を教えていましたが、その際、伝統的な方法（文法、リーディング、TOEFL、TOEIC）に従っていました。自分の方法を開発する選択肢はありませんでした。その結果、誰も英語のスピーキングスキルを身につけることができませんでした。TOEFLやTOEICで非常に高いスコアを取得した学生でさえ、英語の会話力を持っていませんでした。

私はコロラド大学ボルダー校で韓国語を教えていました。私はBTMプログラムをクラスの環境に合わせて設計しました。このプログラムは、クラス中に紹介されたリアルな表現を学生が保持できるようにすることを目的としています。例えば、学生は、学期中に紹介されたランダムに選ばれたシナリオに基づいて、クラスでどんな役割でも演じられることが求められます。

クイズでは、学生はシナリオからランダムに選ばれた英語のメッセージに対応する韓国語の表現を書き留めることが求められます。テストでは、学生は100または150のランダムに選ばれた英語のメッセージに対する韓国語の表現を自分の声で録音することが求められます。

この方法では、通常、学生は1学期で約800～900のリアルな表現を学び、保持することになります。学期の終わりには、学生は韓国語で非常におしゃべりになるでしょう。もし学生が少なくとも3学期クラスを続けるなら、学生は約3000のリアルな表現を習得し、韓国語でかなり流暢なレベルの会話スキルを習得するための強固な基盤を築くことができるでしょう。その後、少なくとも1年間は自分でバブルトレーニングを続けて、それらの表現を保持することになります。

しかし、学生は他の語学プログラムに比べてクラスが厳しすぎると不満を漏らし、ほとんどの学生が次の学期に戻らないため、教師である私にとっては非常に落胆しています。ですから、BTMの作業仮説に基づけば、学期中に学んだ表現を自分たちでBabble Trainingを続けなければ、学生たちは完全に失敗していたに違いないと思います。

生徒たちが文句を言って次の学期に戻らず、生徒のカムバック率が低下し、私の授業が見栄えが悪くなったため、従来のFLEメソッドに近いプログラムを開発して適用しました:文法、読解、会話を数年間。クラスの需要が他の言語プログラムと多少似ているため、学生はそれをはるかに気に入りました。

ほとんどすべての学生が文法に集中的に注意を払っていましたが、私は会話スキルがより重要であると強調しました。彼らの会話のパフォーマンスは非常に悪かった。彼らは、プログラムがそれを必要としていなかったため、学期を通じてクラスで学んだ表現を保持しませんでした。学期の終わりには、クラスで紹介された表現を使って簡単なシチュエーション会話をするために、誰も私とコミュニケーションをとることができませんでした。彼らが韓国語を習得するチャンスは全くありません。この結果は、私にとっては全く驚きではありませんでした。

私はコロラド州デンバー都市圏の多くの韓国系アメリカ人の小さなグループに英語を教えました。1年間のプログラムで、週に1コマ、2時間でした。彼らは40代から50代で、フルタイムの仕事をしていました。

私は、彼らのグループとしての状況に合わせてプログラムを設計しました。毎週宿題を出して、授業に来たら2人ずつのグループに分けて、登場人物に関係なく2人でシナリオを演じてもらいます。

このように、文字数の一致について心配する必要はありません。私はグループの周りを回り、彼らのアーティキュレーションを聞きながら、正しいアーティキュレーションを手伝いました。各グループでシナリオを流した後、プロジェクターを使って韓国語でシナリオを発表し、生徒たちに英語で対応するメッセージを言ってもらいます。

約2,500通りの表現を学びました。一部の学生にとっては、すべての表現を習得するために真剣な努力と時間を捧げたため、非常に成功しました。彼らは、学んだ表現を仕事やビジネスで使えるようになったことに感謝していました。

英語を習得するためにBTMの応用方法を学んだ女性がいました。彼女はスケジュールの都合で私のクラスに来ることができませんでした。彼女は私がデザインした教材を使って、BTMメソッドで独学で英語を教えました。彼女はBTMが自分にとても役立ったことにとても満足し、「あなたは私が今まで出会った中で神様に次いで2番目に感謝している人です」と私に言いました。

4

実入力 vs. 最適入力

Krashenのインプット理論は、最適なインプットを学習者にとって最良のインプットとして提示し、ストーリーリスニングとガイド付きリーディングは、学習者が最適なインプットを得るための最良の方法です。

最適なインプットは、理解しやすく、興味深く、豊富な言語を学生に提供することです。それは、学生がそのような最適なインプットを通じて言語とリテラシーを習得するという考えです。これには、次の4つの特徴があります。

1. 理解しやすい: 入力は、理解できないビットが含まれていても理解できるものでなければなりません。
2. 説得力がある: インプットは、学生が外国語であることを一時的に忘れてしまうような、興味深く魅力的なものでなければなりません
3. 品質: 彼のインプットは言語が豊富で、学生の現在のレベルをわずかに超える新しい単語や構造が含まれている必要があります。
4. 量: 学生が言語を習得する機会を増やすために、インプットは豊富でなければなりません。

一方、BTM　　　は出力指向の実入力を使用します。つまり、BTMは、それぞれ必要な出力用に設計された実際の入力または実用的な入力を使用します。学生の年齢、環境、必要なアウトプットに応じて、実際のインプットをそれに応じてアレンジすることができます。

リアルインプットとは、学習者が習得し、実際の環境で実際に使用できる実用的または現実的なインプットです。意図した出力に応じて、実際の入力を実際の入力として指定して、それぞれ話す、読む、聞く、書くことを学習できます。意図した出力の取得を容易にするために必要なユーザビリティ、コンテキスト、インタラクション、音声などの機能を欠いている入力は、効果的な実際の入力とは見なされません。

BTMは、新しくて豊富なインプットに無限に取り組むのではなく、効果的で流暢な習得を目的として、人々が通常の環境のさまざまな状況で日常的に使用する実際のインプットよりも、繰り返しのバブルトレーニングを強調します。BTMは、生徒がこれらの実際のインプットをできるだけ多く、できるだけ頻繁に噛み砕き、言語習得デバイスに保存して、必要なときにいつでも使用できるようにし、ターゲット言語に対する言語的直感を最大限に高めることを望んでいます。

効果的なバブルトレーニングの詳細な方法については、後の章で見つけることができます。

私は、生徒がストーリーリスニングと最適なインプットのガイド付きリーディングを通じて言語を習得することが絶対に不可能だと言っているわけではありません。特に、このような集中的なストーリーリスニングと最適なインプットのガイド付きリーディングにより、簡単な言語がある程度習得される可能性があることに同意します。

小学校全体で1000冊以上の絵本を読んだ子供が言語を習得したと自慢している人々の声を聞いたとしても、彼らの評価には疑問があります。例えば、英語が話せない人は、マクドナルドでハンバーガーを注文するのがやっとなのに、英語が上手だとコメントするでしょう。誰かが外国語に堪能になった場合、それはその人が入力に対して自分自身で多くのバブルトレーニングを受けなければならないことを意味します。

いずれにせよ、FLEはそんな一握りの特別な学生だけのものではありません。

BTMは主に、すべての生徒が1～2年程度で日常生活に流暢に対応できるようになることを目標としており、話すことを学ぶための数千の実際のインプットを取得します。これは、ほとんどの熱心な学生にとって本当に実行可能です。次に、BTMは、すべての普通の人々が時間をかけて行うのと同じように、流暢に読む、聞く、書くスキルを徐々に習得することを目指しています。

話すことと読むことを学ぶための実際のインプットの簡単な例は、この本の後半で紹介されます。

5

ジオセントリック・アプローチ (伝統的な方法) とヘリオセントリック・アプローチ (BTM)

真実は決して変わったことがありません。それは常に地球が回転し、太陽の周りを動いて私たちに日々、夜、そして季節を与えているということです。人間が太陽中心説を宇宙の真実として認識するのに非常に長い時間がかかりました。彼らは長い間、地球中心説を信じていたのが間違いでした。

真実は決して変わりません。それは常に、人間が言語を習得したのは、しゃべりの訓練を通じてでした。言語学者や教師は、文法、リーディング、リスニング、会話を教える伝統的な方法を信じることは、長い間間違っていました。

ほとんどの言語学者や言語教師は非常に頑固で、文法、読書、リスニング、または会話で言語を学ぶべきだと主張してきました。これらは伝統的な方法として分類できます。言語学者や教師たちは、地球中心説のような伝統的な方法の枠組みの中で、高度な外国語教育プログラムを開発することに専念してきました。

このようにして、言語学者と言語教師は、世界中の何億人もの人々に取り返しのつかない損害を与えてきました。私自身も含めて、そのような言語学者や教師のせいで、生徒たちは言語を学ぶために時間、お金、生活を無駄に浪費しました。

伝統的な方法が最初からどれほど根本的に間違っていたかを理解するのを容易にするために、私は伝統的なFLE法は天動説時代のFLE法、または天動説法であると主張します。また、バブルトレーニングメソッド(BTM)が当初からどれほど根本的に正しいかを理解しやすくするために、BTMは地動説時代のFLE法、または地動説法であると主張しています。

地球中心説は、長い間人々が持っていたすべての質問に答えを持っているように思われました。例えば、日夜の変化や季節の変化など、そしてそれは長い間、みんなにとって十分なものでした。しかし、いくつかの天文学者たちは、地球中心説では答えを得られなかったいくつかの問題を発見しました。それは、金星の位相と大きさの変化です。また、火星の動きに関する謎も地球中心説では説明できませんでした。最終的に、その謎が太陽中心説を生み出すことになりました。

このように、言語教育の天動説の方法は、文の構造をどのように分析するか、どのように読むか、そして目標言語でどのように書くかについての質問に対する答えを持っているように見えたので、言語学者と教師を満足させました。彼らは、天動説の方法が言語教育のすべての問題を解決すると信じていました。

しかし、天動説の方法では、A+の生徒の誰も目標言語を流暢に話せないという謎を解くことができませんでした。そのため、言語学者と教師は、問題を解決するための従来の方法を補完するために、創造的なアイデアであらゆる種類の方法を開発しました。それなのに、彼らは何度も何度も失敗し続けました。

しかし、言語学者や教師の中には、BTMの地動説が言語習得の未解決の謎を効果的かつ確実に解決できると理解している人は多くありません。BTMは、言語と、話す、読む、書く、聞く、文法などの言語のすべての領域を同時に習得する唯一の方法です。従来の方法ではこれを行うことはできません。

クラシェンの入力理論が失敗するのは、それが伝統的な方法の天動説にまだ属しているからに過ぎない。

さて、伝統的な方法の度重なる失敗と、クラシェンの入力理論に対する明確な答えを提供するために、BTMの獲得と入出力の作業仮説を提供します。

仮説を理解すると、クラシェンの理論と従来のFLEメソッドに欠けていたものが見つかります。

私は、簡単な言語も難しい言語も関係なく、言語を習得する唯一の方法としてBTMを紹介しました。確かに、私たちは皆、実際のインプットではなく、Babbleトレーニングを通じて同じように言語を習得します。

私は、クラッシェンが提案したインプットやマナーが全く効果がないと言っているわけではありません。例えば、没入感のある環境で理解可能なインプットが常に提供されると、生徒は言語を習得するだろうというKrashen氏に同意します。そこでは、生き残るためにはバブルトレーニングが自然に行われるでしょう。それは、没入型環境では、生徒が生き残るために非常に集中的なバブルトレーニングを行うことを自発的または非自発的に強制されるためです。

しかし、このタイプの方法は、大多数の学習者にとって非常に非現実的です。

せせらぎトレーニングは、実際のインプットと時間の遅れている量であり、すべての男性が言語を習得するための唯一の普遍的な方法です。Babble Trainingなしでは、言語は習得できません。Babble Trainingで入力がないということは、取得がないことを意味します。[5]

BTMは非常に簡単で、シンプルで、現実的です。BTMは、多くの学生のクラスに適用できます。BTMの教師は、目標言語に堪能である必要はありません。BTMは、母語習得と同様に、LADが非常に効果的に機能するように駆り立てます。BTMを使用すると、生徒は自分自身または自分自身の間で実際の入力に対してBabbleトレーニングを行うことができます。

オーディオデバイスを使用して、せせらぎのトレーニングを行うことができます。必ずしも直接の交流が必要なわけではありません。パートナーは必要ありません。教師がいなくてもバブルトレーニングを行うことができます。没入するために世界中を一周する必要はありません。家でも、職場でも、バスの中で一人でもおしゃべりできます。

学習者と教師は、上記で紹介したBTMの作業仮説をツールとして適用し、選出されたFLEプログラム、教科書、または理論が取得に有効かどうかを調べることができます。

それは、理解可能なインプットを読んだり聞いたりするのではなく、実際のインプットよりもBabbleトレーニングを繰り返すことで、習得が避けられないのです。

13 実際のインプットの量と時間は、TLに対する個人の言語的耐性とTLを学ぶための精神的な没入の程度によって異なります。具体的な議論については、後ほどご紹介します。

6

AIはFLEの問題を解決できますか? いいえとはい。

効果的な外国語教育方法の研究の一環として、韓国の研究者や学者が書いた、韓国の英語プログラムの効果的な方法に関するさまざまなテーマに関する約300の論文をレビューしたことがあります。文字通り、論文で扱われたすべてのアイデアは、英語のプログラムに現代のテクノロジーをどのように適用するかということでした。彼らの誰も、従来のFLE法の失敗を認めていませんでした。彼らが、テクノロジーを使用して生徒が英語の文法をより良く、より簡単に理解できるようにする方法などの主題に焦点を当てたのも不思議ではありません。オンライン会話パートナーの使用方法。そして、読書に役立つグラフィック画像を適用する方法など。

すでに人的資源よりもAIに頼り始めているAIが登場した今、FLEでAIをどのように活用するかについて、多くのアイデアがすぐに出てくるでしょう。そうすると、ほとんどすべての人が、AIベースのプログラムが言語学習の最良または標準的な方法であるかのように誤解されます。AIは、教師や生徒のためにも多くのことをできるようになります。AIは良い会話のパートナーになることができます。それは非常に効率的な読み物を提供することができます。

それは学生が文法を学ぶのを助けることができます。それは、リスニングスキルを習得するためのトレーニングを受けた学生を助けることができます。それは学生のライティングスキルを助けることができます。そして、教師や友人が生徒を助けるためにこれまでに行ってきた他の多くのことを行うことができます。

ただし、AIの性質を理解する必要があります。AIは自己学習型で生成型です。そのため、AIは膨大な量のFLEデータから学習し、そのデータに基づいてFLEプログラムを生成します。それははるかに生産的で効果的なプログラムを改善し、生産することができます。

しかし、AIが学習できるデータがなければ、AIは生成的ではありません。これは、AIが学習して生成できるものは、データの範囲によって制限されることを意味します。提供されたデータでサポートされていない、まったく異なるサービス範囲を生成することはできません。つまり、AIが人間よりも優れたパフォーマンスを発揮するのは、AIに同等のコードまたはデータが提供されているときだけです。

従来のFLEメソッドがこれまで失敗した理由は、優れた会話パートナーがいなかったためではなかったことを知っておく必要があります。リスニングスキルの教科書。読み書きを教える良い教師。またはより良い文法書。彼らが失敗したのは、そのどれもが言語を教えたり学んだりするための適切な方法ではないからです。

その結果、従来のFLE法では学生が口頭での習熟度を習得できなかったという事実を考えると、AIが従来のFLE法のデータに基づいて生成するすべてのプログラムも、学生が口頭での習熟度を習得できないことは非常に明白です。AIは、BTMトレーニング方法のデータがまだないため、BTMトレーニング方法を生成することはできません。

BTMトレーニングは言語習得を保証する唯一の方法であるため、AIにBTMトレーニングコードを提供することができます。そして、近い将来、学生が自分の選んだ言語を習得するための最良の結果をもたらすでしょう。

第3章

実際の入力の例

BTMリアルイングリッシュの実際の入力例は、まもなく出版される予定です。

BTMリアルイングリッシュの教科書は、以下の4冊で構成されています。

子供向けのブック1
ジュニア向けのブック2
大人向けのブック3
リスニングと発音のためのブック4

すべての本の音声ファイルは、YouTubeで利用可能になります。

1

話すことを学ぶための実際の入力1:お父さんは何時に家に帰っていますか?

2	お母さん:	ティム!
3	ティム:	ええ?
4	お母さん:	どこにいるの?
5	ティム:	私は自分の部屋にいます。
6	お母さん:	何か食べたいの?
7	ティム:	もちろんです。
8	お母さん:	(食べ物のトレイを持って入ってくる)　さあ、何か食べて。何やってるの。
9	ティム:	ただ、レゴで何かを作っているだけです。
10	お母さん:	すごいね! あれは船ですか?
11	ティム:	ええ、それは船です。
12	お母さん:	彼女の名前は?
13	ティム:	ティムオーシャン。彼女に私の名前をつけました。
14	お母さん:	その名前が好き。
15	ティム:	お父さんの誕生日に作ってるよ。だから、彼には言わないで、いいですか?

16 お母さん: 約束します。きっとお父さんも気に入ると思います。どのくらいの時間がかかると思いますか?

17 ティム: よくわかりません。たぶん2時間くらいでしょうか?

18 お母さん: 2時間?それは何時になりますか?

19 ティム: さて、今は何時ですか?

20 お母さん: 3時半だよ。

21 ティム: わかった、5時半までには終わらせられると思う。お母さん。

22 お母さん: ん?

23 ティム: お父さんは今日何時に帰宅しますか?

24 お母さん: いつものように6人くらい。

25 ティム: 完璧!彼が帰宅する直前に、これで終わりにするよ。

26 お母さん: その後どうするの?

27 ティム: 夕食後に映画を観てもいいですか?

28 お母さん: もちろん。どんな映画?

29 ティム: バットマン。7時30分と9時30分に別のショーがあります。

30 お母さん: 9時30分では遅すぎますが、7時30分はうまくいきます。6時半に食事をします。

31 ティム: お母さん?

32 お母さん: はい?

33 ティム: 明日は何時に起きて空港に行くの?

34 お母さん: 私たちは7時に出発するから、遅くとも6時20分には出発するよ。

35	ティム:	どうしてそんなに早く帰るんだ
36	お母さん:	空港まで1時間半かかるよ。
37	ティム:	フライトはいつですか?
38	お母さん:	9時45分。
39	ティム:	おばあちゃんのところに行くのにどれくらい時間がかかりますか?
40	お母さん:	2時間ちょっと。
41	ティム:	それだけですか?
42	お母さん:	空港からおばあちゃんの家まではさらに30分かかるよ。
43	ティム:	では、何時にそこに着くの?
44	お母さん:	たぶん、2時まで4分の1くらいかな。シカゴは私たちの1時間先です。
45	ティム:	いつ戻ってくるの?
46	ママ:	日曜日の午後5時半頃にデンバーに戻ります。
47	ティム:	じゃあ、6時半くらいに家に帰るってこと?
48	お母さん:	ええ、それはだいたい正しいですね。

2

話すことを学ぶための実際の入力2:ペットについて話すことができますか?

2	お母さん:	ねえ、可愛い子! 今日の学校はどうでしたか?
3	ティナ:	大丈夫だったよ。
4	お母さん:	それはあまり良くないですね。どうされました。
5	ティナ:	何もない。
6	お母さん:	本当に?
7	ティナ:	ええ、私はただ昼食が好きではありませんでした。
8	お母さん:	お昼は何だったの?
9	ティナ:	チキン。
10	お母さん:	どうしたの?
11	ティナ:	気持ち悪かった。
12	お母さん:	それだけ?
13	ティナ:	うん。
14	お母さん:	なるほど。さて、家に帰りましょう。
15	ティナ:	お母さん?
16	お母さん:	はい?

17 ティナ: 帰りに食料品店に立ち寄ってもいいですか?

18 お母さん: どうして?何か食べるものが欲しいですか?

19 ティナ: うん、アイスクリームが欲しい。

20 お母さん: あなたは先週毎日アイスクリームを食べていたことに気づいていますよね?

21 ティナ: はい。毎日飲むのは悪いですか?

22 お母さん: もちろん。人工香料や砂糖を毎日食べすぎるものはまずいです。

23 ティナ: ああ、わかった...

24 お母さん: 宿題はありますか?

25 ティナ: ええ、先生は動物について両親に話すように言いました。

26 お母さん: 動物?

27 ティナ: はい、ペットとして飼うことができる動物です!

28 お母さん: うーん、面白いね。他に宿題はありますか?

29 ティナ: やるべきことがあるんだ。

30 お母さん: まず読書をして、それから夕食後にペットについて話します。

31 ティナ: それが私がやろうとしていたことです。

32 お母さん: 完璧!

33 注: (夕食後)

34 ティナ: お父さん?

35 お父さん: はい、お姫様?

36 ティナ: ペットについて話してもいいですか?

37	お父さん:	これは宿題用ですか?
38	ティナ:	はい。
39	お父さん:	わかった、もちろん。まず、ペットとして飼える動物をリストアップすることから始めましょう。
40	ティナ:	犬たち!
41	お母さん:	そうだよ!多くの人が犬を飼っているのは、彼らが非常に賢く、飼い主に忠実だからです。
42	お父さん:	その通り。
43	ティナ:	犬を飼えますか?
44	お母さん:	それについては後で話しましょう!
45	お父さん:	うん、それについては後で話し合うよ。他にどんな動物が思い浮かぶでしょうか?
46	ティナ:	猫?
47	お母さん:	はい、もちろん!
48	お父さん:	確かに多くの人がペットとして猫を飼っています!
49	ティナ:	私も猫が欲しい!
50	お父さん:	ティナ、猫と犬を飼うことはできないと思う。
51	ティナ:	両方あったらとても楽しいでしょうね!
52	お母さん:	わかってる、わかってるけど、彼らの世話をするには、とても時間と努力がかかるよ。
53	ティナ:	でも、私の友達はみんな猫か犬を飼ってるよ!
54	お父さん:	わかってるけど、ペットを飼う余裕はないんだよ!

55 お母さん: ごめんね、可愛い子、もしかしたら大人になったら両方持てるかもしれないよね
56 ティナ: わかりました。
57 お母さん: いい子だね。さて、他にどんな動物をペットとして飼うことができるのでしょうか?
58 ティナ: ウサギはどうですか?
59 お父さん: ウサギ?
60 ティナ: はい!人はウサギを飼っていますよね。
61 お母さん: そうだよ!
62 お父さん: そうは思わない...
63 お母さん: もちろん、みんなそうするよ、ハニー。
64 ティナ: ヘビはどうですか?
65 お父さん: そうそう、私は絶対にヘビが大好きな人を何人か知っています。
66 お母さん: 蛇は好きじゃない...小さな蛇、大きな蛇、色とりどりの蛇、どれも大嫌いです。彼らは気持ち悪いです!
67 お父さん: うん、私も蛇は好きじゃない。
68 ティナ: お父さん、人々は他にどんな動物をペットとして飼っていますか?
69 お父さん: 牛!
70 お母さん: ほら、それは正確にはペットじゃない。
71 ティナ: ああ、馬はどうですか?
72 お母さん: それもペットじゃないよ! 農場で育てられた動物たちです。
73 ティナ: ああ、わかった。

74 ティナ: 雄鶏はどうですか?

75 お父さん: それらも外の農場で育てられたんだよ! まあ、鶏小屋で。

76 ティナ: 虎はどうですか? ペット用の虎を飼うことはできますか?

77 お母さん: そうは思いません。

78 お父さん: 虎を育てているなんて聞いたことないよ。

79 ティナ: 猿はどうですか?

80 お母さん: たぶんないでしょう。これらは、人々が好きなときに見ることができる動物園の動物です!

81 ティナ: 去年はそこでいろんな動物を見ました!

82 お父さん: きっとそうだったよ!ご希望であれば、今週末に動物園に行くことができます。

83 ティナ: 本当ですか?

84 お父さん: もちろん。

85 ティナ: ありがとう、お父さん。

86 お父さん: 娘のためなら何でも。

87 お母さん: それは宿題のためですか?

88 ティナ: そう思います。私を助けてくれてありがとう!

89 お父さん: もちろん。いつでも。

90 お母さん: お役に立ててうれしいです。

3

話すことを学ぶためのリアル インプット3:起きたくない

2	注:	(パート1:ママがティナを起こす)
3	ママ:	ティナ!おはようございます!
4	ティナ:	おはようございます。起きたくない。
5	お母さん:	どうして?
6	ティナ:	私はただその気がしない。
7	お母さん:	よく眠れなかったの?
8	ティナ:	わからない。でも、夢を見ました。
9	ママ:	ああ、あの子、悪夢だったの?
10	ティナ:	いいえ。
11	お母さん:	ああ、わかった。それは何についてでしたか?
12	ティナ:	友達が出演していました。
13	お母さん:	誰?
14	ティナ:	知らなかった。
15	お母さん:	ああ、ほんとに?
16	ティナ:	うん。しかし、彼らは親切でした。
17	お母さん:	あなたたちは何をしたの?
18	ティナ:	覚えていません。
19	お母さん:	大丈夫、私も夢を覚えていません。

20	ティナ:	今何時ですか?
21	お母さん:	7時までは15分だよ。
22	ティナ:	お母さん?
23	お母さん:	はい?
24	ティナ:	天気はどうですか?
25	お母さん:	晴れてる!カーテンを開けます。
26	ティナ:	水曜日ですか?
27	お母さん:	火曜日だよ。月曜日に水泳のレッスンがあり、昨日もレッスンがあったのを覚えていますか?
28	ティナ:	ああ、そうだね。覚えています。
29	お母さん:	よかった、よかった。今すぐ起きる準備はできていますか?
30	ティナ:	うん。朝食は何にしますか?
31	お母さん:	それはあなた次第です!何がしたいですか。
32	ティナ:	シリアルをミルクに!
33	お母さん:	いいですね。ベッドを整えて準備をし、その間に私はあなたのためにその準備をします。
34	ティナ:	わかりました!
35	お母さん:	いい子だね。愛してるよ、可愛い子。
36	ティナ:	何を着ればいいの?
37	お母さん:	何でもいいよ。
38	ティナ:	ママ、どのパンツ?
39	お母さん:	黄色いのがいいね、可愛い子。
40	ティナ:	わかりました。
41	お母さん:	私は台所にいます。洗い物をして着替えたら降りてきてください!

42	ティナ:	わかりました。ティムはまだ起きていますか?
43	お母さん:	そう思います。お父さんは今、自分の部屋にいます。
44	注:	(パート2:ティムの部屋のお父さん)
45	お父さん:	おはようございます、息子さん!起きる時間です。太陽が昇りました。
46	ティム:	おはようございます、お父さん!
47	お父さん:	よく眠れた?
48	ティム:	そうでもないよ。
49	お父さん:	どうして?
50	ティム:	一晩中サイレンが鳴り響いていました。
51	お父さん:	ああ、何も聞こえなかった。
52	ティム:	ええ、彼らは私を何度か起こしました。
53	お父さん:	はぁ、深い眠りに落ちていたんだろうな。
54	ティム:	お父さん?
55	お父さん:	うん?
56	ティム:	電話はもらえますか?
57	お父さん:	電話?
58	ティム:	ええ。
59	お父さん:	お母さんに話してあげるよ。それまでの間、服を着て朝食を食べに来てください。
60	ティム:	ありがとう、お父さん。
61	お父さん:	窓を開けて空気をリフレッシュするよ。
62	ティム:	朝食に何があるか知ってる?

63	お父さん:	いや、わかるよ。
64	ティム:	ミルクのシリアルでないことを願っています...
65	お父さん:	どうして?
66	ティム:	それは毎朝あるからです。
67	お父さん:	でも、まだいいよ。
68	ティム:	わかってるけど、何か違うものが欲しいんだ。
69	お父さん:	お母さんと話せるよ。
70	ティム:	お父さん、学校まで乗せてもらえますか?
71	お父さん:	バスはどうしたの?
72	ティム:	バス停まで歩きたくない。
73	お父さん:	それは乗せてもらう良い理由ではないと思う。
74	ティム:	では、自転車で停留所まで行くことはできますか?
75	お父さん:	たったの300ヤードだよ!それに、とにかく毎日少し運動をするべきです!
76	ティム:	わかりました。
77	お父さん:	さあ、起きてベッドを整えて。
78	ティム:	わかりました。
79	お父さん:	(彼が部屋から出て行くとき)それから学校の準備をしなさい!
80	注:	(パート3:服を着る子供たち)
81	ティム:	(彼の部屋で) お母さん!
82	お母さん:	はい?
83	ティム:	私の靴下はどこにあるの?
84	お母さん:	彼らは小さな引き出しの中にあるべきです。

85	ティム:	小さな引き出しには何も入っていません!
86	お母さん:	(夫へ)、ハニー!
87	お父さん:	どうしたの?
88	ママ:	ティムに洗濯室から靴下をもらえますか?
89	お父さん:	もちろん。
90	ママ:	ありがとう!
91	お父さん:	もちろんです。
92	ティナ:	(彼女の部屋で)お母さん!
93	お母さん:	これからどうする?
94	ティナ:	ヘアバンドが見つかりません!
95	お母さん:	周りを見回して。
96	ティナ:	わかりました、見つけました。気にしないで、お母さん。
97	ティム:	私のシャツはどこにありますか?
98	お母さん:	朝ごはんを作るのに忙しい。お父さんに聞いてみて。
99	お父さん:	何を探していますか?
100	ティム:	私のシャツ!
101	お父さん:	どれ?
102	ティム:	車が乗っているやつ。
103	お父さん:	ああ、乾燥機で見たと思う。
104	ティム:	なるほど、取りに行くよ。
105	お母さん:	朝食の準備ができました!
106	お父さん:	食べに行こう。
107	ティム:	わかった、シャツを手に入れたらすぐに行くよ!
108	お父さん:	わかった。お急ぎください。
109	注:	(パート4:朝食のテーブルで)

110 ティム: お母さん!
111 お母さん: うん?
112 ティム: リンゴジュースをもらえますか?
113 お母さん: 牛乳が好きじゃないの?
114 ティム: 今日は違います。
115 お母さん: わかった、リンゴジュースを買ってあげるよ。はいどうぞ。
116 ティム: ありがとう、お母さん。
117 お母さん: いつでも。
118 ティナ: 朝のミルクが好きです。スッキリします。
119 お父さん: いいね、朝はミルクが好きだけど、果物も食べた方がいいよ、ティナ。ティム、君もだよ。
120 ティム: そうします。
121 ティナ: お母さん!
122 お母さん: はい、かわいい?
123 ティナ: ランチは何?
124 お母さん: 今日は学校でお昼ご飯を買ってみて。
125 ティナ: ああ、わかった。
126 お父さん: 子供たち、今日は学校は何時に終わるの?
127 ティナ: お父さん、いつも同じ質問をするよ!
128 ティム: 正直なところ。毎日2時半に終わります。
129 お父さん: (笑)今日は放課後、みんな何をしているの?
130 ティナ: 君も毎朝そう聞くよ。

131 お母さん: でも、あなたたちは毎日放課後に同じことをしないのよ。

132 お父さん: その通り。

133 ティナ: 友達と遊びに行くよ。

134 ティム: 私もです。

135 お父さん: 彼らをどうするつもりなの?

136 ティナ: わからない。とにかく出かけてください。

137 ティム: しばらくは自転車に乗ろうと思う。

138 お父さん: わかった、いいね! ビデオゲームよりもそちらを選んでくれてうれしいです!

139 ティム: なぜ私たちにビデオゲームをさせたくないのですか?

140 お母さん: 外で遊ぶ方がずっと健康的です!

141 お父さん: もちろんです。

142 お母さん: さあ、子供たち、スクールバスに乗りに行く時間だよ!

143 お父さん: 歯を磨いて、リュックサックを取りに行こう。

144 ティナ: (学校のために家を出る)さようなら、お母さん!さようなら、お父さん!

145 ティム: さようなら!

146 お父さん: 楽しんでね!

147 お母さん: 待って、待って! バス停まで歩いて行きます。

148 ティナ: わかった!

149 ティム: わかりました。

150 お父さん: わかった、じゃあ、行かなくちゃ。

151 お母さん: さようなら! また今晩!

4

話すことを学ぶためのリアルインプット4:放課後

2	ティム:	(ティムが帰ってくる) お母さん、ただいま!
3	お母さん:	こんにちは、可愛い子! 今日はどうでしたか。
4	ティム:	良かったです!
5	お母さん:	それは良かったです。
6	ティム:	何か食べるものを手に入れることはできますか?
7	お母さん:	お腹が空いてる?
8	ティム:	いいえ。ただ何か食べるものが欲しい。
9	お母さん:	今日のお昼ご飯はどうだった?
10	ティム:	大丈夫だったよ。チキンナゲットとサラダ。
11	お母さん:	それはそれほど悪くないですね。さて、今すぐジャガイモを焼きに行きます。
12	ティム:	代わりにアイスクリームを食べてもいいですか?

13	お母さん:	ごめんね、可愛い子。私たちは売り切れました。
14	ティム:	ああ、お父さんは家に帰る途中で買えるのかな?
15	お母さん:	彼に聞いてみて。
16	ティム:	わかりました。彼に電話します。今何時ですか?
17	お母さん:	もうすぐ4回です。彼は自分のオフィスにいるべきです。
18	注:	(ティムはお父さんに電話します)
19	お父さん:	やあ、ティム!
20	ティム:	今日はいつ帰るの?
21	お父さん:	6歳くらい、どうして?
22	ティム:	家に帰る途中で食料品店に立ち寄ってアイスクリームを買ってもらえますか?
23	お父さん:	なぜそうしないのかわからない。
24	ティム:	ありがとう、お父さん!
25	お父さん:	いいよ、また後でね。
26	お母さん:	彼は何と言ったの?
27	ティム:	彼は家に帰るときに買うって言ったよ!
28	お母さん:	ああ、なんていい子なの
29	ティナ:	(家に帰る) ただいま!
30	お母さん:	学校はどうだった、可愛い子?
31	ティナ:	悪くない。
32	お母さん:	何かあったの?
33	ティナ:	いや、そうでもない。
34	お母さん:	あなたは下を向いています。
35	ティナ:	私はただ疲れています。

36	お母さん:	わかった。ベイクドポテトが欲しいですか?
37	ティナ:	はい!ベイクドポテト大好き!
38	お母さん:	知ってるよ!彼らはわずか数分で準備が整います。
39	ティナ:	わかりました。
40	ティム:	何だと思いますか?!
41	ティナ:	え?
42	ティム:	お父さんに電話したら、今日は家に帰る途中でアイスクリームを買ってるよ。
43	ティナ:	素晴らしい!どんな。
44	ティム:	わからないけど、たぶんいつも通りクッキーとクリームかな。
45	ティナ:	それが私のお気に入りです!
46	ティム:	私も。チョコレートアイスクリームも良いです。
47	ティム:	お母さん!
48	お母さん:	はい、ハニー?
49	ティム:	ビデオゲームをしてもいいですか?
50	お母さん:	いや、代わりに本を読んでみるのはどうですか?
51	ティム:	その後、ビデオゲームをプレイできますか?
52	お母さん:	読み終わった後、ビデオゲームをする時間はないと思います。ピアノがあるのを覚えていますか?
53	ティナ:	ティム、お父さんが何て言ったか覚えてないの?
54	ティム:	え?

55	ティナ:	彼は、いつもビデオゲームをするのは健康的ではないと言った。
56	ティム:	知ってるよ。
57	お母さん:	じゃがいも準備ができました!食べに来てください!
58	人の子供:	来る!
59	注:	(テーブルで)
60	ティナ:	チーズを渡してもらえますか、お母さん?
61	お母さん:	もちろん。
62	ティム:	ティナ、塩を渡してもらえますか?
63	ティナ:	どうぞ。
64	ティム:	ありがとう。
65	お母さん:	今日は宿題があるの?
66	ティナ:	はい、でもそれほどでもありません。
67	ティム:	こちらも同じです。
68	お母さん:	ご飯を食べた後、友達と遊びに行ってね。
69	ティム:	お母さん、ケビンズに行ってもいいですか?
70	お母さん:	もちろん。自分らしく振る舞うことを忘れないでください、いいですか?
71	ティム:	心配しないで、お母さん。私は赤ちゃんではありません。
72	お母さん:	ティナ、あなたはどうですか?
73	ティナ:	自転車に行きます。

74	お母さん:	注意してください、そしてあなたがあなたのヘルメットをかぶっていることを確認してください。
75	ティナ:	そうします。何時までに戻ればいいですか?
76	お母さん:	6。また、外出するときは必ずドアを完全に閉めてください。
77	人の子供:	わかりました。
78	ティム:	ところで、夕食は何にしますか?
79	お母さん:	チキンスープ。
80	ティム:	おいしい。ポテトはもう終わりです。じゃあ、また!
81	お母さん:	わかった。
82	ティナ:	私も準備ができています!さようなら!
83	お母さん:	さようなら。
84	注:	(しばらくしてから)
85	お父さん:	ハニー、ただいま!
86	お母さん:	ねえ、ハニー!今日は早いですね!
87	お父さん:	ええ、私のフィールドミーティングはキャンセルされました。
88	お母さん:	ああ、よかった。今日の仕事はいかがでしたか?
89	お父さん:	すごい!すごい!
90	ママ:	あなたはいつも「素晴らしい!」と言います。
91	お父さん:	だって、それが素晴らしいのが好きなんだ。あなたはどうですか。
92	お母さん:	ちょっと疲れた。仕事で問題がありました。

93	お父さん:	リラックスして、ハニー。彼らに邪魔させないでください。
94	お母さん:	ありがとう、ハニー。私はあなたがそのようなことに対処する方法が好きです。
95	お父さん:	光栄です。
96	ティム:	ただいま、お母さん!
97	お父さん:	こんにちは!
98	ティム:	やあ、お父さん! アイスクリームは手に入りましたか?
99	お父さん:	どう思いますか?
100	ティム:	わかったか?
101	お父さん:	もちろん。私を誰だと思ってる?
102	ティム:	あなたは私のお父さんです!
103	お父さん:	そうだよ!
104	ティナ:	戻ってきた、お母さん! ねえおとうさん!
105	お父さん:	こんにちは、甘い!
106	ティム:	お腹が空いた!
107	お母さん:	知ってるよ。夕食はもうすぐ準備が整います。
108	お父さん:	お父さん、学校ではどうだったの、子供たち?
109	ティム:	大丈夫だったよ。
110	ティナ:	私も大丈夫でした。
111	お母さん:	テーブルをセッティングしてもらえますか?
112	お父さん:	もちろん!
113	お母さん:	ありがとう、ハニー。
114	お父さん:	いつでも。

115	お母さん:	夕食の準備ができました!
116	キッズ:	来る!
117	お父さん:	お子さんたちは手を洗ったの?
118	人の子供:	いいえ。まだです。
119	お父さん:	手を洗いに行ってください。
120	人の子供:	わかりました。
121	ティム:	チキンスープ!私のお気に入りです。
122	ティナ:	塩とコショウを渡してもらえますか?
123	お母さん:	もちろん。はいどうぞ。
124	ティナ:	ありがとう、お母さん。
125	お母さん:	どういたしまして。
126	お父さん:	これは本当にいいです。あなたは料理が上手です。
127	お母さん:	ありがとう!自分を助けてください。
128	ティム:	スープがそんなに熱くなければいいのに。
129	お父さん:	口に入れる前に息を吹きかけてください。それは助けになるはずです。
130	お母さん:	また、早食いは良い習慣ではありません。
131	ティム:	わかりました。数秒で十分ですか?
132	お母さん:	もちろん。
133	注:	(夕食後)
134	ティム:	ごちそうさ、お母さん。すごく良かった。

135 お母さん: もちろん、可愛い子、それを聞いてうれしいです。

136 ティナ: 私も夕食を楽しんだよ。おかあさんありがとう。

137 お母さん: ありがとう、可愛い子。

138 ティム: デザートにアイスクリームを食べてもいいですか?

139 お母さん: もちろん。

140 ティナ: はい! 取ってきます。お母さん、アイスクリームはどこにあるの?

141 お母さん: 冷凍庫に入ってるよ。

142 ティム: スコッパーをもらうよ。スコッパーはどこだ、ママ?

143 お母さん: それは銀器の引き出しにあるべきです。

144 ティム: お父さん、いくら欲しいの?

145 お父さん: スクープを2杯お願いします。

146 ティム: お母さん、あなたはどうですか?

147 お母さん: こっちも同じです。

148 ティム: わかりました。ティナ、あなたはどうですか?

149 ティナ: 僕が手に入れるよ。

150 ティム: わかりました。5スクープを取ってみます。

151 お父さん: それはちょっとやりすぎだよ、ティム。

152 ティム: 4スクープ? (お父さんはうなずく)

153 お父さん: 子供たち、宿題はもう終わったの?

154 ティナ: まだですが、あまり持っていません。それほど時間はかからないはずです。

155 ティム: 私も。すぐにやります。

156 お父さん: いいですね。

157 お母さん: 宿題を始める前にシャワーを浴びてね。

158 キッズ: わかりました。

159 お父さん: ついでに歯を磨いてね!

160 ティム: そうします。

161 ティナ: はい、お父さん。

162 お母さん: 汚れた服も洗濯かごに入れるのを忘れずに。

163 ティム: 知ってるよ。

164 ティナ: はい、お母さん。

165 お父さん: どちらかが宿題の助けが必要ですか?

166 ティム: いや、そうは思わない。ただ、少し本を読む必要があります。

167 ティナ: 大丈夫です。ただし、助けが必要な場合はお知らせします。

168 お父さん: いいね!

169 ティム: もう食べ終わったよ。まずはシャワーを浴びます。

170 お父さん: 子供たち、皿を流しに持って行ってくれませんか?

171 ティナ: わかりました。

172 お父さん: ありがとう。これは非常に役立ちます。

5

話すことを学ぶためのリアルインプット5:個人情報に関するQ&A

2	警備員:	こんにちは、何かご用件はありますか?
3	ハンナ:	こんにちは、SSIに応募しに来ました。
4	警備員:	オーケー、番号を選んでそちらに座ってください。
5	ハンナ:	ありがとうございます。
6	役員:	R231 ウィンドウ 5、R231 ウィンドウ 5 お願いします....(誰も現れません) R231 のラストコール、ウィンドウ 5 をお願いします。
7	ハンナ:	こんにちは。
8	役員:	あなたの番号を教えてもらえますか?
9	ハンナ:	もちろん、どうぞ。
10	役員:	ありがとうございます。どのような用件がありますか?
11	ハンナ:	SSIに応募したいです。

12	役員:	わかりました、お座りください。あなたのファーストネームは何ですか?
13	ハンナ:	ハンナ。
14	オフィサー:	どう綴りますか?
15	ハンナ:	H-A-N-N-A-H
16	オフィサー:	あなたのミドルネームは何ですか?
17	ハンナ:	私にはミドルネームがありません。
18	役員:	なるほど。
19	オフィサー:	あなたの姓や姓は何ですか?
20	ハンナ:	パーク。
21	役員:	私にも綴ってもらえますか?
22	ハンナ:	もちろん、P-A-R-K。
23	オフィサー:	再確認してみて、あなたのフルネームはハンナ・パークですか?
24	ハンナ:	はい。
25	オフィサー:	旧姓は?
26	ハンナ:	旧姓?わかりません。
27	オフィサー:	あなたは他の名前で通っていますか?
28	ハンナ:	ごめんなさい。もう一度言ってもらえますか?
29	オフィサー:	わかりました。他の名前を使ったことはありますか?
30	ハンナ:	はい、私はハンナ・チャンで通っていました。
31	役員:	パクはあなたの夫の姓ですか?

32	ハンナ:	はい。
33	オフィサー:	あなたはアメリカ市民ですか?
34	ハンナ:	いいえ。
35	オフィサー:	あなたは合法的な永住者ですか?
36	ハンナ:	はい、そうです。
37	オフィサー:	いつ永住者になりましたか?
38	ハンナ:	1998年7月26日。
39	役員:	あなたのIDを見てもいいですか?
40	ハンナ:	もちろん、ここにあります。
41	オフィサー:	パスポートと永住者カードも持参しましたか?
42	ハンナ:	はい、ここです。
43	オフィサー:	よろしくお願いします。ありがとうございます。これらのコピーを作らせてください。すぐに戻ってきます。
44	ハンナ:	わかりました。
45	オフィサー:	あなたのお母さんのファーストネームは何ですか?
46	ハンナ:	ヨンスク
47	オフィサー:	彼女は合衆国市民ですか?
48	ハンナ:	いいえ。
49	オフィサー:	お父さんのファーストネームは?
50	ハンナ:	テスン
51	オフィサー:	彼は合衆国市民ですか?
52	ハンナ:	いいえ。

53	オフィサー:	あなたの社会保障番号は何ですか?
54	ハンナ:	私の社会保障番号は999-99-9899です。
55	オフィサー:	あなたは何歳ですか?
56	ハンナ:	私は66歳です。
57	オフィサー:	あなたの生年月日は?
58	ハンナ:	1947年4月5日。
59	オフィサー:	あなたはどこの国から来ましたか?
60	ハンナ:	韓国。
61	オフィサー:	あなたの国籍の国はどこですか?
62	ハンナ:	韓国。
63	オフィサー:	あなたの市民権の国はどこですか?
64	ハンナ:	韓国。
65	役員:	韓国か北朝鮮か?
66	ハンナ:	韓国。
67	オフィサー:	あなたが生まれた都市はどこですか?
68	ハンナ:	何ですって?
69	役員:	あなたが生まれた都市や町の名前は何ですか?
70	ハンナ:	ソウル。

6

話すことを学ぶためのリアルインプット6:雇用問題に関するQ&A

2	オフィサー:	あなたは今働いていますか?
3	ハンナ:	はい。
4	オフィサー:	過去5年間、どこで働いていましたか?
5	ハンナ:	今、私は小さなクリーニング店で働いています。
6	役員:	ビジネスの名前は何ですか?
7	ハンナ:	スカイドライクリーニング店。
8	役員:	会社の住所は何ですか?
9	ハンナ:	4320ブロードウェイブルバード、オーロラ、CO.80523。
10	役員:	それは何の郡ですか?
11	ハンナ:	アラパホ郡だと思います。
12	役員:	よろしい。ビジネスの所有者は誰ですか?
13	ハンナ:	ジェームズ・マーティンさん。

14	役員:	よろしい。ビジネスの電話番号を知っていますか?
15	ハンナ:	はい、303-997-2456です。
16	オフィサー:	そこで何をしていますか?
17	ハンナ:	私は押さえ係です。
18	オフィサー:	あなたはそこでどのくらい働いていますか?
19	ハンナ:	約3年です。
20	オフィサー:	いつからそこで働き始めたのですか?
35	ハンナ:	いいえ。
36	オフィサー:	その前はどこで働いていましたか?
37	ハンナ:	私は酒屋で働いていました。
38	役員:	その店はどこにありますか?
39	ハンナ:	コロラド州ソーントンにあります。
40	オフィサー:	そこで何年働いたのですか?
41	ハンナ:	7年。

7

話すことを学ぶためのリアルインプット7:婚姻状況に関するQ&A

2	オフィサー:	現在の婚姻状況はどうですか?
3	ハンナ:	何ですって?
4	役員:	あなたは結婚していますか?
5	ハンナ:	はい、私は結婚しています。
6	役員:	いつ結婚しましたか?
7	ハンナ:	2000年6月25日。
8	役員:	ご主人の名前は?
9	ハンナ:	ヨン・フン・チャン
10	オフィサー:	どう綴りますか?
11	ハンナ:	名:y-o-u-n-g、ミドルネーム:h-o-o-n、姓:c-h-a-n-g。
12	オフィサー:	彼はアメリカ市民ですか?
13	ハンナ:	はい。
14	役員:	彼はあなたと一緒に住んでいますか?
15	ハンナ:	はい。
16	オフィサー:	彼は何歳ですか?
17	ハンナ:	彼は68歳です。
18	オフィサー:	彼の生年月日は?
19	ハンナ:	1945年2月13日。

20	オフィサー:	彼の社会保障番号は何ですか
21	ハンナ:	ごめんなさい。覚えていません。
22	役員:	彼の社会保障番号を知りたい。
23	ハンナ:	後で電話して知らせてもいいですか?
24	オフィサー:	もちろん、私の電話番号を教えます。これが私の電話番号です。
25	ハンナ:	どうもありがとうございました。
26	オフィサー:	どういたしまして。結婚して何回になりますか?
27	ハンナ:	二度。
28	オフィサー:	あなたの元夫の名前は何ですか?
29	ハンナ:	ヤングビンパーク。
30	オフィサー:	どのように綴りますか?
31	ハンナ:	y-o-u-n-g b-i-n p-a-r-k
32	オフィサー:	結婚はどのように終わりましたか?
33	ハンナ:	ごめんなさい、あなたが何を言っているのか理解できません。
34	オフィサー:	問題ありません。離婚したの?
35	ハンナ:	いいえ。彼は亡くなりました。
36	役員:	彼はいつ亡くなりましたか?
37	ハンナ:	1998年9月7日。
38	役員:	ありがとうございます。さて、ご主人は働いていますか?
39	ハンナ:	はい。

40	オフィサー:	彼はどこで働いていますか?
41	ハンナ:	彼は15番街酒で働いています。
42	オフィサー:	それは何ですか?
43	ハンナ:	酒屋です。
44	オフィサー:	どこだ?
45	ハンナ:	コロラド州デンバーにあります。
46	役員:	彼の時給はいくらですか?
47	ハンナ:	12.50ドル。
48	オフィサー:	彼は週に何時間働いていますか?
49	ハンナ:	約30時間。
50	オフィサー:	彼は月にいくら稼いでいますか?
51	ハンナ:	月に約1,200ドル。

8

話すことを学ぶためのリアルインプット8:住宅問題に関するQ&A

1. 役員:家を借りていますか、それとも所有していますか?
2. ハンナ:借ります。
3. 役員:現在の住所は?
4. ハンナ:4310 E.エールアベニュー、Apt 345、オーロラ、CO.80412。
5. 役員:これもあなたの郵送先住所ですか?
6. ハンナ:はい。
7. 役員:現在の住所にどのくらい住んでいますか?
8. ハンナ:約2年です。
9. 役員:過去5年間のあなたの住所は何ですか?
10. ハンナ:2009年5月以来、私の住所は4310 E Yale Ave., Apt 345, Aurora, CO. 80412です。2007年5月から2009年4月まで、私の住所は1234 E. 17th Street, Denver CO 80220でした。
11. 役員: 電話番号は何ですか?
12. ハンナ:3ああ3、999、1456。
13. オフィサー:メールアドレスはありますか?
14. ハンナ:いいえ、持っていません。
15. 役員:あなたに連絡するために誰に連絡すればよいですか?

16. ハンナ:私の息子よ。
17. オフィサー: 彼の名前は?
18. ハンナ:シク・チャンで。
19. 役員: 彼の電話番号?
20. ハンナ:3、ああ、3、5、6、9、87、33。
21. オフィサー: もう一つ紹介が必要です。
22. ハンナ:私には甥がいます。
23. オフィサー: わかりました、彼の名前と電話番号を教えてください。
24. ハンナ:彼の名前はジャック・ホンで、電話番号は72 oh 6 two five eighteen oh fiveです。
25. 役員:ありがとうございます。さて、月々の家賃はいくらですか?
26. ハンナ:750。
27. 役員:それは光熱費を含みますか?
28. ハンナ:いいえ。
29. 役員:光熱費は月にいくら払っていますか?
30. ハンナ:電気代に150ドル、ガス代に80ドル、水道代に35ドル、電話代に50ドルを払っています。
31. 役員:毎月の食費はいくらですか?
32. ハンナ:まあ、それはさまざまです。でも、350ドルくらいだと思います。
33. 役員:医療費はどうですか?
34. ハンナ:それほど多くはありませんが、月に約30ドルです。
35. 役員:保険に加入していますか?
36. ハンナ:私たちは自動車保険のために6ヶ月ごとに450ドルを支払います。
37. 役員: よろしい。健康保険。
38. ハンナ:いいえ、健康保険を買う余裕はありません。

9

話すことを学ぶためのリアルインプット9:家族の問題に関するQ&A

1.	役員:	お子さんは何人いらっしゃいますか?
2.	ハンナ:	3つ。
3.	役員:	彼らの名前は何ですか?
4.	ハンナ:	インシク、スギョン、ソンク。
5.	オフィサー:	彼らは何歳ですか?
6.	ハンナ:	24、19、16。
7.	役員:	彼らはあなたと一緒に住んでいますか?
8.	ハンナ:	いや、インシクはニューヨークにいますが、ソギョンとソンクは私たちと一緒に住んでいます。
9.	役員:	ありがとうございます。彼らの誕生日と社会保障番号を知っていますか?
10.	ハンナ:	はい、私はそれらのコピーを持ってきました。はいどうぞ。
11.	役員:	素晴らしい!それらを保管できますか、それとも戻す必要がありますか?

12.	ハンナ:	あなたは彼らを保つことができます。
13.	役員:	素晴らしい!彼らはここアメリカで生まれたのですか?
14.	ハンナ:	いいえ、最初の1人は韓国で生まれましたが、他の2人はここアメリカで生まれました。
15.	役員:	彼らの実の父親は誰ですか?
16.	ハンナ:	私の夫。
17.	オフィサー:	彼の名前は?
18.	ハンナ:	チャン・ヨンフン
19.	役員:	なるほど。家計収入はいくらですか?
20.	ハンナ:	ごめんなさい、よくわかりません。
21.	役員:	問題ありません。あなたの世帯の月収はいくらですか?
22.	ハンナ:	すみません、また。世帯とはどういう意味ですか?
23.	オフィサー:	世帯とは、あなたの家族のようなものです。
24.	ハンナ:	夫と息子たちと私と?
25.	役員:	いやいや。あなたの成長した息子は数えられません。
26.	ハンナ:	ああ、それで夫と私だけ?
27.	オフィサー:	はい。
28.	ハンナ:	夫は二百を稼ぎ、私は一八百を稼ぎます。
29.	オフィサー:	では、合計は...ここで計算をさせてください。3000ドル?
30.	ハンナ:	はい、その通りです。

31.	役員:	それはグロスですか、それともネットですか?
32.	ハンナ:	すみません、グロスとネットの違いがわかりません。
33.	役員:	大丈夫です。グロスは税引前を意味し、正味は税引き後を意味します。
34.	ハンナ:	残念ながら、まだ理解できません。しかし、これが昨年の私の税金申告書です。
35.	オフィサー:	ああ、すごい。ありがとうございます。これは素晴らしいです。あなたはそれらを取り戻す必要がありますか?
36.	ハンナ:	いいえ、あなたはそれらを保持することができます。

10

話すことを学ぶためのリアルインプット10:マーケティング戦略開発のためのワークショップ

1. ブラッド:　　皆さん、おはようございます。このワークショップにご参加いただき、当社製品のマーケティング戦略を策定していただき、誠にありがとうございます。
2. ブラッド:　　ご存知のように、当社の売上は今年過去2四半期にわたって回復していません。
3. ブラッド:　　そこで、私たちの製品を現場の消費者にどのように提示するかについてのワークショップを開催すべきだという考えがありましたが、それは素晴らしいアイデアだと思います。
4. ブラッド:　　その結果、私たちはこのワークショップについて会社の掲示板に投稿し、ディスカッションやプレゼンテーションの準備をし、経験を共有するようにお願いしました。
5. ブラッド:　　掲示板で、私はこのワークショップを5段階のマーケティング戦略の観点から運営すると発表しました。
6. ブラッド:　　例えば、(1) 顧客にアプローチする、(2) 自己紹介をして顧客と信頼関係を築く、(3) 製品を提示する、(4) 取引を開始する、(5) 取引を成立させる、などです。

7. ブラッド: 基本的に、お客様は購買部門で働く人々です。特に商品研究のご担当者様は。
8. ブラッド: お客様にアプローチするとき、私が考えるベストプラクティスは、忍耐強く、そして着実に行動することです。それには時間がかかり、挑戦する勇気も必要です。
9. ブラッド: 私たちの会社と私たちの製品は顧客にとってかなり新しいので、私たちはまだ頼りになる高い名前の価値を持っていません、そして私たちはそれを構築する必要があります。
10. ブラッド: ご存知のように、競合他社と競争するために私たちが持っている最高のリソースは、製品の品質と価格です。
11. ブラッド: 私たちは最高の製品と無敵の価格ラインを持っており、これはこれまでで最高の競争力であるべきです。
12. ブラッド: それでは、始めましょう。ジェニーは、ライアンという顧客に製品を販売するシナリオの寸劇を披露します。
13. ブラッド: まずは寸劇を見て、可能であれば、5ステップのマーケティング戦略の観点から、シナリオを改善するために後で議論しましょう。(ジェニーはライアンを演じるトムと一緒に寸劇を披露します)
14. ライアン: こんにちは、STM、ライアンが話しています。
15. ジェニー: こんにちは、スミスさん。これはジェニーで、大学の同級生であるサラからあなたの名前と電話番号をもらいました。
16. ライアン: サラって言ったの?
17. ジェニー: はい、サラ。彼女はRMOと一緒にいます、あなたは彼女のことを覚えていますか?

18. ライアン:　　ああ、サラ。はい、そうします。実際、彼女はあなたが電話すると私に言いました。
19. ジェニー:　　ちょっとありますか? サラは、私が何をしているのか聞きたいと言いました。ああ、彼女もあなたのことをとても高く評価していました。お忙しい場合は、後でお電話いたします。
20. ライアン:　　彼女はいい友達です。彼女はいつもそうします。でも、今は時間がないと思います。今すぐ会議に行かなければなりません。
21. ジェニー:　　もちろん、問題ありません。今日中に折り返しお電話いたします。私があなたのために何ができるかについて、あなたと話す機会を持ちたいと思います。
22. ライアン:　　わかりました。今日の午後遅くに電話してみませんか?
23. ジェニー:　　もちろん、そうします。よろしくお願いいたします。後でお話しします。さようなら。
24. ライアン:　　わかった、後で話してね。さようなら。
25. ライアン:　　(午後遅く、電話が鳴る)　　こんにちは、STM、ライアンが話しています。
26. ジェニー:　　こんにちは、ライアン、また私です、ジェニー。今は話すのに良い時間ですか?
27. ライアン:　　はい、どうぞ。
28. ジェニー:　　ありがとう。これまでの日々はいかがですか?
29. ライアン:　　ここまでは順調です。
30. ジェニー:　　それはいいですね。私が持っている製品について簡単なプレゼンテーションをする機会を得ることができるかどうかを確認するために電話をかけているだけですが、これはあなたが非常に興味を持っていると確信しています。

31. ジェニー: 私は電動アクチュエータを専門とする3CSIに所属しています。私たちはあなたのために非常に魅力的なRPシリーズ電動アクチュエータを持っています。
32. ライアン: 電動アクチュエータ?
33. ジェニー: そうですね。電動アクチュエーターには、さまざまな種類がありますが、ご存じだと思います。ただし、当社の製品には、他の製品にはない新機能があります。
34. ジェニー: 当社の製品は、ボールバルブ、バタフライバルブ、ダンパーに適用できます。それらは万能アクチュエータです。
35. ジェニー: 私たちの製品がその技術で最先端をリードしていることを非常に確信しています。
36. ジェニー: それに加えて、利用可能な機能については、当社の価格は無敵です。
37. ライアン: それはとても面白そうですね。
38. ジェニー: はい、あなたの許可があれば、RPシリーズの電動アクチュエータについてプレゼンテーションを行うことを非常に嬉しく思います。
39. ジェニー: あなたが忙しいのは知っています、そして私は電話であまり話すつもりはありませんでした。よろしければ、サンプル製品をご紹介いたしますので、ぜひチェックしていただけます。
40. ライアン: いいですね。商品の情報を送っていただき、お集まりになる前にチェックさせていただきます。
41. ジェニー: もちろん、すぐに情報を君に送ります。フォローアップの電話をしてもよろしいですか?
42. ライアン: もちろん違います。でも、数日かけてチェックしてください。

43. ジェニー: もちろん、ゆっくりしてください。その間に何か質問がある場合は、いつでも私に知らせてください。
44. ライアン: そうします。
45. ジェニー: 本日はお時間をいただき、誠にありがとうございます。あなたと話すのはとても楽しかったです。
46. ライアン: 同様に。
47. 注: (数日後、ジェニーはフォローアップの電話をかけます)
48. ライアン: こんにちは、STM、ライアンが話しています。
49. ジェニー: おはようございます、スミスさん。ジェニーです。
50. ライアン: おはようございます、ジェニー。ライアンと呼んでください。
51. ジェニー: ありがとう、そうします。それで、私が前回あなたに送った情報を確認する機会はありましたか?
52. ライアン: はい、実際にその情報を数人の同僚に転送したのですが、彼らはあなたの製品に興味を示しました。
53. ジェニー: ありがとう、ライアン。それは素晴らしいニュースです。では、近いうちにプレゼンテーションをさせてもらえますか?
54. ライアン: はい、それは良い考えだと思います。
55. ジェニー: 素晴らしい。ライアン、あなたにとって最も都合の良い時期はいつですか?
56. ライアン: 通常、金曜日の午後に新製品の会議があります。では、今週の金曜日の午後はどうですか?
57. ジェニー: 完璧です。私は何時にそこにいればいいですか?

58. ライアン:　　ミーティングは2時30分に始まり、数時間続きます。あなたは私たちにあなたの製品を提示するために約30分かかります。
59. ジェニー:　　素晴らしい。私はその準備ができています。この度は機会をいただき、誠にありがとうございました。きっとがっかりすることはないでしょう。
60. ライアン:　　そうではないことを願っています。
61. ジェニー:　　じゃあ、ライアン。
62. ライアン:　　(新製品会議で) ジェニーを紹介しましょう。彼女は彼女の製品のプレゼンテーションをするために私たちを訪れています。どうぞ、ジェニー。
63. ジェニー:　　ありがとう、ライアン。本日はこのような機会を与えてくださり、ありがとうございました。私の名前はジェニー・コルツです。
64. ジェニー:　　私は電動アクチュエーターの専門ベンチャー企業である3CSIで働いています。あなたが私たちの製品をレビューする機会があったと私は理解しています。それで、私は簡単なプレゼンテーションを行い、もしあればあなたの質問に答えます。
65. ジェニー:　　今日、後で見てもらうためにパンフレットを持ってきました。PowerPointのスライドで当社の製品をお見せしましょう。
66. ジェニー:　　ご覧の通り、当社の製品には約7つの優れた機能があります。これらの機能は、他社の製品と比較できます。
67. ジェニー:　　バルブトラックのチェックを容易にするために、外側のインジケーターを追加しました。これにより、バルブの動作を目で確認することができます。
68. ジェニー:　　次に追加した重要な機能は、緊急事態に対応するための手動バルブ制御です。
69. ジェニー:　　この手動バルブを使用すると、停電やアクチュエータが何らかの理由で故障することによって引き起こされるあらゆる種類の緊急事態に対処できるので安心できます。

70. ジェニー: 　　私が強調したいもう一つの特徴は、腐食環境での製品の耐久性を保証するエポキシポリエステルコーティングです(ジェニーは他の特性をカバーするプレゼンテーションを続けています) 。

71. ジェニー: 　　最後になりましたが、当社の製品の主要な仕様について注目していただきたいと思います。

72. ジェニー: 　　当社の製品は、強力な出力トルクと迅速な動作時間を備えています。また、当社の製品はさまざまなレベルの入力電圧で動作します。

73. ジェニー: 　　当社の製品を使用すると、最高の品質の製品と最大限の保証が得られるので安心できます。私たちは製品に自信を持って誇りに思っています。

74. ジェニー: 　　この機会を与えてくださり、ありがとうございました。さて、私はあなたの質問に答えることをうれしく思います。

75. ライアン: 　　ジェニー、プレゼンテーションをありがとうございました。御社の製品について知ってよかったです。商品の単価について詳しく知りたいです。

76. ジェニー: 　　ええと、価格が私たちが提供するメリットの1つであることをあなたに言うのを忘れていました。私たちは、当社の製品の価格帯は、その機能において無敵であると信じています。

77. ジェニー: 　　RP-002シリーズの通常の小売価格はユニットあたり45ドルです。RP-004はユニットあたり56ドル、RP-006シリーズ製品はユニットあたり62ドルからです。

78. ジェニー: 　　お分かりのように、価格は競合他社の製品よりも大幅に低くなっています。

79. ジェニー: 　　これは、ベンチャー企業である私たちが、競合他社ほどの諸経費を持っていないからこそ可能なことです。

80. ライアン: 大量購入の割引はありますか?
81. ジェニー: 大量購入については、はい、もちろんです。
82. ライアン: 配達にはどれくらいの時間が必要ですか?
83. ジェニー: それは購入の数量によります。ただし、通常は2週間以内に製品をお届けできます。
84. ジェニー: 50ユニット未満の小さな注文の場合、1週間以内に配送できます。
85. ライアン: ありがとう、ジェニー。この時間で行かせることになると思います。私たちはあなたの製品について議論をし、あなたに知らせます。
86. ジェニー: ありがとうございました。
87. ライアン: (ジェニーが数日後にライアンに電話をかける) こんにちは、STM、ライアンが話しています。
88. ジェニー: ライアン、私です、ジェニー。
89. ライアン: こんにちは、ジェニー。先週のプレゼンテーションについて、お伺いするところでした。
90. ジェニー: ありがとうございます。私のプレゼンテーションはどうでしたか?
91. ライアン: みんな気に入ったよ。この度、RP-002シリーズ100台分の初回受注を決定いたしました。
92. ジェニー: それは素晴らしいですね。ライアンさん、ありがとうございました。もちろん、私はあなたのPOを手に入れたいです。できるだけ早く、遅くとも今日から2週間以内に製品をお届けします。
93. ライアン: さて、価格について話す必要があります。どのくらいの割引を提供できますか?
94. ジェニー: ポリシーにより、90～100ユニットの購入に対して100%の割引を提供しています。
95. ライアン: さあ、ジェニー、もう少し降りて。

96. ジェニー: それが私たちのポリシーです。しかし、上司と話して、あなたに返事をさせてください。すぐに折り返しお電話いたします。
97. ライアン: (ジェニーの電話に出る) ライアンです。
98. ジェニー: ライアン。私です、ジェニー。私の上司はあなたのPOの15%割引を承認しました。
99. ライアン: 私たちのために余分なマイルを走ってくれてありがとう。
100. ジェニー: 問題ありません。POを送ってください、そして私は製品を配達します。
101. ライアン: もちろん、そうします。もう一度話しかけてください。
102. ジェニー: ご用件ありがとうございます。さようなら。
103. 注: (スキットプレゼンテーション終了)
104. ブラッド: 素晴らしい。ジェニー、そしてライアンに感謝します。素晴らしいプレゼンテーションでした。
105. ブラッド: では、この寸劇をマーケティング戦略の5つのステップに分析してみましょう。では、ジェニーが顧客にアプローチする最初のステップはどうでしょうか?
106. トム: ええと、寸劇はジェニーがどのようにして顧客の連絡先情報を手に入れたかを示していません。だから、ちょっと曖昧です。
107. ジェニー: その問題について明確にさせてください。私の読書クラブの女性から連絡先をもらいました。彼女の名前はサラです。
108. 切り釘: 連絡先リストを収集し、構築することは、私たち全員にとって重要な実践です。私たちは皆、それが私たちの仕事をはるかに簡単にすることを知っています。

109. トム: 明らかに、それは見込み客にアプローチするための良い簡単な方法の1つです。しかし、連絡先リストが無限にあるわけではないのは事実です。
110. トム: では、見込み客にアプローチする他の方法について話しましょうか?
111. スー: コールドコールを試した人はいますか?
112. ジェニー: ある、そして私はそれが嫌いだ。それは私のタイプではないことがわかりました。
113. スー: しかし、あなたが話すことを許してくれる素敵な人々がいます。
114. トム: はい、私たちが持っているまさにその製品を探している人々に出会うのも偶然ではありません。
115. 注: (マーケティング戦略を策定するための議論は継続)

11

リーディングとリスニングを学ぶためのリアルインプット 1 - そして...私はオフです! [14]

1. ある日の放課後、母が私に「ヨーロッパを2ヶ月間バックパックで横断するのはいかがですか？ 」と尋ねました。 以前、夏の間、フランスの友人の家で過ごせないかと頼んだのですが、これははるかにエキサイティングな機会でした。ヨーロッパを無料で見ることができるのは、他にいつになるのだろうか?
2. 出発日が近づくにつれ、慌ただしい生活になっていきました。 期末試験の勉強に追われていたのですが、その背景には説明のつかない混沌が広がっているように見えました。 そんな中、最後の最後まで、旅行の準備に何が必要だったのかを考える時間はほとんどありませんでした。
3. 常に先のことを考えていた母は、私が最初の週にポーランドのハビタット・フォー・ヒューマニティでボランティアをするように手配してくれました。 私は建築学の学位を取得する予定でしたが、彼女はこれが素晴らしい経験になると感じていました。 私が本当にしなければならなかったのは、ユーレイルパスと頑丈なバックパック(どちらも出発日の直前に到着する予定)を注文することだけで、準備はほぼ完了しました。　リュックサックが届いたとき、洗面用具、着替え、電子機器、充電器、そして「レッツ・ゴー・ヨーロッパ!」という本を詰め込みました。　旅程を作ろうとしたのですが、うまくいきませんでした。だから、私は1つも持たずに行きました。

4. 気がつくと学校が休みで、ポーランドのクラクフ行きの飛行機に乗っていました。　それが2012年6月8日のことでした。私は7月29日に戻る予定でした。　飛行機から家から何千マイルも離れた大陸に、大した計画もなく降りるという考えは怖かったですが、それを表に出さないようにしました。　私は自分に、すべてがうまくいくと言い聞かせました、なぜなら、物事がうまくいかないのは許されないからです。　その上、必要なものはすべて揃っていました。服、靴、水筒、お金、ユーレイルパス(ポーランドのグリヴィツェで配達)、そして最後には帰りの飛行機のチケットもありました。　iPad、救急箱、懐中電灯、そして夏休みに学校で本を読んでいたこともありました。そして、少し考えてみて、実際には2か月前に旅行を計画することはほぼ不可能だったことに気づきました。　私は今までにないほど準備ができていました。[6]

5. 出発する前夜、私は翌日の服を並べ、リュックサックをセットし、ジムサック(これは次の2ヶ月間のデイパックとして役立つ) を積み込み、眠りに

---

14 この記事は、イ・チョルボムの息子で、イ・ジェジュンことピーター・ガンによる未発表の本「ヨーロッパで一人で7週間」からの抜粋です。ピーターは、17歳の高校生として、7週間にわたって一人でヨーロッパの9カ国にバックパッカー旅行をし、本を執筆しました。彼は27歳で私たちを去るまで、一人で約45カ国を旅しました。

つくのを待ちました。とってもワクワクしました。太陽が昇るのが待ちきれませんでした。

6. 朝、時間に余裕を持って目が覚めました。私は友人の家にベータフィッシュを降ろすことから一日を始めました。　手に入れたばかりだったのに、明らかに持っていくわけにはいかなかった。　私は荷物をまとめたギアをつかみ、車に積み込み、出発しました。
7. 空港に着くまでは、すべてが順調に見えましたが、そこで旅行の最初の遅延に遭遇しました。エア・カナダのコンピュータ・システム全体がダウンしていた。私たちは待ちました。　そして待ちました。 そして、もう少し待ちました。 その際、ミュンヘンへ向かう家族と出会い、偶然にも私と同じ便に乗ったのです。　私の両親は、私が一人ですべての空港をナビゲートできないのではないかと心配し、ミュンヘンに到着するまでのフライトの変更を手伝ってくれないかと頼みました。　彼らは親切にそうすると言ってくれました。　待つことの単調さが少し中断された後、父が仕事に出かけなければならないことに気づきました。　だから、私は彼の手を握って別れを告げ、母と私はさらに少し待ちました。
8. 2時間の遅れの後、ようやくコンピューターが復旧しました。　彼らは座席を割り当てることができ、搭乗を開始しました。　私は母に別れを告げ、新しく見つけたドイツ人の友達の後を追って門まで行きました。　やっと出発できたことにワクワクしながらも、ちょっと不安な気持ちもありました。　これをやってのけるかどうかはわかりませんでした。　しかし、モントリオールに着く頃には、不安は薄れていきました。私は家から何百マイルも離れていて、もう戻ることはできませんでした。 ミュンヘンに着いたら、過去10+時間にわたって私を助けてくれたドイツ人に感謝し、クラクフへのフライトのゲートに向かいました。ハビタットのボランティア仲間の家族が私を迎えるのを待っていました。 私は彼らのことをもっと知りたいと思っていましたし、プロジェクトを楽しみにしていましたが、最後のフライトに搭乗する頃には、クラクフに行って熱いシャワーを浴びることしか考えられませんでした。

12

リーディングとリスニングを学ぶためのリアルインプット2 - クラクフとグリヴィツェ、ポーランド[15]

1. 何時間も経って、ポーランドに上陸しました。私はかつての首都クラクフに飛びました。 信じられませんでした。 世界中のすべての場所の中で、私はクラクフにいました。 それはとても非現実的でしたが、何ヶ月も前からこの街が私の最初のヨーロッパの目的地になることを知っていました。 夢を見ていないことを確認するために、自分をつねらわなければなりませんでした。 私は2年前の夏、ペルーのリマに到着したことを思い出し始めました。 その時も同じような信じられない気持ちでした。
2. 飛行機から空港の入り口まで群衆と一緒について行くと、誰かが私の名前を叫ぶのが聞こえました。 チームリーダーのトムでした。 旅行前に電話で話したことはありましたが、彼がどんな顔をしているのかは知りませんでした。 どういうわけか、私は彼があごひげを生やしている姿を想像していなかった。 しかし、彼はそこにいて、ひげを生やしていました。しかし、髭を除けば、私が想像していた通りの姿をしていました。彼は短い茶色の髪に細い金属縁の眼鏡をかけ、私より少し背が高く、そしてもちろん、私たちのチームのシャツを着ていました。私は歩み寄り、彼の手をしっかりと握った。 フライトのボランティアの家族が到着し、私たちは皆、他のチームメンバーが参加するのを待つために、2階の小さなカフェに向かいました。[7]

3. 次の2時間で、他の人々はカフェに少しずつ入ってきました。 ようやく全員が到着し、私たちはバンでホテルに向かいました。 ライド中には誰もあまりおしゃべりではなかったので、私にはぴったりでした。 空港では眠くなかったのですが、バンに乗ったときには確かにまぶたが垂れ下がるのを感じました。 乗り物の中で気を失いたくなかったので、私は始めたばかりのこの信じられないほどの冒険の考えで気を紛らわせました。そして、家からどれだけ離れているかを考えると、次の7週間は足を踏み入れないでしょう。 少し運転した後、私たちのバンは私たちのホテルに到着しました。 町の広場に近い3つ星ホテルでした。エアコンの効いた建物に入ると、受付の人が英語で挨拶してくれたので驚きました。私たちは効率的にチェックインされ、部屋の鍵を渡されました。 私は、ミュンヘン空港で出会ったばかりの自分より1歳年下のハビタット仲間のカイルと一緒に3階の自分の部屋に向かった。私たちの部屋は他の部屋よりも少し狭くて息苦しかったのですが、それは私の心配事ではありませんでした。

15 この記事は、ピーター・カン・リー（別名：ジェ・ジュン・リー）による未出版の書籍『ヨーロッパでの7週間ひとり旅』からのものです。

4. バックパックを開けると、フライト中の圧力変化により、うがい薬のボトルが全体に漏れていました。 タオルやシャツが何枚かびしょ濡れになっていて、さらに悪いことに、私の青いカーディガンを緑色に染めてしまった…緑! 私はすぐにそれをレセプションに持って行き、ホテルが汚れを洗い流すことができるかどうかを確認しました。残念ながら、私は何もせずに大金を払うことになりました。被害は永久的でした。 がっかりしながらも、私は初めての旅行の教訓を学びました: 目的地で簡単に購入できる洗面用具は絶対に持って行かないでください。
5. その日の残りの時間は、追加の人生の教訓なしに過ぎました。 私は仲間のボランティアと交流し、ポーランドの人気スープである白いボルシチのボウルを楽しむのに忙しくしました。 その後、街の一部を見るために出発し、グループミーティングとディナーに戻りました。それから私は自分の部屋に向かい、両親に電話をかけました。無事にポーランドに到着したことを伝え、これまでの感想や経験を伝えました。 電話を切った後、体を洗って寝る準備をしましたが、すぐには眠りにつくことができませんでした。 家に帰ってから24時間ちょっとしか離れていないのに、故郷で恋しかった人たちのことを考えながら、私は目を覚ましていました。いつしかすべての顔がぼやけ始め、私は深い眠りに落ちました。
6. 翌朝、私は3時間しか寝ていなかったにもかかわらず、これまで以上に元気になって目が覚めました。私は今、自宅から7時間先のタイムゾーンにいて、目が覚めたときにはすでに午後2時になって家に帰っていました。ホテルのすぐ隣にある前夜に食事をしたのと同じ場所で朝食をとったので、あまり時間がありませんでした。 朝食後、何人かのグループがスーツケースをまとめました。 うがい薬の騒動の後、私はこれらすべてに対処したので、私はいくつかの新しい友人と観光に出かけました。

7. 私たちはまず、城壁のすぐ外にある古代の防衛塔であるバルバッコアに向かいました。 私たちはほとんどの場合、何を見ているのかよく理解していませんでしたが、正式なツアーのために1週間後にクラクフに戻るので、それは問題ありませんでした。 私たちは進み続け、堀に囲まれたヴァヴェル大聖堂のそばにいることに気づきました。後に、この教会には、聖スタニスラウス[1]を含むポーランドの歴史上の多くの重要人物の地下室が収容されていたことがわかりました。 ヴァヴェルを歩いていると、突然、通話時間を過ぎようとしていることに気づき、すぐに戻りました。到着すると、バンが待っていました。 まだ誰も行く準備ができていなかったが、私は荷物を回収してロビーに向かった。 しばらくぼんやりした後、私たちはバンに乗り込み、これから数日間働くハビタット・フォー・ヒューマニティのサイトであるグリヴィツェに向かいました。 景色を楽しむために起きていたかったのに、いつの間にかぐっすり眠っていました。

8. 私はボルダー郡のハビタット・フォー・ヒューマニティで1年余りボランティアをしていましたが、それは主に建築家になることへの興味が動機でした。 母や、この体験に資金を提供してくれた多くの叔母、叔父、祖父母のおかげで、ポーランドでボランティアをする機会を得たことは、異なる建築スタイルを体験し、世界の建築スタイルを比較対照する絶好の機会でした。 母が初めてこの旅行に行く可能性について私にアプローチしたとき、私はそれがとても楽しそうだったので、ぜひ行きたいと言いました、そしてそれはそうでした。

9. しかし、その経験は私に多くの貴重な教訓も教えてくれました。 建設だけでなく、チームワークやコラボレーションについても多くのことを学びました。 できるだけ早く終わらせて次のプロジェクトに進むことが目標ではなく、100%の力を発揮して助け合うことが目的だと学びました。私たちの何人かは若かった。古いものもありました。全員が同じ作業を行うことはできなかったでしょうが、それぞれが等しくビルドに貢献しました。 チームワークとは、メンバー全員が同じくらい努力することだと実感しました。 他のメンバーの長所と弱点を認識することで、グループとして弱点がなくなり、仕事が成功裏に完了することが重要であること。

10. グリヴィツェでの最後の2日間を除いて、すべて仕事の日でした。 時差ぼけがひどかったので、ハビタットのほとんどの作業で睡眠不足を感じました。 毎晩午前2時から3時30分の間に寝て、7時30分まで起きる必要がなかったのに、なぜか午前5時30分に起き続けていました。だから、2時間も無理やり眠りに戻さなければなりませんでした。 朝食は毎朝同じで、パン、チーズと肉の盛り合わせ、そして一杯のコーヒーでした。 でも、私は気にしなかった。

11. 学年中、私はたいてい朝ごはんを食べるのが遅すぎて、一日中最初に何か食べ物を食べるのが好きだったので、本当に残念でした。 朝食後、私の日課はジムのサックをつかみ、バンで他のグループと一緒に30分かけて作業現場に行くことでした。そこに着くと、その日の指示とランチメニューが説明されました。 すべての質問に答え、ランチの注文が入ったら、私たちは仕事に取り掛かります。

12. しかし、すべての日が現場での作業であったわけではありません。 2日目は、チームメンバー2人と一緒に「フィールドトリップ」に招待されました。 ポーランドの家のリフォームが、アメリカで参加した家のリフォームと比べてどうなのか、とても興味があったので、この機会に飛びつきました。 ポーランドのハビタット・フォー・ヒューマニティの創設者であるアダムは、私たちの職場からわずか1時間弱のところにあるカトヴィツェまで車で連れて行ってくれました。 それは、石畳が並ぶ道路のあるかなり小さな郊外の町のように見えました。

13. そこに着いたら、まず、バスルームやランドリールームの劣化したモールディングについて何かできることがないか確認するために、ボロボロの女性シェルターを訪れました。 短い滞在でしたが、両親が私に与えてくれた生活にどれだけ感謝しているかを考えずにはいられませんでした。 廊下にはドアが並んでおり、入居者とその子供たちのための小さな部屋に通じていました。 部屋は私の寝室より少し大きいだけで、典型的なアメリカのリビングルームの大きさでした。 ドアが開いている部屋を覗いてみると、ベッドの代わりに、人々が寝るためのソファしかありません。 部屋はそれぞれ違いますが、それぞれ1～3人を収容する必要があり、私は少し閉所恐怖症に感じずにはいられませんでした。

14. どう振る舞えばいいのかわからず、私は黙ったまま、ガイドに従いました。 私たちは軽食が提供される部屋に案内され、アダムがシェルターのスタッフとポーランド語で会話するのを待っていました。　彼らはレビューすることがかなりたくさんあったので、私たちの待ち時間は長かったです。　この経験を脇に置いて、二度と考えないようにしたかったのですが、できませんでした。それは良いことだったのかもしれません、なぜなら、私はそこにいる人々を助けるために何もできませんでしたが、私が見たものは多くの点で私に影響を与えたからです。自分が住んでいる世界、自分の人生に関わる人々、そして違うレンズを通して世界を目撃する機会に感謝しました。

15. 次に取り上げたのは、2軒の家のリノベーションへの訪問でした。　これらのプロジェクトはハビタットが手がけたものではありませんが、私がアメリカで取り組んだプロジェクトと比較したかったのです。　どういうわけか、グリヴィツェの改修はかなり質素なものになると思っていました。私はこれ以上間違っていませんでした。　私たちが訪れた最初の改装はまだ進行中でした。　小さなプロジェクトでしたが、細部への細心の注意が本当に際立っていました。　未完成ではありましたが、完成したときにはとてもいい感じになるのがわかりました。 2回目の改装はすでに完了していました。　実際、その家族(マクドナルドに勤める3児の母)はオープンハウスを開催していました。

16. 入った途端、私は圧倒されました。　控えめに言っても、私は嫉妬していました。　ばかげていて陳腐な言い回しだったが、私は「本を表紙で判断するな」ということわざを思い浮かべずにはいられなかった。　私が見たほとんどの建物は、外から見ると平凡で荒れ果てているように見えるだけでなく、ポーランドの生活水準が最も良くないという誤った印象を抱いていました。 この大きな成功を目の当たりにして、私たち全員が少しでも貢献すれば、原因や場所に関係なく、多くの人々の生活を大きく向上させることができると実感しました。 これが、私がハビタット・フォー・ヒューマニティの一員であることを愛するもう一つの理由です。

17. グリヴィツェの校舎での私たちの仕事は、セメントを混ぜて建物の壁に軽石ブロックを積み上げ、断熱性を向上させることでした。 また、重いレンガ(約40ポンド)を、ボランティアのデイジーチェーンで何段も上って運びました。レンガを扱うと手首が荒くなり、左の手首にまともな傷跡が残りましたが、気にしませんでした。 私はそれを一種の戦いの傷跡として見ていましたが、後でこの良い経験を思い出しました。
18. ある日の昼食時に、写真を撮りながら現場を回った。 私はたまたま、将来の居住者が到着するほんの一秒前に1つを撮りました。 (ハビタットの方針は、住民が家の建設に汗を流すことです。その紳士は、私が写真に彼を含めたと勘違いし、すぐに「写真はありません」と言いました。 彼が写っていないことを証明するために写真を見せたのですが、彼の表情からはまだ不安そうに見えました。 しかし、レンガを運ぶ仕事に戻ると、彼はリラックスして、すぐ隣に座ることになり、私たちは異なる背景にもかかわらず、同じ側にいることに気づきました。
19. レンガは25インチ x 7インチ x 3インチで、その重量を考えると、階段を上って運ぶのは簡単ではありませんでした。しかし、私たちはそれを最大限に活用し、すぐに笑いに満ちた努力になりました。　それは、私たちの年配のチームメンバーの一人から始まりました。　彼はレンガを通り過ぎるたびに不愉快にうめき始めたので、私も加わって彼の真似をしました。　すぐに、さっき出会ったポーランド人の男性も加わりました。　何度も何度も、私は右に手を伸ばして下の人からレンガを受け取り、それを振り回して左のうめき声をあげる友人に移しました。　レンガは毎回、私の左手首の同じ部分、手のひらのすぐ上に当たりました。　マークが赤くなり、出血が始まりました。辛いように聞こえるかもしれませんが、私は何も感じませんでした。　楽しすぎて気にしなかったんでしょうね!

20. 仕事が終わったある日、私たちはグリヴィツェのラジオ塔に短い、しかし非常に思い出深い旅行をしました。　ラジオ塔に興奮するのはクレイジーに思えるかもしれませんが、この塔はたまたま今日世界で最も高い木製の格子塔です。　ヒトラーが第二次世界大戦を始めるために使用した塔です。　彼はロシアを攻撃するためにポーランドと同盟を結ぼうと試みたが、ポーランドは彼に加わることを拒否した。　その後、ヒトラーはポーランド兵に変装した親衛隊部隊をグリヴィツェの塔に送り込みました。　彼らは反ドイツ声明を出し、その1時間後、ヒトラーはポーランドに対する宣戦布告で彼自身のメッセージに応えた。　私は歴史にそれほど魅了されたことはありませんが、正直なところ、この話はかなり面白いと思いました。　これこそが本物で、全世界に影響を与えた実在の場所だった。 これが歴史でした。

21. このツアーの終わりに、私たちのチームはグリヴィツェのユダヤ人地区を案内され、町での体験を締めくくる夕食に連れて行かれました。　何を食べたかは覚えていないかもしれませんが、ピアニスト/ボーカリスト、トランペット奏者、そしてもう一人のボーカリストからなる小さなバンドがプロデュースした音楽は覚えています。 とても特徴的でした。 レストランを出ると、アイスクリームの売り子を探しに出かけましたが、誰もいませんでした。 私たちはゆっくりとホテルに戻り、部屋に向かい、疲れ果てて非常に充実した一日を終えてすぐに眠りに落ちました。

22. 翌朝、私たちは最後にもう一度バンに飛び乗り、クラクフに向かいました。帰国初日は、主にガイドと一緒に過ごし、ガイドと一緒に街を徹底的に案内してくれました。 天気も良く、雰囲気は活気に満ち、時間はあっという間に過ぎ去りました。「楽しんでいると時間はあっという間に過ぎる」ということわざのようです。 その日のすべてが完璧だったが、アイスクリーム売りが私に10ズウォティ(約3.50ドル)を奪おうとした。話はこうだ:ツアーが10分間の休憩で止まったとき、私たちのほとんどは少し涼むためにアイスクリームスタンドを探すために散らばりました。正確なお釣りがなかったので、より大きな請求書で支払いました。 そのお返しに、私はたくさんのコインを手渡されました。 少しイライラした、見慣れない通貨のビットを一つ一つ数えなければならなくなったので、私はそれを合計し始めました。 私はすぐに、ちょうど10ズウォティが不足していることに気づきました。 選択肢がないと思っていた矢先、ツアーガイドが現れました。 私は彼女に何が起こったのかを話し、彼女は私をスタンドまで連れ戻しました。

23. そこに着いたら、私たちは列に並びました。 私たちの番になると、ガイドはレジ係に質問を始め、レジ係はすぐに怒鳴り始めました。　その後、マネージャーが現れ、何が起こっているのか尋ねました。　ガイドが説明すると、レジ係はしぶしぶ私に10z⊠紙幣を手渡しました。　私たちが立ち去るとき、ガイドは、何も考えずに観光客を奪う小さなベンダーがたくさんいると説明しました。　結局、ガイドのおかげでお金が戻ってきたので、特に動揺していませんでした。　私は、レジ係が私から盗もうとしたのは、彼女が苦労していて、私がお金に余裕のある裕福な観光客だと思ったからだと理解しようとしました。

24. しかし、その日はずっと良い調子で終わりました。　私たちが取り組んだプロジェクトの将来の居住者は、すべてのボランティアのために素晴らしいディナーを設定しました。　ステーキ、ソーセージ、さまざまな種類のサラダ、デザートの品揃え、スプライトなど、食べ物は本当に素晴らしかったです。　スプライトは、仕事上の内輪のジョークのようなものでした。　私のチームリーダーは、スプライトが私のお気に入りの飲み物だったので、それを私に捧げました。
25. 夕食が終わった後、私たちは見つけたバレーボールでふざけました。　面白かったのか、すごかったのか、どちらだったかはわかりませんが、コミュニケーションが取れなくても、なぜかみんなバレーボールの遊び方を知っていたのです。　言葉や文化の壁があり、私たちは皆、何千マイルも離れて育ったのに、バレーボールをしていたのです。
26. その幕間を縫って、私たちは一人の受益者の家を見て回るように招かれました。　帰るとき、ハムスターでいっぱいのケージに気づきました。　私は英語で、持てないかと頼みました。　その女性は魔法のように理解し(私のボディランゲージ?)、私が手を伸ばして1つを拾うことを許可しました。　ハムスターと数分遊んだ後、女性は私がハムスターを持って行くことを提案しました。　とても楽しかったので、何も考えずに受け入れました。　冗談です！ 最初に頭に浮かんだのは、ハムスターを飛行機に密輸して、それがうまくいかない可能性があるという考えでした。

27. ポーランドのチームと一緒に働いたことは、私がこれまでに経験した中で最高の経験の1つでした。人々、言語、都市、文化、食べ物などは、私が家から想像していた世界とは対照的に、世界の本当の姿に目を開かせてくれました。　ハビタット・フォー・ヒューマニティでポーランドのボランティア活動に参加したこと、そして正直なところ、アメリカでもボランティア活動に参加したことで、自分が住んでいる快適ゾーンの外の世界についての洞察を得ることができました。　もっと大変な生活を送っている人がたくさんいることに気づきました。　困っているすべての人々をどのように助けることができるかわからず、かなり圧倒されました。　私はこのことについてかなり考えていましたが、すべての人を助けることはできませんが、私の小さな努力によって、多くの人々の生活を劇的に改善する大きな影響力を持つグループ、ハビタット・フォー・ヒューマニティに貢献していることを理解するようになったのは、ずっと後になってからでした。

第4章

言語関係

なぜ他の言語を学ぶのが簡単な言語があるのですか?

すべての人にとって学びやすい特定の言語はありますか?

学習の相対的な容易さをどのように把握できますか?

1

簡単な言語と難しい言語

最も簡単に学ぶことができる言語などというものはありますか?その疑問にお答えするために、興味深い話をいくつかご紹介します。

ある日、韓国の大学の学内英語新聞の編集長として働いていたとき、2人の後輩が訪ねてきました。彼らは高校時代からとても親しい友人でした。大学に入学してすぐに、彼らは一緒に将来の計画を立てました。最初の計画の一つは、彼らが中断することなく長期計画にまっすぐに取り組むことができるように、最初に義務的な兵役を処理することでした。

それから、彼らはお互いに、兵役中と除隊前にワードパワーのすべての単語とイディオムを完全に覚えることを約束しました。二人とも約束を守ったことをとても誇りに思っていました。彼らは私に、Word　Power[16]の任意の単語でそれらをテストするようにさえ頼みました。また、自分たちが英語がとても上手になるだろうと期待して、とても興奮していました。彼らの計画は、彼らが海外に勉強するために英語を習得することでした。

特に、英語の文法を教えてほしいと頼まれました。彼らは、英語がとても上手になるためには、英語の文法が必要だと確信していました。彼らは、英語の文法に慣れれば、Word Powerの助けを借りて英語を非常に上手に話すことができるはずだと強く信じていました。

しかし、彼らは「ワードパワー」のすべての単語や熟語を暗記していたにもかかわらず、発音は非常に悪かったのです。彼らが私に英語の文法を教えてほしいと頼んできたとき、私はまず文法を勉強することの問題について自分の考えを説明しました。ある意味で、私は彼らに自分の教え方に従うよう強制しました。彼らはしぶしぶ私の提案に同意し、バブルトレーニングから始めることになりました。彼らは英単語の発音が難しいため、そしてさらにバブルトレーニングに完全に集中して話すことへの疑念や迷いがあったため、非常に苦労しました。彼らは習慣的に文法に注意を向け、自分たちの意志で毎日余分な時間を費やして英語の文法を勉強し続けました。

[16]約5,000語の英単語とイディオムを収録した、1回限りの有名な辞書型英単語集です。1970年代の10年間、韓国の大学生の間で必見の語彙本と考えられていました。

6ヶ月間、彼らは英語の秘密を見つけ出し、征服するために一生懸命勉強しました。彼らは英語の語順で韓国語を話し合うことさえあったので、英語の話し方の構造に慣れることができました。

しかし、彼らの英語はあまりにも下手で、英語で何かを言う自信がありませんでした。その結果、半年後には「6ヶ月の英語学習で期待していたものが得られなかったから、英語を諦める」と言われました。3年近い兵役中にWord Powerのすべての語彙を暗記した後、6か月で英語を習得できなかったことは、彼らにとって非常にイライラしました。それどころか、2人の友人は日本語の勉強を始めると教えてくれました。彼らは、半年で日本語をかなり流暢に習得できると一部の人から言われました。

それから半年ほど経った頃、また彼らが来て、英語を捨てて日本語を選んだのは、とても賢明な選択だったと言いました。彼らは、6ヶ月間の日本語学習で達成したことに非常に満足していました。彼らは、英語と同じように日本語を一生懸命勉強したと教えてくれました。

しかし、半年も経つと、日本語で多くのことを考え、話すことができるようになり、すぐにもっと上手な日本語ができると自信を持つようになりました。日本語の秘密を見つけるのは、彼らにとってとても簡単でした。大学卒業後、二人は勉強を続けるために日本へ旅立ちました。この話を指すために、「日本のケース」という言葉を使うことにします。

もう一つ興味深い話があります。コロラド州でCさんという実業家に会いました。韓国の大学を卒業後、来日し、約4年間滞在。最初の1年ほどは、日本語を学ぶために研究所に通っていました。日本語を勉強して1年が経ち、日本語でコミュニケーションをとることができるようになり、一部の日本人から日本語のネイティブスピーカーと見なされるようになりました。その後、彼はイギリスに行き、英語を学ぶために英語学校に通いました。彼はそこに約2年間滞在し、韓国に帰国しました。その後すぐに、彼はアメリカに来ました。

韓国語以外で一番気持ちいい言語は何かと聞いてみると、「日本語」と答えました。彼は韓国で日本語を全く勉強していませんでしたが、大学卒業後すぐに約4年間日本に滞在しました。一方、彼は9年以上アメリカに滞在してビジネスをしています。以前は、彼は約2年間イギリスに滞在していました。彼は韓国で中学校から大学まで約10年間英語教育を受けました。彼はまた、一度中国語を学ぼうとしました。さらに、彼のビジネスのために、彼は顧客と取引するのに十分なスペイン語を話します。彼は、中国語を習得するのに成功しなかったのは、彼が十分に長い間勉強していなかったからだと彼は言った。

日本語、中国語、英語、スペイン語など韓国語以外の4つの言語の中で、Cさんは日本語が最も学びやすく、自分は話せないのに次に中国語が来ると回答しました。彼によると、英語は彼がアメリカに10年近く住んでいても学ぶのが最も難しい言語です。その4つの言語の中でようやく学び始めたスペイン語は、彼にとって英語よりもさらに習得しやすかった。この話を指すために「Cケース」という用語を使用します。

上記の2つのケースから、習得と言語の類似性の間には大きな関係があることがわかります。つまり、学習者の母国語と類似点や共通の特徴を共有する言語は、学習や維持が容易です。韓国語と日本語は、語順、音声システム、そしてわずかな音の違いがあるにもかかわらず、かなりの数の言語リソースなど、両者の間にかなりの共通点や類似点を共有していることでよく知られています。一方、中国語と韓国語は、言語資源のかなりの部分を占めています。

韓国語の名詞形の大部分は中国語から借用されており、多くの音が互いに容易に関連付けられることができます。参考のために、私は「**隣接言語**」という用語を使用します。これは、必ずしも地理的に隣接しているわけではありませんが、日本語、韓国語、中国語のように、言語的に互いに多くの類似点や共通の特徴を共有する言語を指します。

この意味では、英語を話す学習者にとって、イタリア語、ドイツ語、フランス語などのインド・ヨーロッパ語族の言語を学ぶことは、英語と関連性のない言語を学ぶよりもはるかに容易であると理解できます。参考のため、このような関係性を持つ言語を「**家族言語**」と呼ぶことにします。家族言語は、本質的に文字体系、音声体系、文法体系、言語資源など多くの面で同じまたは類似した特徴を共有しています。しかし、元々の家族言語間の関連性は、時代とともに異なる家族群へと分岐していくにつれて弱まってきました。

したがって、一部の言語は互いに共通の特徴をまったく共有していないように見えます。たとえば、ロシア語は英語と同じくインド・ヨーロッパ語族の一つに分類されていますが、独自の文字体系を使用しており、他のインド・ヨーロッパ語族の言語と多くの特徴を共有していません。これはヒンディー語にも同じことが言えます。

したがって、家族言語間の関連性を特定するためには、多くの共通の特徴を共有している言語を「**いとこ言語**」とし、あまり共通の特徴を共有していない言語を「**再従兄弟言語**」と呼ぶような用語を使用する必要があるでしょう。

一方で、英語を話す人が韓国語を学ぶこと、またその逆も非常に難しいです。というのも、両言語は互いにほとんど重要な言語的特徴を共有していないからです。英語と日本語についても同様だと思います。

さらに、英語を学ぶ韓国語話者にとって、逆の場合よりも難しいようです。これは、韓国語の音声的特徴がアクセントやイントネーション、音と文字の間の変化がないため、英語の音声的特徴と比べてシンプルであるためです。アラビア語は、英語、韓国語、日本語、中国語を話す人々にとって非常に難しいと思われます。というのも、アラビア語は完全に異なる文字体系を持ち、非常に複雑な母音体系や全く異なる音声的特徴を持っているからです。参考用語として、このような関係性にある言語を「**奇妙な言語**」と呼ぶことにします。

では、「最も簡単に学べる言語」というものが存在するのかという問いに戻りましょう。この問いに対する私の答えは、どの言語も一朝一夕で習得できるほど単純で簡単なものではない、ということです。すべての言語は、習得のために多くの努力とバブルトレーニングが必要です。次に、隣接言語や異質言語と比較すると、家族言語は互いに多くの共通点を共有しているため、最初から比較的学びやすいと言えます。その結果として、異質言語は習得するのに最も多くの時間と真剣な努力を必要とするでしょう。

2

言語的距離

一部の言語は最初は簡単に習得できるが、初級レベルになると非常に難しいと言われます。また、他の言語については反対のことを言う人もいます。これらは現実的なコメントですか?なぜそうなるのでしょうか?また、なぜ家族の言語やいとこの言語は、奇妙な言語よりも習得しやすいのでしょうか?自分の言語に関係のない特定の言語を学びやすい程度を、どのように説明できるでしょうか。その答えは、言語間で共通する言語的特徴の類似性にあると私は考えています。

私はすでに、TLと母国語との関係を指すために、家族言語、いとこ言語、いとこ言語、隣人言語、奇妙な言語などの用語を紹介しました。しかし、より目に見える方法で質問に答えるためには、言語間の関係性をデジタル化された形式で記述する必要があります。

言語間の類似点や非類似点をデジタル化するために、言語距離という概念について紹介したいと思います。言語的距離とは、学習者がTLを取得するために実行するのが難しい程度を意味します。距離または難易度は、2つの言語の系統的特徴のそれぞれのグループの比較に基づく「距離スコア」によって測定されます。系統的特徴は、音声特徴、構文特徴、語彙特徴の3つのカテゴリに分類されます。本質的に、音声的特徴は身体能力に関連しています。言語的直感に対する統語的要因。そして、言語リソースの語彙的特徴。

言語距離テーブルがどのように生成されるかを見てみましょう。まず、音声的特徴の言語的距離は、母音、子音、超分節、文字と音の不一致、音節化の原則などの特徴を比較することによって測定されます。基点が 10 である超分節を除き、学習者の MT に存在しない TL の音声特徴は、それぞれ 1 ポイントで測定されます。

例えば、私の研究によると、英語には韓国語にはない母音が少なくとも11あります。したがって、母音の特徴の韓国語から英語までの距離は 11 です。同様に、子音の特徴の距離は 15 であり、文字と音の差 (文字が複数の音を表すことを意味する) の距離は 13 です。この方法に基づくと、韓国語から英語への音声特徴の合計言語距離スコアは49です。

ただし、英語から韓国語への音声機能の合計スコアは、他の方向のスコアと同じではありません。これは、一方の言語の音声機能が、もう一方の言語の音声機能よりもはるかに複雑または単純であるためです。次の表に基づくと、英語から韓国語への音声機能の合計スコアは19です。韓国語から英語への合計スコアである49と比較すると、このスコアは大幅に低く、英語の音声機能は韓国語の音声機能よりもはるかに複雑であることを意味します。

次に、構文的特徴と語彙的特徴の言語的距離スコアは、基本スコアシステムに基づいて測定されます。各機能のスコアは、TLで発生するMTの特定の機能の統計的比率に従って、基本スコアから比例配分されたスコアを差し引くことによって決定されます。たとえば、MT の特定の特徴グループの統計比率が、TL 内のそのようなグループの全出現の約 30% である場合、特定の特徴の距離スコアは、特定の特徴の基本スコア ポイントの 70% に相当する数値になります。各グループの各特徴の基本スコアについては、各特徴が運んでいるように見える重みの程度に基づいて比例配分されたスコアを配置しました。率直に言って、これは客観的というよりは、かなり主観的な問題です。

しかし、すべての特徴の基本スコアを判断する際に一貫性があり合理的な原則を維持している限り、特定の2つの言語間の言語的距離の評価に大きな違いが生じることはないはずです。最終的には、世界の言語の言語学者によって、また言語学者の間で多くの議論と作業を行い、複数の言語のすべての方向の距離を客観的に測定および比較するための標準的な基準を形成する必要があります。ただ、現時点では、まだそんなに遠い先のことは心配していません。また、効果的なコミュニケーションのために学ぶべき言語固有の重要な特徴グループをすべて反映しようとしました。

韓国語と英語は、構文と語彙の2つのグループという点で、実際には多くの共通の特徴を共有していません。そこで、句の構造を除いて、それぞれの特徴について基本点をつけたが、韓国語では形容詞句が常に名詞句の前に来るという事実と、英語では形容詞句が形容詞句の前または後に来ることがあるという事実に基づいて、英語に対して3点をつけた。つまり、共有されていない英語のフレーズ構造の難易度を3ポイントの価値があると計算しました。このタイプのフレーズ構造は、副詞句にも同じように適用され、韓国語では常に動詞句の前に来ますが、英語では動詞句の前と後の両方に来ます。

フィーチャ タイプ[8] 韓国語→英語		言語距離スコア	
		英語→韓国語	
ふりがな機能	母音	11	8
	子音	15	4
	文字と音の格差	13	7
	音節化	0	0
	超セグメント (10)	10	該当なし
ふりがな特徴の小計		**49**	**19**
構文上の特徴	フレーズ構造 (5)	3	0
	文の構造 (10)	10	10
	疑問詞 (5)	5	5
	前置詞 (5)	5	該当なし
	後置詞 (5)	該当なし	5
	ボイス (5)	5	5
	接辞の種類 (5)	0	3
構文機能の小計		**28**	**28**

8　韓国語と英語の言語距離表。括弧内の数字は基点を示しており、これは 2 つの言語で共通の特徴が共有されていない場合に与えられるスコアです。

語彙の特徴	アルファベット (10)	10	10
	アルファベット以外 (20)	該当なし	該当なし
	アルファベットの2番目のセット (5)	1	該当なし
	3番目のアルファベットの使用 (5)	該当なし	該当なし
	アルファベット以外の3番目の使用 (5)	該当なし	1
	ケースシステム (5)	5	5
	性別制度 (5)	該当なし	該当なし
	分類システム (5)	1	4
	番号システム (5)	5	5
	2番制度 (5)	該当なし	5
	語彙 (50)	50	48
	敬語体系 (5)	該当なし	5
	モダリティシステム (5)	該当なし	5
語彙特徴の小計		**72**	**88**
合計言語距離スコア		**149**	**135**

さて、上記の表に基づいて、まず韓国人が英語を学ぶ際の難しさを見てみましょう。韓国語から英語への言語距離スコアは149で、これはほとんどのいとこ言語と比較してかなり高いと考えるべきであり、最大で50を超えてはならない。合計スコア149のうち、音声特徴の合計距離は49

で、合計距離の30%より少し短くなっています。これが、韓国語を話す人々が英語の音を習得するのが非常に難しい理由を説明しています。学校で10年以上英語教育を受けた後でも、ほとんどの韓国人生徒はまだ英語の音のほとんどを正確に表現することができません。これは、彼らのほとんどが英語の音の群れを克服しない理由を物語っています。

一方、英語を第二言語として取得した多くのバイリンガルの韓国人は、英語はとても便利で使いやすいと言ってくれました。彼らは、韓国語の使用に関する個人的な関係指向の規制が非常に多いため、韓国語は非常に複雑で便利ではないとさえ認めています。これは、彼らが音声機能、話し言葉機能を獲得した後、構文機能や語彙機能にどれだけうまく同化しているかを示しています。

では、英語の人が韓国語を学ぶのにどれくらいの苦労度があるのかを見てみましょう。音声機能の合計距離スコアは 19 です。構文的特徴のスコアは 28 です。そして、語彙特徴のスコアは88です。音声特徴距離スコアは、英語を話す人々の難易度が韓国語を話す人々の約半分であることを示しています。これは、初めて韓国語を学ぶ英語の人々が音を学ぶのがまだ非常に難しいと感じるにもかかわらず、私の指導経験に基づいて非常に正確であるように思われます。一部の不安定な学生を除いて、私の学生のほとんどは1～2学期で韓国語の音をかなり流暢に習得し、文章を読んだり、ネイティブスピーカーの音を聞いて理解したりすることができ、また、英語のアクセントがあまりなくても話したり読んだりするときに、非常に正確な韓国語の音を出すことができました。彼らは正確な音で書かれた韓国語の単語を読むのに問題はありません。

しかし、韓国語を話す学生が英語を上手に読み、聞き、発音できるようになるには、少なくとも6〜8学期以上必要だと思います。しかし、生徒たちは、書かれた英単語や単語の適切な強調を見ても、すべての音の質を理解することはできません。この比較に基づくと、2学期は、学生がすべての韓国語の音を学ぶことができるのにかなり短い時間であると言えます。

しかし、韓国語を第二言語として学んだ英語を話すバイリンガルの人々は、決して征服できない敬語体系の難しさや、話し手が関わる人々や伝えられる情報に対する話し手のさまざまな態度を示すモダリティマーカーの数がわからないことに不満を漏らしています。結局のところ、韓国語で語彙項目を適切に使用することは、外国人が高レベルの韓国語で克服することは非常に困難です。

発展段階にある上記の英語と韓国語の言語距離表によると、韓国語から英語への言語距離は149です。一方、反対方向の距離は135です。どうやら、英語から韓国語までの距離スコアは、他の方法のスコアよりも少ないことが判明したようです。したがって、韓国語を話す人々は、英語を話す人々が韓国語を習得するよりも英語を習得するのが難しいでしょう。

習得しやすい言語がないことは事実ですが、一部の言語が他の言語よりも習得しやすいことも事実です。TLがMTとどれだけ離れているかのアイデアは、言語距離表で表示できます。したがって、TLへの言語的距離に関する情報を使用すると、TLのどの部分が学習者にとって最も習得が難しいかを知ることができます。

その結果、いとこの家族の言語は、多くの共通点を共有しているため、スコアが非常に低くなるはずです。隣接する言語は、家族言語のスコアと比較してかなり高いスコアを獲得する必要があります。したがって、奇妙な言語は、韓国語と英語のペア言語のスコアと同様に、互いにかなり高いスコアを獲得するはずです。この表を見ると、TLの学習難易度は距離スコアに比例していることがわかります。[9]

上記の表に示された言語的距離の概念に基づいて、母国語（MT）から約50の言語的距離を持つ言語は、比較的容易に習得できると言えるでしょう。なぜなら、そのような言語では、学習者は目標言語（TL）の新しい習得要因[18]セットを習得する必要がないからです。一方で、100を超える言語的距離を持つ言語は、新しい習得要因セットを習得する必要があるため、習得にはより多くの努力が求められます。

学習過程と言語距離の関係性について具体的な考え方を見つけ出し、距離スコア情報を適応度向上に活用するためには、ここで紹介する言語距離の測定をより徹底的に開発する必要があります。特定の言語間の正確で信頼性の高い言語距離マップを作成するには、その言語の多くの言語学者の協力が必要です。MTとTLの間の言語的距離に対するより体系的なアプローチにより、FLの教師は2つの言語間の動的な関係を理解し、クラスを設計するのに役立ちます。

18　この用語の定義については、後の記事で紹介します。

3

言語距離とFLE法

言語距離スコアが非常に低い関連言語や家族言語は、比較的簡単かつ迅速に学習できることは当然のことと考えられてきました。これは、一般的に言語距離のスコアが非常に低い家庭語を学ぶ生徒が、同じ期間にはるかに高いレベルの習熟度を達成できることを意味します。しかし、一般的に遠隔スコアが非常に高い奇妙な言語を学習する学生は、同じ期間に習得において同じ習熟度を達成することはできません。

では、TLとの言語距離の関係に応じて、異なる言語グループを教えるために異なるFLEメソッドを適用すべきでしょうか?例えば、MTとTLが同じファミリー言語グループに属していて、言語スコアが50未満と非常に低い場合、どのような教え方をするのが最善でしょうか?2つの言語は非常に似ているため、学生が2つの言語の違いを簡単に理解できるように、最初から文法を紹介して焦点を当てるのが最善の方法でしょうか?

一方、MTとTLが全く奇妙な言語だとしたら、どのような教え方をすればいいのでしょうか。この2つの言語はあらゆる言語面で大きく異なるので、劇的な違いを一つ一つ教えることから始めるべきなのでしょうか? それとも、話すためのバブルトレーニングを教えることから始めるべきですか?

質問に対する答えは、家族の言語を習得する自然な方法、たとえば子供が隣人言語や奇妙な言語を習得する方法を再び観察することです。一つ確かなことは、家族や隣の言語に対してどれほど強い言語的直感を持っていても、言語特有の現象は理解すべき言語知識の領域ではなく、習得すべき言語能力の領域に属しているということである。このような言語能力を伸ばす方法は、自然言語習得の過程を見ればよく理解できます。

言語習得の自然な方法を見ることで、少なくとも1つのことは、学習者が基本的な言語スキル、つまり話す能力の開発につながると確信できます。言語習得の自然な方法は、まず基本的な言語スキルを構築することから始まります。この意味で、文法に基づく言語知識、リーディングやライティングなどの非基本的な言語スキル、またはせいぜい表面的なリスニングとスピーキングのスキルを教えることに焦点を当てたさまざまなタイプの従来の方法とは大きく異なります。

私が「表面的なリスニングとスピーキングスキルを教える」という表現を使用する理由は、言語は無条件に排他的なリスニング活動を通じて、また、一貫性のない対面での会話の練習を通じて習得することはできないからです。それが大人の学生が第二言語を学ぶための最も効果的な方法であるかどうかはわからないかもしれません。しかし、様々な方法によるFLEが成功していないため、自然言語習得法を利用する方法が第二言語の習得に最も適しているのではないかと考えることができます。

したがって、質問に対する答えは、MTとTLの間の言語的な距離に関係なく、基本的に最も効果的な教授法は同じであるべきだということです。このために、MTとTLの間の言語関係に関係なく、レベル1のせせらぎを教えることから始めて、話すためのせせらぎトレーニング、そして生徒の習熟度を満たし、向上させるためのせせらぎトレーニングの次のレベルに進むべきだと私は主張します。

もちろん、TLまでの言語的な距離に応じて、生徒はせせらぎのプロセスのより高いレベルに向けて非常に速くまたはゆっくりと進行する可能性があります。TLまでの距離スコアが低ければ低いほど、せせらぎのプロセスの上位レベルへの進行が速くなります。距離スコアが高いほど、せせらぎのプロセスの上位レベルへの進行が遅くなります。

上記の、家族言語、隣人言語、または奇妙な言語を教えるための違いと方法に関する質問は、学生に類似または奇妙な楽器を教えるための違いと方法に関する質問に例えることができます。楽器が自分の楽器とどのように似ているか奇妙であるかに関係なく、教育プロセスは基本的にプロトタイプの教授方法と異なることはできません。つまり、教師は生徒に毎回たくさん練習するように要求する必要があります。違いは、新しい楽器の類似性または相違点に応じて、学生がそれをはるかに速くまたはゆっくりと習得するということです。

また、距離スコアが低いということは、TLに対する言語的直感、身体能力、言語リソースがすでに高いことを意味するため、TLを習得するための集中的なトレーニング、時間、努力が少なくて済みます。IEファミリー言語の多くでは、習得要素の多くが各言語の話者によってまだ共有されていることは事実です。したがって、そのようなTLを学ぶ学生は、話す、読む、聞く、書くことを学ぶための比較的集中的なせせらぎのプロセスでTLを習得します。

これが、従来の文法翻訳方法がFLEの最も強力なトレンドである主な理由であると私は信じています。つまり、20

世紀以前は、FLEは一般的に、近隣諸国で使用されていた非常に強力な家族言語を教えることに重点を置いていました。MTとTLは言語的な距離が非常に近いため、文法翻訳法は、2つの言語の文法的な違いを区別するだけで、読み書きなどのコミュニケーション能力を習得するという点で、依然として非常に効果的な方法でした。

一方で、非常に高い言語的距離スコアを持つ異なる目標言語（TL）を学ぶ学生は、言語直感、身体的能力、そして目標言語を習得するために十分な強さを持つ言語資源を構築するために、非常に多くの表現を使って集中的なバブルトレーニングの過程を乗り越える必要があります。特に、音声的特徴に関する言語的距離スコアが非常に高い異なる言語を学ぶことに挑戦する学生は、最初の段階から多くの困難を抱えることになるでしょう。実際、多くの学生は、必要な努力と時間を費やすことができず、レベル1のバブルトレーニングを乗り越えられずに終わってしまうことがよくあります。

結論として、すべての言語は、習得するために言語的直感、身体能力、および言語資源を必要とします。それはちょうど、すべてのスポーツ活動が運動感覚、身体能力、そして利用可能なあらゆる種類のスキルを必要とするのと同じです。したがって、スポーツ活動が学習するために同じルーチンの集中的な練習を必要とするのと同じように、言語は、MTにどれほど類似していても、同じルーチンの集中的で集中的なバブルトレーニングプロセスを取得する必要があります。結局のところ、TLまでの言語的距離はFLEの方法を変えるべきではありません。それどころか、距離は進行の速度に影響を与えます。

第５章

評価方法

評価基準の一般的な傾向から独立して教えることはできますか?

私たちが何を教えても、学生は評価基準の傾向に傾倒します。

1

外国語評価法の変遷

FLEに関する限り、最も集中的で世界的に普及しているFLEプログラムがTESLであることは明らかです。英語を話さない国のすべての書店の壁には、無数の英語教育関連の教科書、オーディオ、ビデオ、参考資料が埋め尽くされています。韓国の英語市場を見るだけでも、驚くべきレベルを超えています。毎月、新しい英語教育参考資料が市場に紹介されています。

アメリカでは、特定の言語のFLEプログラムが韓国ほど集中しているとは思いません。私がアメリカで見るFLを学ぶための熱意や狂信的な社会的雰囲気もそれほど多くありません。FLEの問題に関しては、日本や中国などの他のアジア諸国は韓国とあまり変わらないと理解しています。それは他のほとんどの非英語圏の国でもまったく同じだと思います。 私は韓国とアメリカのFLEプログラムに詳しく知っているので、アメリカと韓国の比較を交えながらFLEの状況についてお話しします。

韓国のFLEに対するすべての人の深刻な懸念と比較すると、米国の人々は比較的寛大で、FLEから得られるものについてリラックスしているように見えます。米国でのFLEの結果は、韓国のように生涯を通じて継続的に昇進や進歩に重大な影響を与えることはありません。一般的に、韓国の学生は、FLEのインプットとして教えられたことを100%以上引き出そうとします。そうしないと、重要な競争で遅れをとることになるからです。したがって、韓国の学生は、おそらく他の国でも、英語の授業で教えられていることを何でも盲目的に一生懸命勉強するしかありません。

さて、世界のTESLがどのように進化してきたかについてお話ししたいと思います。世界のTESLの動向は、この20年間で大きく変化した英語の評価方法の動向に牽引されてきました。一部の人々は、それが逆である可能性もあると主張するかもしれません。しかし、歴史的に見ると、英語の評価の傾向は、英語の評価の傾向に対するTESLによる制御と比較して、TESLの傾向に対してより制御されていたと私は考えています。

1970年代以前は、韓国の学生は文法に重点を置いたテストに基づいて評価されていました。ですから、英文法が得意な人は誰でも、学校や仕事での生活をはるかに簡単にし、成功させることができました。繰り返しになりますが、英語を話さないほとんどの国は、韓国と同じ傾向のパターンを共有していると思います。その後、1980年代まで、彼らは文法と読解指向のテストによって評価されました。

したがって、人々は、1980年代以前に文法を説明するために使用された非常に短い例文と比較して、文法知識に基づいて各文を分析することにより、非常に長い英語の段落を読んで理解できるようにするために非常に一生懸命勉強しました。1980年代以降、TOEFLとTOEIC by ETSが世界標準の英語テストプログラムと見なされていたため、世界各国のTESLはETSによって主導されてきました。英語の教師と生徒は、その後のETS評価の傾向に従って、英語教育の軌道を調整しました。

そのため、ETSがTOEICとTOEFLを通じて文法、リーディング、リスニングスキルに基づいて生徒をテストしたため、TESLは既存の文法とリーディングスキル指向の教育に加えて、リスニングスキルをその焦点に追加しました。その後、1990年代にETSがライティングテストを評価に加えると、英語の文法、読解、聴解のテストに加えて、ライティングテストの準備に誰もが忙しくなりました。

しかし、21世紀の初めに、ETSは独自のプログラムの深刻な問題を認識しました。問題は、TOEFLやTOEICで非常に高いスコアを獲得した人のうち、英語を上手に話すことができる人はほとんどいないことでした。彼らのほとんど、特に非ヨーロッパ言語の国の国々からの人々は、英語で簡単なコミュニケーションを十分に行うことさえできないことが判明しました。

その結果、ETSはスピーキングスキルのテストを含むiBT TOEFLを開発しました。また、ETSは、文法評価は、別々の文法セクションではなく、ライティングとスピーキングで行うべきであると決定しました。TOEFLに対するこれらの新しい変更は、学生たちをより混乱させ、英語に取り組むのが難しくなったように見えました。ETSがiBT TOEFLから文法セクションを削除したにもかかわらず、誰もそれを「個別の文法研究は必要ない」という意味だとは考えていないようです。ETSでさえ、文法スキルはライティングスキルとスピーキングスキルでテストされることを明確にしました。そのため、人々は依然として、焦点を絞った英語の文法学習が非常に必要であると強く信じています。

このような順序でこれらのテスト領域を追加することで、ETSは、世界最高のプロフェッショナルな英語テストプログラムエージェンシーとして高い評価を得ているという高い評価を得ているETSは、文法と読解を第一に重視する伝統的なTESLのシーケンスを静かに承認したようです。

言い換えれば、従来の評価方法の順序では、教師は最初に文法を教え、次に読むように導かれました。TOEFLなどのETSのテストプログラムに追加された追加科目の順序に基づいて、教師はさらに、TOEFLに追加されたのと同じ順序でライティング、リスニング理解、スピーキングスキルを教えるように指導されました。

その結果、スピーキングスキルトレーニングは依然として学校の英語教育プログラムの最後のコースと見なされており、プログラムは多くの理由でスピーキングスキルトレーニングのレベルに到達するのに十分な時間がありません。このプログラムは、ほとんどの時間を文法と読解に費やします。その後、プログラムは、ライティングとリスニングのスキルに関する非常にわずかなトレーニングをカバーします。

ですから、少なくとも私にとっては、10年近くの英語教育を受けた人々が英語を全く話せないことは、非常に自然で、それほど驚くことではありません。私たちが教えていないので、生徒にはできないのです。これは非常に論理的な帰結です。私たちは彼らに英語の文法、リーディング、ライティング、リスニングを教えました。したがって、学生は、教育を受けた程度に比例して、文法、リーディング、ライティング、リスニングのスキルを十分に備えています。この意味で、世界中の英語教育は非常に成功しています。私たちが教えたことを彼らは非常によく学んだので、それについて文句を言うことはできません。

しかし、どういうわけか、私たちは学生が英語をあまり上手に話せないという非常に論理的な結果に非常に腹を立てています。これは、私たちが英語を教えてきたことを示していますが、英語の文法を学び、読み、書き、聞くことで生徒が英語を話すことができるという最大の信じられないほどの誤解があります。文法を教えること、読むこと、書くこと、聞くことは、話すことを教えることよりも優先されるべきだと誰もが誤って信じていました。

一見すると、それはとてももっともらしく聞こえますが、それは大きな誤解です。彼らは、表面的なスピーキングトレーニングではなく、徹底的なバブルトレーニングを通じてスピーキングスキルを習得すると、文法、リーディング、ライティング、リスニングなどの他のすべての問題が一度に解決されることを完全に知りませんでした。現在でも、FLEの教育者のほとんどが、このような信じられないような誤解を強く信じており、伝統的な方法を主張する声を上げているのが現実です。

なぜ、世界的なTESLが進化してきたのかというと、アメリカのFLEだけでなく、世界のすべての国のFLEに非常に大きな影響を与えているからです。

アメリカは、誰もが長年にわたって学ぶことに専念している特定の言語はなく、他の多くの国と比較して、小学校から生徒までかなりの数の言語がかなり均等に提供されているという点で、非常にユニークであるように思われます。また、アメリカの学生にとって非常にユニークで幸運なことに、ほぼすべてのバラエティ言語が全国のどこでもネイティブスピーカーによって教えられています。世界でも、これほど多様な人材を贅沢に使える国は少ないでしょう。

しかし、問題はまだ存在します。つまり、このような多様な言語のネイティブスピーカーの教師の多くは、アメリカに来る前に自分の国でFLEを受けた人たちです。これは、彼らが自国で伝統的なTESLコースを受講したことを意味します。海外のTESLプログラムは、ETS評価基準の新たな発展に基づく伝統的なTESLのシーケンスに強く影響を受けた教師の影響を主に受けています。

その結果、米国だけでなく他の国のFLE教師のほとんどは、自国のTESLのみの学校環境を見たり経験したりしています。したがって、強く否定する人もいるかもしれませんが、彼らは自然に、TESLの伝統的な方法がFLEの最も体系的で適切に設計された方法であると信じるように導かれました。

その結果、アメリカの多くのFL教師は、文法、リーディング、ライティング、リスニング、スピーキングのそれぞれという言語教育のシーケンスに、それ以上ではないにしても、同等に偏っているか、韓国や他の多くの国の英語教師と同じように、このシーケンスにいくらか似ていると私は信じています。「だから何だ?そのようなシーケンスの何が問題なのですか?」しかし、このシーケンスには大きな問題が1つあり、私はそれを非常に懸念しています。

最大の問題は、iBT TOFEL世代以前のこのようなシーケンスに基づく従来のTESLが、長期間にわたって、何百万人もの人々によって、しっかりとした英語話者を生み出すことができなかったことが証明されてきたことです。その非常に短い歴史で、iBT TOFELはまだ待たれていません。しかし、学生が従来の学習トラックをたどることによって

iBT TOFELのレベルに到達する方法がわかりません。彼らがiBT TOFELの準備が整うまでには、永遠に時間がかかるでしょう。

従来のTESLは流暢な英語を話す人を輩出することに成功していないため、自国の学校のTESL環境で育ち、教育を受けた米国のネイティブスピーカーのFLE教師のほとんどは、学校から英語を習得していませんでした。彼らは主に英語を上手に読み書きすることができました。

その後、通常の学校のカリキュラムの後、またはアメリカに到着した後、特別な環境で、彼らは多くの集中的なおしゃべり活動を通じて英語を学びました。彼らの多くは、自分の経験のみに基づいており、それに限定されているため、TLの社会で育てられ、教育を受けなければ、TLを流暢に習得することは不可能であると信じています。

さて、FLを教えるための他のトラックを知らないため、従来のトラックに固執し、主張するFL教師に関して、私の懸念がどこから来ているのかがわかります。

多くの語学教師が従来のFLEに問題があることを認識し、教えた語学クラスを見直したり、言語教育学の本を読んだり、FLEに関する会議に参加したりして、より良いアイデアを考え出そうと懸命に努力していることを理解しています。しかし、従来のFLEメソッドの問題の真の原因を理解しなければ、教師はFLEプログラムを構築する決定を下す際に、従来のTESLメソッドに関する自身の経験から生じる影響を克服することはできません。

従来のFLEの本当の問題を見つけるにはどうすればよいでしょうか?私たちは、すべての人間がどのようにして言語を獲得したのかを慎重に考えるべきです。

2

習熟度重視の評価方法

1970年代後半から1980年代初頭にかけて孵化して以来、習熟度運動の概念は、米国の多くのFLE専門職とFL教師の主要な議論と集まりを形成してきました。それは、多くのFL教師が彼らが採用したさまざまなタイプのFL教授法を見直す動機を提供したという点で、FL教育に非常に影響を与えてきました。

それが教師によってどれだけ成功裏に実施されたかはまだわかりません。また、多くの懸念や反対意見も提起されています。懸念や反対意見の多くは、習熟度、習熟度教育、習熟度テスト、機能、習熟度ベースの指示など、一部の用語の定義が不明瞭であることに関連しています。また、文法の正確さや初期の段階からの修正を不当に強調したことが、批評家を招きました。

批判や反応の交換を通じて、習熟度運動を支持する人々の立場がかなり明確になりました。また、習熟度ガイドラインや米国外国語教育協議会(ACTFL)による口頭習熟度面接(OPI)の重要性に対する誤解や誤解が明らかになりました。習熟度重視のカリキュラムの支持者は、OPIは評価手段としてよりも変化のエージェントとして重要であると主張しています。この声明は、習熟度指向のガイドラインとOPIをどのように見るべきかを明確に助けてくれます。つまり、OPI自体には改善の余地がたくさんありますが、FLティーチングの新たな方向性を明確に示しています。

習熟度運動には、習熟度指向の指導とOPIの2つの部分があります。この運動の中心にあるのはOFIで、学生の口頭能力を初級、中級、上級、上級の4つのレベルで評価し、上級レベルを除くすべてのレベルには、それぞれ低、中、高の3つのサブレベルがあります。FLの教師がOPIの基準に従ってシラバスを計画および設計するのを支援するために、次の5つの作業仮説を通じて、習熟度指向の指導が提案されています。

6. 生徒が対象文化で遭遇する可能性のあるさまざまな文脈で言語を使用する練習をする機会を提供する必要があります。
7. 対象文化において他者と接する際に必要と思われる様々な機能を実行する練習をするための機会を生徒に提供するべきである。
8. 習熟度重視のアプローチでは、指導開始当初から言語精度の向上に関心を持つべきである。
9. 習熟度指向のアプローチは、学生の感情的なニーズだけでなく、彼らの認知的ニーズにも対応する必要があります。生徒は、脅威のない環境で自分の意味を表現する機会を与えられ、学習する意欲を感じるべきです。
10. 文化理解は、学生が対象言語コミュニティでより調和して生活する準備ができるように、さまざまな方法で促進されるべきである。

習熟度重視の指導がFL教授法であるとは主張されていませんが、仮説は教師がFLクラスをどのように指向すべきかを明確に示しています。また、習熟度運動の支持者は、TL

の文化だけでなく、4つの言語スキルのバランスを強調しています。仮説によってもたらされる問題は、本当に話すべき良い点ですが、FL教育でしかカバーしていない領域が限られています。FLEの始め方や、学生を高いレベルの習得に引き上げる方法も示していません。派手な音ですが、実際には重みを背負っていません。

仮説は、ひよこを育てる方法についてのみ農家に伝えます。仮説は、ひよこが自分で孵化して繁殖すると単純に仮定しています。卵から鶏を孵化させる方法の最も重要な仕事についての仮説には考慮されていません。仮説に従ってカリキュラムを設計すると、初級レベルのクラスを開始するのに苦労します。また、初級レベルのクラスをなんとか開始できたとしても、OPIガイドラインによると、学生は中級レベルよりも高いレベルの習得に改善することはできません。

また、この仮説は、米国の教師を除いて、世界中の国際的なFL教師にかなりの負担を強いているようです。彼らはそのほとんどが教科言語のネイティブスピーカーではなく、TLの文化的背景をあまりよく知りません。米国以外のほとんどの国では、FLクラスの環境は米国の環境とは大きく異なります。

非ネイティブのTLを話す教師が集中的な文法ベースの教育に焦点を当てることに固執する主な理由のいくつかは、彼らがTLを流暢に話さないことだと思います。彼らは言語がどのように習得されるかをあまりよく理解していません。そして、彼らは文法と文法に基づくTLの読み方以外にTLについてあまり知りません。

彼らがFLの教師になる前は、彼らのほとんどは、学校で経験した伝統的なFLEの状況に自然に導かれ、文法は何よりもまずやるべき基本であると信じていました。したがって、彼らは毎日、そして毎年、ほとんどの時間文法を教えることによって、正しいことを教えていることを疑っていません。

習熟度重視の指導ガイドラインは、FL教師が新しい方向性を求めるように明確に刺激しますが、仮説は明確ではなく、FL教授法の主流の方向性を変えるほど強力ではないと私は信じています。この仮説は、文法指向の教授法に中毒になるという深刻な問題を警告するものではありません。このような教授法は、これまでのところ、初心者、中級、上級などのさまざまなレベルでTLの無数の専門家文法学者を生み出してきただけです。

文法学者は、収集したテキストに基づいてTLの文法を分析し、それらについて論文を書くことができる限り、TLを流暢に話すことができる必要はないことを私たちは知っています。また、以前にTLを取得していない限り、ほとんどの文法学者がTLを話す方法を知っている人もいます。たとえば、非常に貧弱なスピーカーが取り付けられた引退した286プロセッサのコンピューターがデータの組み立てに頻繁に失敗するようなものです。実際のところ、この仮説は、そのような問題を警告する代わりに、文法志向の教師が伝統的な方法に固執するための言い訳を与えています。

また、ほとんどの仮説は、FL教師がいる学校に通う余裕がなかったため、FLを自分自身に教えたい人には当てはまりません。FLを自分自身に教えることに挑戦する世界の大人の人々にとって、仮説は落胆するだけです。異なるFLクラス環境および異なる学生グループに対する習熟度指向の指示の作業仮説の別々のセットが必要ですか?

一方で、習熟度という概念との混同も理解しています。それは、すべての異なること、さまざまなパフォーマンスレベルを意味する可能性があります。それは、すべての機関が合意した一つの理解のために、明確で具体的である必要があります。しかし、ある意味では、仮説は概念を不明確にします。これは、英語教育が非常に重要で義務である国の多くの人々にとって、伝統的に紛らわしい英語の概念と同じです。

例えば、「エリックは英語がとても上手だ」と言うとき、それはさまざまな意味を持っています。彼は次のいずれかによってそのような褒め言葉を受け取ることができました:彼は常に学校の英語テストから高得点を取ります。彼は英語の文法がとても上手です。彼は英語の読解がとても上手です。彼は文法上の誤りなしに英語を書きます。彼はTOEICまたはTOEFLで非常に高いスコアを受け取りました。彼は学校や私立の学校で学生に英語を教えています。彼は英語のスピーチコンテストで賞を受賞しました。または、彼は英語を非常に上手に話し、読み、書きます。

私は、習熟度の概念を、仮説やガイドラインに基づく口頭での習熟度を主たるものと捉えていますが、習熟度に基づく指示の基礎となる仮説が、信頼を勝ち取る仮説とは思えないほど荒削りな考えであるように思われるという考えを、私はまだ払拭できません。それは、学生が成功する習熟度を達成するために何が必要かという非常に重要なアイデアに彼らが対処できなかったからだと思います。

言い換えれば、仮説は、最初にTLを取得しないと口頭での習熟度を達成できないような事実的要因についての考慮を示していません。習得のための教授法は、必ずしも習熟度を高めるための教授法と同じではないかもしれません。

そして、熟練度を伸ばすためには、反復と経験の多大な努力が必要です。

脅威のない環境で自分の意味を表現する機会を提供することは、楽しく、やる気を起こさせるかもしれません。しかし、初心者の学生にとって、最初からそうすることは現実的ではありません。また、クラス全体の操作のほんの一部にすぎません。私たちFLの教師は、単にそのような機会を提供する以上のものが必要であることを知っています。この仮説は、TLの習熟度をTLの取得に結びつけることができませんでした。言い換えれば、彼らは明らかに、TLの成功した習熟度はTLの成功した取得なしには達成できないという事実を見落としていました。

その結果、仮説は確かにFLの教師がTLの習得プロセスを見落とし、TLの習熟度に焦点を当てることを可能にしました。つまり、OPIが注目しているのはTLの獲得ではないようです。TLの習熟度は、まずTLを取得しなければ達成できないため、それ自体が矛盾します。

私が上で指摘したこのような問題にもかかわらず、私は習熟度指向の指導の概念、特に変化のエージェントとしてのOPIを歓迎します。少なくとも、FLEメソッドの大きなターニングポイントを見るのは良いことです。OPIのおかげで、多くのFL教師は、OPIの基準に準拠するために、教育、評価、カリキュラム、コース設計、クラス環境、および生徒と教師の関係の方法をすでに見直し、更新しています。

残念ながら、私たちFL教師の多くは、評価の傾向とは無関係に自分の言語を教えることができませんでした。一般的な評価方法の要件を満たすこと以外に、独立した目標を持っている人は多くありません。私たちのほとんど全員が、ほとんどすべての先人たちが行ったように、評価方法の現代的なトレンドに従うでしょう。だからこそ、良いか悪いかの新しい評価方法を持つことが非常に重要です。そうでなければ、私たち多くのFL教師は、良くも悪くも変化に対してあまりやる気を起こさないでしょう。そのため、学生のTLの習得レベルを評価する方法として、OPIが発展することを強く望んでいます。

習熟度重視の指示書やOPIガイドラインが、習熟度重視の方法ではなく、変化の担い手であると主張しているように、私たちは自分たちの伝統に戻り、伝統的に行ってきたことを継続しています。私たちは今、FLを教える方法について、既存の伝統的なFLEメソッドの12に加えて、習熟度指向の指示と呼ばれるもう1つの概念を学びました。しかし、習熟度重視の指示のための従来の方法の数十から、何を続け、何を捨てるべきかはわかりません。OPIの基準を満たすために、それぞれにどれだけ教える必要があるのかはわかりません。TLを習得するための教授法を開発する仕事は、私たちに戻ってきました。

3

私たち自身への質問、FL教師

私たちは誰ですか?私たちはFLの教師です。私たちの義務は何ですか?私たちの義務は、生徒に私たちの言語を教えることです。これらは、私たちFL教師にとって多くの可能な質問に答えて簡単に共有できる一般的な答えかもしれません。

FLを教えるためにどのような方法を使用すべきかなど、やや洗練された質問に対して。カリキュラムの計画の基礎は何であるべきですか。そして、私たちの教えの究極の目標は何かということは、自分が得たい答えを導き出すために、しばらくの間、質問と遊ぶ必要があるということです。「どのように」と「なぜ」という詳細な質問に対して、1つの答えが他の答えよりも優勢であるとは期待できません。

少なくともアメリカのFL教師にとっては、FL教授法に関する議論が支配的な習熟度重視の指導の概念により、教師がこれまで使用してきた方法を考える機会を提供したのは事実です。私たちの多くはまだかなり混乱しており、何をどうすべきかが明確ではありませんが、私たちのほとんどが長年にわたって使用してきた方法を見直す必要があると感じているのは事実です。

なぜ私たちは教授法にそれほど注意を払うのですか?なぜ今なのか?なぜ以前にはなかったのですか?ACTFLEのOPIの強力な推進力がなければ、同じようになっていたでしょうか?いや、そうは思いません。OPIがなければ、習熟度重視の指導の概念は、これまでに導入されたFLの教授法のほとんどがそうであったのと同様に、FL教師からそれほど注目されなかったでしょう。

しかし、それは多くのFL教授法のように歴史の記録にあったかもしれません。では、習熟度重視の指示の概念から、すでに行ってきたことに加えて、何が追加されることがわかったのでしょうか?あるいは、これまで使用してきた方法から何が中止されたのでしょうか?私たちの多くはまだ質問に対する答えを見つけていないと私は信じています。むしろ、私たちの多くは混乱してしまい、以前のことに戻りつつあります。

非常によく似た動きが、英語が学校で最も重要な科目の1つと見なされている国々で、過去数年間にわたって世界中で始まっています。これらの国々の英語教育の変革の緊急性は、ETSが数年前からiBT　TOEFLを開始し、英語を話すスキルの評価を追加し、文法セクションを削除したことで現実として受け入れられました。英語教育関連の学校や政府当局は、生徒がiBT　TOEFLまたは次世代TOEFLで高得点を獲得するための教授法を模索しています。

これまで、彼らは読解力の強固な基盤を築くために非常に集中的な文法を教え始め、その後、複数年にわたる英語教育システムの終わりに向けてリスニングスキルを教えることを追加しました。しかし、彼らは今、既存のカリキュラムの上に英語のスピーキングの教育を追加するのに十分な時間を見つけていません。彼らは、文法を教えることも、読むことも、聞くこともやめられるとは思っていません。

したがって、選択の余地なく、彼らが英語教育のクラスを増やし、スピーキングスキルを教える時間を増やすことを選択するのを見ても驚かないでしょう。

なぜこのような変化が時々起こるべきなのでしょうか?私たちは、自分の教えることについて、明確で一貫した目標を立てることができないのでしょうか?それとも、新しいタイプの評価方法が導入されるたびに、私たちは自然に教える目標を変えることになっているのでしょうか?OPIの基準、またはiBT TOEFLの基準に基づいて成功する教授法を開発するために何年もの時間を費やしたとしましょう。これが最後の変化であると確信できるでしょうか?ACTFELが、曖昧な一連の作業仮説を使用してOPIにライティング能力評価を追加することで、OPIWのようなものを思いついたとしたらどうなるでしょうか。ETSが英語の口頭能力面接のEOPIを思いついたらどうなりますか?それでは、私たちは再び、どのように教え方を変えるかについてのセミナーや会議に参加するために、行ったり来たりするのでしょうか?私たちは生徒をどこに連れて行っているのでしょうか?私たちの教育の目的地は、評価を成功させるためのスキルですか、それともTLの完全な習得ですか?

私たちは、言語を教えるという一つの永遠の目標を立てるべきではないでしょうか?私たちの教育の究極の、そして常に目標は、生徒がTLを取得し、その高度なレベルの口頭能力を開発するのを助けることであるべきです。私たちは、一貫した目標を達成するために、教育方法を開発し続けるべきではないでしょうか。TLを習得し、これだけ高い口頭力を身につければ、どんなTL評価にも対応できるようになるのではないでしょうか。ですから、もし私たちが本当に生徒に習得と口頭での習熟を教えるのであれば、評価の種類に導かれる必要はないのではないでしょうか?

私たちFL教師は、TLの習得に向けて、与えられた状況で生徒に最も適した教授法を開発する責任があります。FLの教授法は、評価の方法によって推進されるべきではない、なぜなら、評価の方法は、そのどれもが完璧ではなく、常に変わるからである。ACTFELまたはETSが文法、リーディング、ライティング、または口頭での習熟度を集中的に評価するかどうかは関係ありません。そして、TLを習得し、数年後に口頭での習熟度を身につければ、このような評価をうまくこなせると確信しています。

私たち世界中のFL教師が集まり、最高のFL教授法について話し合い、効果的なFLクラス管理のアイデアを集めるべきです。私たちは、学生が特定の種類の評価で高得点を獲得するための秘密のスキルを見つけるために集まるべきではありません。私たちは、高得点を獲得するためのスキルですべての目標を妥協するべきではありません、なぜなら、評価のために学生を準備する最善の方法は常に、彼らが最初にTLの口頭能力を習得するのをできるだけ多く手伝うことだからです。

今こそ、私たちが何者であるか、私たちの仕事は何か、私たちの教えの永遠の目標は何かを真剣に自問する時です。今こそ、さまざまなタイプの評価基準と方法の懸念から自分自身を本当に引き離す時です。私たちが選んだ教授法についての純粋な考えとレビューを集めること。そして、特定の方法に反対したり、特定の方法を支持したりするために築き上げてきた典型的な偏見を克服することです。今こそ、私たちが自立し、学生の利益のために非常に強固な基盤を確立する必要がある時です。

第6章

BTM理論

習得は、集中的なバブルトレーニングを通じて最も効果的に達成されます。そして、口頭での習熟度は、集中的なパフォーマンストレーニングを通じて最も効果的に開発されます。したがって、初心者の学生にTLを実行するように求めることは、効果的な教育手法ではありません。

1

BTMとは?

文法翻訳法や読解法などの伝統的な外国語教育法（FLE）を見てみると、これらの方法は現在の外国語教育で最も一般的に適用されているようで、これらの方法の主な考え方は、目標言語（TL）の規則体系の習得が学生にとってTLを学ぶことを容易にしたり、TL習得のプロセスを迅速化したりするというもののようです。また、伝統的な方法の主な考え方は、学生がTLを読み理解できるスキルを提供することかもしれません。

最初のアイデアがメソッドの真の意図である場合、これらのメソッドに基づくFLEは明らかに失敗しています。それだけでなく、他のどの方法よりもTLの学習において、明らかに多くの障害を持つ学生を生み出しました。しかし、2番目の考え方が方法の本当の意図であるならば、これらの方法に基づくFLEは成功したと言えます。しかし、これが従来のFLEの真の意図であったならば、現代社会のFLEに対する期待に応えるために、主要なアイデアをより現実的にアップグレードすることを検討すべきです。

伝統的な外国語教育法（FLE）の次の方法として、直接法、技術的アプローチ、内容に基づいた方法などがありますが、これらの方法の考え方は、学生を目標言語（TL）に直接浸し、TLで話すことを強制することで、学生がTL

の口語を習得するというものです。しかし、私の教育経験と観察に基づくと、TLの話し言葉に慣れていない学生は、そのような突然のクラス内での没入に実際には参加できなかったようです。特に、伝統的なFLE方法のもとで徹底的に教育を受けた学生にとって、突然のクラス内浸入に適応することは現実的ではないようです。彼らは、TLの文を理解する前に、TLの文を分解してその成分を自分の言語体系に組み立てるように訓練されており、逆に、TLの表現を自分で言いたいことを言う前に理解しなければならないとされています。

このような強い習慣は、生徒がTLに没頭しようとするとき、黙ってはいられません。それどころか、TLで応答を示すように要求される状況に学生が反応しようとするとき、その習慣は発話プロセスに非常に強く干渉し、その結果、応答が大幅に遅れ、言語パフォーマンスが中断されます。これは、従来のFLE法から来る恐ろしい副作用です。

本書で私が口頭能力指向のFLE法として提案しているBTMは、言語習得とインプット&アウトプットに関する作業仮説、そしてすべての人間がせせらぎのプロセスを通じて言語を成功裏に習得したという非常に明白な事実に基づいています。また、私自身のTLとしての英語の習得や、TLとしての英語と韓国語の生徒への指導の経験にも基づいています。

私がこのように言うのは、赤ん坊が行う唯一のこと、つまり、彼らの言語習得に特有に関連しているように思われるのは、私が信じるに、おしゃべりのリーダーからの入力に対するおしゃべりだからです。彼らの言語の言語形式を習得できなかった人々は、何らかの理由でせせらぎを実行することができなかった人々です。手話のせせらぎの訓練を行った人々は、手話を習得しました。

私は本当に、せせらぎよりも言語を習得するためのより良い証明された方法を見ません。実際のところ、脳が完全に機能していない非常に幼い子供たちが、簡単でリラックスしたせせらぎで36〜40か月で言語を習得するという事実に基づいて、バブルトレーニングは言語を習得するための最も簡単で、最も簡単で、最も効果的な方法であるように思われます。少なくとも、せせらぎのトレーニングの終わりには言語の習得があることは確かです。

私は、バブルトレーニングは、すべての人間が与えられた自然言語を習得するために行ってきたユニークな普遍的な特徴であると信じています。また、親が子どもに採用する言語教育方法は、学習者が身体に障害のある子どものような異常な状況を除いて、与えられた言語を習得するために常に成功してきたユニークな普遍的な特徴です。

保護者による言語教育は、スピーキング、リーディング、ライティングの3つの主要なレベルに分類できます。親が幼い子供たちに体系的な文法教育をまったく紹介しません。また、親による言語教育は純粋に口頭能力志向です。このような親による言語教育のプロセスがBTMのロールモデルです。

「せせらぎ」とは、幼い子どもが対象の表現を真似て自分の表現を作ろうとする繰り返しの声のことを指し、言語習得において非常に重要な要素である言語的直感力、身体能力、言語資源を獲得するための準備や実践のプロセスであると私は考えています。

このようなせせらぎの性質に基づいて、私は一般的にせせらぎをTLの獲得要因を獲得するための主要なトレーニングプロセスと定義します。狭義には、私は「せせらぎ」という言葉も、TLの個々の表現を獲得するための繰り返しの努力を意味するために使用しています。したがって、バブルトレーニングの目的に応じて、私は話すためにバブル、読むためにバブル、聞くためにバブル、書くためにバブル、フリートークにバブルなどの用語を使用します。

バブルトレーニング（BTM）の独自の普遍的特徴である言語習得の訓練過程に基づき、BTMの主な考え方は、自然な言語教授過程全体を最も効果的な方法で外国語教育（FLE）に適用することです。

この効果的なBTMのために、私はFLEのためのバブルトレーニングの以下の5つの領域を提案します：話すためのバブルトレーニング、読むためのバブルトレーニング、聞くためのバブルトレーニング、書くためのバブルトレーニング、そして自由なスピーチ活動のためのバブルトレーニングです。BTMに従って、これら5つのバブルの領域は以下のレベルに展開されます。

種類	**せせらぎレベル**	**追加されるせせらぎの主題**
取得のためのせせらぎトレーニング	レベル 1	語り
口頭能力のためのせせらぎトレーニング	レベル 2	読み物を追加
	レベル 3	リスニングを追加する
	レベル 4	書き込みを追加する
	レベル 5	フリートークを追加
オプション	レベル 6	TL文法を追加

BTMはレベル1から始まり、学生にターゲット言語（TL）でバブルトレーニングを行う方法を教えます。このレベル

1は、学生がバブルプロセスで学んだ表現や語彙を活用して、TLで人々と自由にコミュニケーションを取るために十分な言語スキルを習得することを目的としています。レベル1の目標は、TLを36～40ヶ月の子供たちが読むことを始める時点で、母語（MT）の習得レベルに到達することです。

レベル2からは、レベル1で習得した言語スキルを発展させ、より質の高いものに発展させることで、口頭力を高めるプロセスです。

レベル1が成功裏に定着し、続くと、レベル2ではTLで読むためのバブルトレーニングが追加されます。読むためのバブルトレーニングは、次のレベルのバブルトレーニングに備えるために非常に重要です。学生は読書を通じて、TLの文の構造に対する直感的な理解力だけでなく、多くの言語資源を収集することが期待されます。TL文の構造に対する強力な語彙力と直感的な理解力がなければ、次のレベルのバブルトレーニング、すなわち通常速度のTLのリスニング理解やTLで自由に話すためのトレーニングは、学生にとって非常に難しくなります。

レベル3では、TLのリスニング理解のためのバブルトレーニングがレベル2に追加されます。これまで、学生たちは会話型の表現には慣れていますが、それはメディアで使われる一般的な表現とは異なります。一般的なメディア言語を効果的に理解するためには、リスニングスキルの集中的なトレーニングが必要です。

そして、レベル4では、TLで書くためのバブルトレーニングが学生に導入されます。TLで書くためのバブルトレーニングは、学生がTLの言語論理を習得し、創造的で生産的な方法で自分の考えを表現する練習をするためのものです。

最終的に、レベル4の成功した定着を経て、レベル5のバブルトレーニングには、TLでの自由会話のためのバブルが追加されます。自由会話のためのバブルトレーニングは、実際に話す能力を向上させる段階であるため、さまざまなトピックについて多くの自由会話の経験を積むことが非常に重要です。

BTMのFLEにおける最後の、ただしオプションのレベルはレベル6、TLシステムのレビューです。これはTLの文法クラスに相当します。バブルの領域とは異なり、文法はバブルの対象ではありません。むしろ、それは学問的な科目であり、言語の習得とパフォーマンスにおけるさまざまなバブル科目ほど重要ではありません。

しかし、これらの6つのレベルすべてを完了しなければ、学生が言語を使えるようになるというわけではありません。私は、これらのレベルは高いレベルの口頭能力を達成するために完了すべきだと考えています。学生は、日常生活のさまざまな実際の個人的な状況から収集した約500の活動に関連する独立した表現を[19]、レベル1のバブルトレーニングに継続的に集中することで、TLを使って個人的な生活のほとんどの活動に対応できるほど、TLをかなりうまく話すことができます。つまり、レベル1のTL教育が成功すれば、レベル1の過程で習得した表現を使ってTLでコミュニケーションを取るスキルを習得できるのです。読み書きができない人々が母国語を話すことができる一方で、読み書きができない場合でも言語は習得できることを示しています。

各レベルの目標と詳細な教育の考え方については、後の章で紹介します。次のシーケンス図は、言語を基本レベルに取得するために必要な最小限の数の実際の入力で、6 つのレベルのそれぞれをどのように処理するかを示しています。より高いレベルの集録を行うには、より多くの実入力が必要です。[10]

効果的なバブルトレーニングのためのより詳細で具体的なアイデアは、この本の最後の章、第14章にあります。最後の章はセルフバブルトレーニング用ですが、教師が効果的なBTMプログラムを構築するためのものでもあります。

19 ここでは、「独立した表現」という用語を、互いにパターンの一部ではない表現と定義します。例えば、「お元気ですか」「お元気ですか」「お姉さんはどうですか」などの表現は、一つのパターンに属しているとみなされ、一つの独立した表現としてカウントされます。

せせらぎのトレーニング方法図

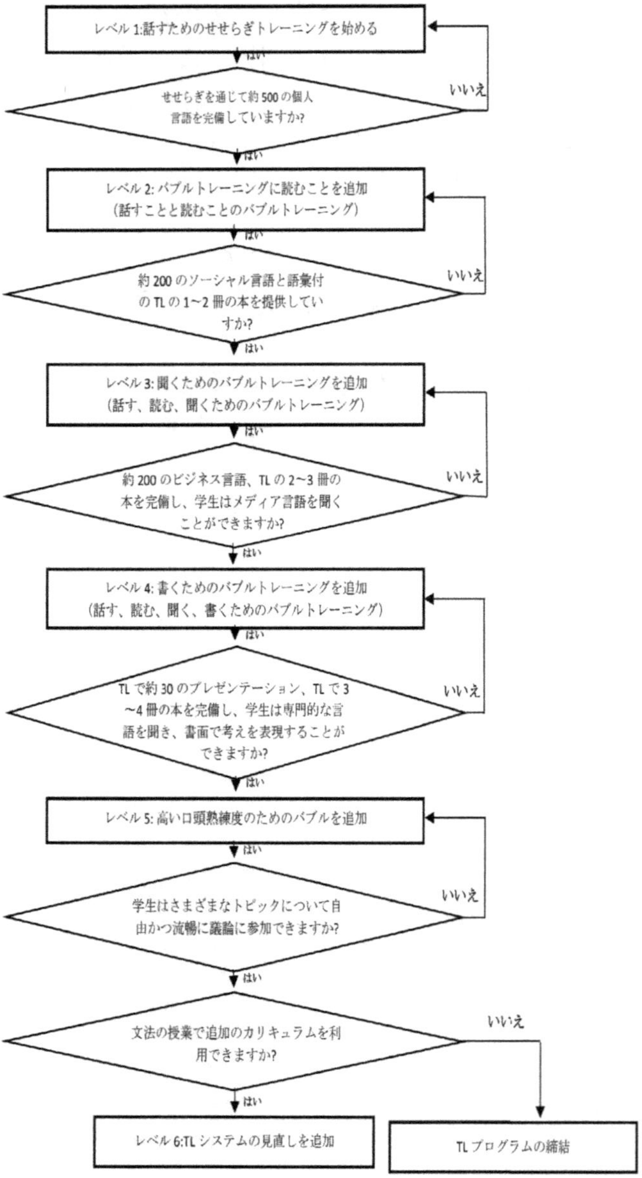

各レベルでこれらの条件を満たすには、クラスのすべての生徒が条件を満たすとは限らないため、教師の裁量的な判断が必要です。

2

言語習得とは何ですか?

先に進む前に、私が話したい言語習得の定義を明確にしたいと思います。さもなければ、人々は概念の彼ら自身の便利な意味に頼るでしょう、そして理解の大きな対立を避けることができません。一般的な言語学的な意味では、言語の言語能力を獲得するという概念を言語習得として適用することができます。

ここで、辞書の定義によれば、コンピテンスという用語は、話者の言語に関する知識、つまり、彼らが無数の文を作成して理解し、文法上の誤りや曖昧さを認識することができるように習得したルールのシステムを指します。それは、パフォーマンスの概念、つまりスピーチの特定の発話に反対するものと見なされています。

このような言語能力を身につけるためには、特に外国語の場合、口頭言語を上手に使いこなすことができる必要はありません。もちろん、ネイティブスピーカーにとっては、まず言語を習得し、言語を実行することで言語の知識を習得します。つまり、言語を話すことです。彼らは自分の言語についての知識を得るために特別な努力をする必要はありません、なぜなら彼らはそれをただ習得して話すことによってそれをどうにかして得るからです。

しかし、FLとして言語を学ぶ人にとっては、言語能力を得るためにロ頭言語の習得に集中したり、無数の文章を作成して理解したり、文法上の誤りや曖昧さを認識するためのTLの知識を得る必要はありません。

実際、多くのFLの学生は、TLのルールのシステムだけを研究することによって知識を得ることに成功しています。言い換えれば、言語能力を獲得するには、スピーキングスキルを習得する方法と、スピーキングスキルを習得せずに習得する方法の2つがあります。

その結果、言語能力の獲得を言語習得の定義とする概念は、現実的にはかなりの矛盾を生んでいる。TLの文法をよく知っているのに、TLをあまり上手に話せない人を考えると、これは大きな矛盾であり、これはこの世界ではまったく珍しい状況ではありません。

スピーキングスキルを習得せずに言語能力を獲得するという概念は、この本で言語習得を指すために使用している概念ではありません。また、スピーキングスキルで言語能力を習得しなければならないという概念も、私が言語習得として認めているものではありません。

また、言語を習得するという一般的な概念は非常に曖昧で、個々のパフォーマンスレベルを評価していないようです。ですから、誰かが言語を習得したと言った場合、その人は言語の達人と見なされる可能性が高いです。このような概念では、誰も言語を習得することはできません。

私がFLEの目的で言語習得に使用する概念は、ロ頭言語の出入りする流れを有意義に実行するための言語的直感、身体能力、および言語リソースの基本レベルを獲得することです。

本書の言語リソースとは、狭義には語彙を意味しますが、包括的な意味では、単語、フレーズ、慣用表現、現実的な表現を意味します。

一方、言語的直感、身体能力、言語資源の基本レベルは、例えば、典型的な生後36～40ヶ月の子供の習得レベルを指します。典型的な生後36～40か月の子供は、口頭言語の出入りする流れを実行するのに十分な基本的なレベルの言語的直感、身体能力、および言語リソースを獲得しているようです。

つまり、自分に向けられた口頭言語を理解し、特に苦労することなく口頭言語で意味を伝えているようです。彼らの口頭言語活動では、言語資源の限界によってのみ制限されているように見えました。これらの子供たちの口頭能力レベルは、言語習得の程度を判断するためのバロメーターになる可能性があります。

従来のFLEの方法は、言語の直感、身体能力、言語リソースの習得ではなく、学生が言語能力を学ぶことを促進することに焦点を当ててきました。また、多くの人は、TLを取得するためには、そのような言語能力を最初に取得する必要があると強く信じています。これは、TLの体系的なルールの知識を学生に教えることが、自然とTLの習得につながるという彼らの信念に基づいています。

それは言語能力の獲得につながるでしょうが、口頭言語の出入りの流れを意味のあるパフォーマンスのために、言語的直感、身体能力、および言語資源の基本レベルの獲得にはつながりません。さらに、彼らは、後でTLで口頭言語スキルを習得しようとする学生にとって、従来のFLEメソッドによって引き起こされる深刻な問題を認識していないようです。この問題は後で扱います。

繰り返し述べてきたように、FLEの歴史が証明してきたように、スピーキングスキルを身につけることなく、学生に言語能力を学ぶことに重点を置いた従来のFLEの手法は、しっかりとしたバイリンガルスピーカーを生み出すことができなかったと思います。

韓国の伝統的なFLE方式は、TLの言語能力を持つ多くの学生を生み出してきたと思います。例えば、韓国での集中的な英語教育を通じて、何十万人もの学生が高校を卒業するまでに、英語のほぼネイティブスピーカーレベルの知識を習得しています。彼らのほとんどは英語を非常によく読み、理解することができます。

結論として、従来のFLEメソッドを改善する目的で、言語習得の概念は、口頭言語の流入および流出の流れを有意義に実行するための言語的直感、身体能力、および言語リソースの基本レベルを獲得するという観点から理解されるべきです。しかし、そのような言語習得は、個々に流暢なレベルまで習得した十分な量の蓄積された言語資源なしには達成されません。

3

言語習得 vs. 口頭能力

すべてのFLEプログラムは、学生が外国語を習得することを約束しています。すべてのFL教師は、学生がTLを流暢に話すためのシラバスとカリキュラムを開発することを社内外で宣言しています。しかし、ほとんどの学校が提供してきたこと、そしてFLの教師のほとんどがこれまでに実際にクラスで行ってきたことは、そのような公約や宣言を現実的なものにしていません。私は以前の記事で、そのような失敗の多くの理由を特定しました。その理由をもう一つ付け加えるとすれば、それは言語習得の概念に対する誤解と誤解のためです。

前回の記事で指摘したように、従来の言語習得の概念は、実際の言語スキルとの関係で定義を適切に特定できていませんでした。[21] また、言語習得の一般的な概念は非常に曖昧であるため、個々の言語スキルレベルも適切に定義されていません。彼らは、言語を習得するために何が必要かを誤って認識しているか、明確に示していません。したがって、FLの教師が生徒がTLを取得するのを助けるために教授法を調整および再配置する際に、混乱と誤解を招く可能性があります。

したがって、FLEの目的のために、私は前の記事で言語習得を、口頭言語の流入および流出の流れを有意義に実行するための言語的直感、身体能力、および言語リソースの基本レベルの獲得と定義しました。この定義の鍵となる考え方は、「基本的な直感的身体能力の獲得」、「意味のあるプロセス」、「口頭言語」の考え方です。

ここでは、「知識ベース」の概念とは対照的に、「直感的」という言葉が使用されています。「意味のある」という用語は、「受け入れられない」という考えとは対照的に使用されますが、必ずしも「非文法的」という概念ではありません。そして、「精神的スキル」の意味とは対照的に、「身体能力」というフレーズが使用されています。次に、「書き言葉」の概念とは対照的に、「口頭言語」の主要な表現が使用されます。

[21]参照としてのユーザーの実際の言語スキルと学生のための現実的な言語スキル、およびヒス/ヘアの実際の環境のための効果的なコミュニケーション。

また、「言語資源」とは、いつでも高い能力で使える様々な表現の集合が集積されていることを意味します。これらの重要なアイデアは、学生が言語を習得するために何をする必要があるかを明確に示しています。このような基本的な直感的身体能力は、自然なMT環境で育った生後約36-40ヶ月の子供たちから、口頭言語に見つけることができます。このような基本的な直感的な身体能力は、子供に見られるような集中的なせせらぎトレーニングによって達成できます。つまり、TLを習得するために、TLの特別な知識や読み書きスキルは必要ありません。

それでは、オーラル・プリシエンシー(口頭能力)の概念についてご紹介します。オーラル・スキルの概念には、特に定義が与えられていなかったようです。したがって、私は口頭能力を、口頭言語の流入および流出の流れを流暢に実行する能力と定義します。このような口頭での習熟度を伸ばすためには、高度なレベルの言語的直感、身体能力、言語資源を身につける必要があります。

言語習得の概念と口頭能力の発達の概念は、「上級レベル」と「基本レベル」といういくつかの単語を除いて、ほとんど同じです。この2つの概念に基づいて、両者の間には逐次的な関係があることが明確に示されています。つまり、言語習得は、口頭での習熟度を伸ばす前に最初に行われるべきです。

しかし、それは単に同じ方法を続けてTLを習得すれば口頭熟練度が達成できるというわけではありません。基本レベルのスキルは、ロールモデルを真似ることで最も効果的に習得でき、これがバブルトレーニングの目的です。しかし、上級レベルのスキルは自分自身の創造的な努力を必要とし、これがパフォーマンストレーニングの目的です。

これら2つの異なるが密接に関連している用語を導入した理由は、言語習得の達成と口頭熟練度の向上が、密接に関連しつつも異なる概念であると考えるからです。それに応じて、TL習得を達成するためのFL教育法と口頭熟練度を向上させるための教育法は、適切に開発されるべきです。

言い換えれば、プログラム全体を通じてTL習得を達成することに焦点を当てた集中的なFL教育は、学生が口頭での習熟度を達成するのに効率的ではありません。一方、最初から口頭での習熟度を達成することに焦点を当てた集中的なFL教育は、学生がTLの習得を達成するためにも効率的ではありません。

この2つの概念に基づいて、FL教育は言語習得の達成に焦点を当てることから始めるべきであり、習得が成功した後、FL教育は口頭能力を段階的に開発することに焦点を当てるべきであることが明らかになりました。

結論として、FLの習得と口頭熟練度の発展との関係は、一方向の条件付きの関係であり、習得は口頭熟練度が築かれる基盤として機能します。したがって、FL教育の方法は、そのような関係を適切に反映すべきです。

言い換えれば、口頭熟練度を発展させるためのトレーニングは、学生がTLを成功裏に習得した後に続くべきです。私は、学生がTLを習得する最も効果的な方法は、集中的なバブルトレーニングを通じてであると信じています。そして、口頭熟練度を発展させる最も効果的な方法は、集中的なパフォーマンストレーニングを通じてです。バブルトレーニングの強固な基盤がなければ、表面的なパフォーマンス活動へのいかなる努力も意味を成しません。

したがって、習得のための教育は、口頭能力の教育を開始する前に最初に完了する必要があります。基礎が無事に完成しなければ建物が上がることができないため、TLの習得なしに口頭での習熟度を蓄積することはできません。子供は歩く前に走るための訓練を受けるべきではありません。

4

言語習得の謎

多くの言語学者や心理言語学者が言語習得に関する研究を行ってきました。彼らは、言語がどのように習得されるのかという謎をめぐって多くの戦いを繰り広げてきました。この謎については、多くの説が提唱されています。移民排斥主義、経験主義、強化、模倣、およびインプットの役割の理論は、乳児が言語を習得する神秘的な現象を説明するための主流の研究でした。しかし、これらのどれも、言語がどのように習得されるかの詳細なプロセスを明確に示しているようには見えません。

言語を持って生まれてくる人間はいないことは明らかです。しかし、言語習得の神秘性は、人間が生まれながらにしてデータを収集し、データから認識した情報に基づいて直感を発達させ、期待される行為を創造的に行う能力という点で理解できると考えています。この仮定がなければ、私たち人間が行うことは何も説明できないようです。このように、人間は生まれながらにして言語を習得する能力を持っているのだと思います。

しかし、言語を獲得する実際のプロセスは、実際の正しい言語データの入力なしには起こり得ませんが、時には、補強なしに誤ったデータが一時的に承認されることもあります。また、期待される行為を実行するための直感を構築するプロセスなしには、それは起こり得ません。直感を構築するプロセスは、収集された言語データに基づく反復的な練習または偽のパフォーマンスによって行われます。このようにデータに対して捏造されたパフォーマンスが繰り返されることで、データの様々な言語情報が解析され、直感構築システムが構築される。

ジーニーのケースは、言語データと直感構築プロセスの重要性を説明しています。ジーニー（本名は公表されていません）は、13歳で当局に発見されるまで、主に自宅の寝室に閉じ込められ、典型的な人間の交流にほとんど触れることがありませんでした。そのため、十分かつ適切な言語的インプットを受けず、それに伴う言語直感を構築するプロセスを経ることができませんでした。

その結果、彼女は言語を習得しませんでした。何人かの研究者が彼女に1年ほど教えようと試みましたが、彼女は成功しませんでした。彼女が言語の習得に成功しなかった理由はたくさん考えられますが、私は基本的に、彼女が言語的直感を構築するためにそれらを処理できるほどのインプットとして彼女に話された言語の数が十分でなかったと信じています。プロセスを理解しやすくするために、ピアノの例えをもう一度使うことができます。私たちは、すべての人間がピアノの技術を習得する能力を持って生まれていることを確かに知っています。しかし、本物のピアノの弾き方を教わらず、ピアノの弾き方を繰り返し練習しなければ、誰もピアノの技術を身につけることはできません。

母国語の習得に関しては、すべての子供がまったく同じ言語習得のルーチンを示しています。年齢による進歩には、個人によって細かな違いが見られますが、各子供の言語習得の基本的なプロセスは同じです。また、子どもたちへの母国語の教授法も世界的に通用しています。世界中の親や教師は、文法、読む、書く、聞く、話すスキルをすぐに教え始めることはありません。赤ちゃんに科学をテーマにした講義をする親はいません。赤ちゃんが言葉を習得することを期待して、赤ちゃんをテレビや映画に大きくさらす親はいません。親や親戚は、非常に現実的で具体的な状況について赤ちゃんに話そうとするだけで、赤ちゃんは表情についておしゃべりします。

赤ちゃんが母語を習得するまでは、話し言葉の訓練を繰り返すか、言われた表現を真似ることだけに見えます。赤ちゃんのせせらぎトレーニングでさえ、意図的にそれほど集中したり集中したりしているようには見えません。赤ちゃんは、せせらぎを実行するための重いストレスフルなプレッシャーに苦しんでいるようには見えません。赤ちゃんが言語を習得する際に、すべてが非常にリラックスして自然に見えます。

親や親族から赤ちゃんへの言語的表現の量や強度と比較すると、赤ちゃん自身が行うバブルトレーニングの量はそれほど多くも集中的でもないように見えます。バブルトレーニングを通じて、言語が単純かつ自然に時間とともに身体が成長するように成長していくようです。

子どもたちは、バブルを通じて言語的直感、身体的能力、そしてかなりの量の言語的リソースを非常に徹底的に習得し、日常生活の問題を非常に流暢に処理できるレベルに達するのは明らかです。バブルトレーニングを通じて、文字と新しい単語の意味を認識するだけで書かれたテキストを読んで理解できるようになる地点に達します。また、文字と対応する音を認識できれば、その言語を書き下すことができるようになる地点にも達します。

赤ちゃんがそのような言語的直感、身体能力、言語資源を獲得し、口頭言語を半本能的かつ流暢に命令し、書かれた言語に対処する準備が整うところまで到達するには、生まれたときからかなりリラックスしてゆるいせせらぎのトレーニングをするのには、せいぜい30ヶ月から48ヶ月ほどしかかかりません。それでも、赤ちゃんがせせらぎを演じることができるようになるまでの実際の時間は約20か月ほどです。

しかし、最初の30ヶ月ほどで子どもたちがどれだけの表情を浮かべているのか見てみると、今まで紹介されていなかったような表情を出す子どもたちの姿には驚かされます。これは、人間は生まれつき、直感に基づいて創造的に期待される行為を行う能力を備えているという仮定によってのみ説明できます。

ここまでをまとめると、データを収集し、データから認識された情報に基づいて直感を発達させ、期待される行為を創造的に実行するという人間の先天的な能力の仮定に基づいて、言語を獲得するには2つの要素が重要です。そして直感を構築するプロセス。両親が私たちに与えてくれた現実的で具体的なデータをインプットとして、そしてそのような言語データをめぐる喃語のようなもので、私たちは以前と同じように簡単に言語を習得しました。もし私たちに対するインプットが逆だったら、初めての言語の演技の仕方も違ったものになっていたでしょう。

FLの教師として、私たちは多くのバイリンガルスピーカーが、子供たちが母国語を習得したのと同じようにFLを習得することを知っています。また、私たちと学生との協力的な努力にもかかわらず、ほとんどの学生が、伝統的なFLEメソッドに基づく私たちの教えを通じて、しっかりとしたバイリンガルスピーカーになれなかったことも知っています。私たちは、生徒たちをしっかりと話す人に変えることができず、学習能力が非常に限られている乳児でさえ、非常に集中的な複数年のカリキュラムの後、36か月から40か月で完全に習得できます。

FLEの歴史を振り返ってみると、私たちが学生に提示したインプットは非常に非現実的で、非現実的で、具体的ではなく、その多くはまったく非言語的でさえあったことを告白しなければなりません。また、私たちが学生に教えてきた言語的直感の構築のプロセスも、非常に非現実的で、非現実的で、具体的ではなく、その多くはまったく非言語的でさえあります。

私たちは今、生徒が学ぶためにどのような言語データを提示するのか、そして言語的直感を構築するために生徒にどのようなプロセスを求めるのかについて、非常に真剣に考える必要があります。効果的なFLEを実現するには、正しい言語データと正しいプロセスの両方が必要です。私たちFL教師は、これら2つに対して責任を負います。正しい言語データと正しい習得プロセスを提供しない場合、私たちが学生に私たちの言語を習得するための誤った指示を提供する場合、学生に対しても責任を負います。

5

言語習得に関する作業仮説

外国語を習得するためには何が必要ですか?

言語に関する徹底的な知識があれば、その言語を流暢に話すことができるでしょうか?いいえ、そうではありません。言語システムに関する完全な知識を学生に身に付けさせるには、少なくとも数年間の集中的な言語クラスが必要です。これは、少なくとも多くの異なる言語で行われている現代のFLEプログラムのほとんどに基づいて当てはまります。しかし、その答えは、Grammar Translation Method FLEの履歴と結果からわかっています。そのような知識から流暢に言語を話すことができる人はほとんどいません。

文法をよく知っていて、外国語を読むことができれば、言語を流暢に話すことができるでしょうか?いいえ、誰もそうしないでしょう。私たちはこの答えを、自分自身の経験から、または外国語の文法と読解に優れた知り合いから知っています。

文法知識と読解力に加えて、外国語を非常に優れた発音で大声で読むことができれば、外国語を流暢に話すことができるでしょうか?いいえ、それはうまくいきません。私たちはそれを現実の世界から知っています。

では、TLで書く優れたスキルにより、TLを流暢に話すことができるでしょうか?いいえ、絶対にそうではありません。

外国語の語彙が何万もあれば、外国語を流暢に話すことができるでしょうか?いや、きっとそうではないだろう。

外国語をよく聞いて理解できれば、外国語を流暢に話すことができますか?いいえ、それもうまくいきません。これは、特定の外国語で非常に高いレベルのリスニングスキルを達成した多くの人々の体験談からわかります。

もし、ある人が文法をよく知っていて、何万もの語彙を持っていて、TLを大声で読み、書き、聞き取り、理解することができたらどうでしょうか?この人はTLを流暢に話すことができますか? 残念ながら、TOEFLやTOEICで非常に高いスコアを達成した人々の多くの証言と、そのような強力なさまざまなスキルを持つ多くの人々の観察に基づくと、答えは明確に否定されています。

教師がダイレクトメソッドを適用する会話クラスを1年ほど受講することで、流暢に話すことができますか?いやそうではありません。私は、1年ほどダイレクトメソッドで英会話の私立学校に通ったが、学校を辞めてすぐに記憶から消えてしまう基本的なコミュニケーションスキル以外の言語を習得できなかった人をたくさん知っています。

1年ほど言語コミュニティにどっぷりと浸かることで、外国語を身につけることができるのでしょうか? いいえ。韓国から英語を学ぶためにアメリカに来た人々、そして私がこの国で出会った人々のほとんど全員が、アメリカに数年滞在した後、英語をあまり持たずに韓国に戻りました。

TLを流暢に取得してコマンドできるようにするには、最初に3つの取得要素を同時に取得する必要があります。人が言語を流暢に話すためには、これらの習得要因

言語は同時に習得する必要があります。これら3つの要素のいずれかがなければ、TLを流暢に話すことはできません。

22私は「せせらぎ」または「せせらぎ」という用語を、学習者が言語、特にスピーキングスキルを習得する目的で、言語入力を模倣、コピー、模倣、または練習する繰り返しの行為を意味します。しかし、広義には、学習者が言語入力後に「聞く」「読む」「書く」という繰り返しの練習行為を、それぞれのスキルを身につける目的で使うものでもあります。

23 これは、学習者が実際の環境で習得し、実際に使用できる現実的なインプットを指すものとして私が使用している用語です。意図した出力に応じて、実際の入力を、それぞれ話す、読む、聞く、書き込むための実際の入力として指定できます。意図した出力を取得するために必要な機能を欠いている入力は、効果的な実際の入力とは見なされません。

24 実際のインプットの量と時間は、TLに対する個人の言語的耐性とTLを学ぶための精神的な没入の程度によって異なります。具体的な議論については、後ほどご紹介します。

したがって、これら3つの要素間の関係は、加算というよりはむしろ乗算の関係です。数学的には、「習得(%)=言語的直感(%)×身体能力(%)×言語資源(%)」と表現できま

す。TLを話すことができるのは、これら3つの要素を獲得した程度だけです。

これは、生徒に言語を教えるときに心に留めておくべき非常に重要な概念です。繰り返しになりますが、TLのこれらの獲得要因の非常に調和のとれた自然な操作がなければ、流暢なバイリンガルスピーカーになることはできません。言語を習得できるのは、これらの習得要素の習得レベルの程度だけです。

私は、言語直感という用語を、単語や文の音、構造、意味の解釈、および表現のセット、形態素、単語、イディオム、その他のTLの有用な表現などの言語リソースの使用を認識するための直感的な言語スキルを参照して使用します。また、出入りする言語情報を自然かつ瞬時に処理する知能の能力でもあります。

このような言語的直感は、多くの実際のインプットに対して繰り返し実行される経験を通じて、最も効果的に発達または獲得されるものだと私は信じています。直感は、そのようなプロセスに対する半本能的な認識の動的な流れであり、言語の断片を調整するための参照として手動で取得される脳に保存された静的な知識のパッケージではありません。出入りする言語情報や資源を自然かつ瞬時に処理するためには、音の現象、単語/文の構造、言語の使用法に関する直感を身につける必要があります。

言語情報を処理するためのシステムベースの人工的または手動のスキルに関する知識は、まだ言語的直感ベースのパフォーマンスとは見なされていません。TLのこの言語的直感は、TLでたくさん読んだり、TLメディアを長時間聴いたりすることで、TL環境にさらされることで獲得できます。また、プロセス中に副産物として、物理的な能力や言語資源の一部を受動的に拾い上げることもあります。しかし、FLのそのような言語的直感と、そのような受動的な身体能力と言語資源は、堅実なバイリンガルスピーカーにはならないでしょう。

私は、流暢に発話活動を行うための発話器官の身体能力に関連して、身体能力という用語を使用します。言語的直感と調和して半本能的に発話器官を操作するスキルは、個々の音素を正確に表現する方法に関する優れた知識から来るものではありません。それは、その音をたくさん聞くことで得られる特定の音の情報に基づく想像力だけでは獲得できません。むしろ、身体の言語器官の膨大な反復運動が必要です。TLの音声学と音韻論の知識があれば、デモンストレーションの目的で各音を音声学的に正しく実行できます。

しかし、そのような知識や実証的なスキルだけでは、直感から瞬時に言語を話すことはできません。また、モデルの音に続いてメディアのテキストを大声で繰り返し読むことに集中するだけで、テキストから認識された情報に基づいて言語的な直感を発達させる努力なしに、そのような身体能力を養うことができるかもしれません。つまり、言語的直感を構築するプロセスなしに、集中的なトレーニングを通じてそのような身体能力を獲得することができます。

私は、言語資源という用語を、すぐに使える独立した表現、単語、イディオム、その他の有用な表現のさまざまなセットなどの言語要素を指して使用しています。これらは、人々が実生活の環境で、言語の口頭および書き言葉の両方で望ましいメッセージを伝えるために必要です。文法、音声学、形態論、統語論、意味論などのTLの言語学的知識は、必ずしもそのようなリソースの一部であるわけではありません。このようなリソースは、学生がTLの口頭能力を習得して開発するまで、生き残るためにTLでコミュニケーションをとることができるために非常に重要です。

このような言語リソースは、学生が言語情報を収集し、その情報に基づく言語的直感と身体能力を発達させるためのデータとして機能するという点でも非常に重要です。生徒が収集した言語リソースやTL教師が提供する言語リソースが、文法的な情報だけ、または意味のある解釈情報のみを提供するのであれば、生徒にできることは限られています。

また、私たちFL教師が聴解力だけを生徒に求めると、生徒は音から得られる情報に基づいて言語的な直感を構築することに限定されます。したがって、学生に提供される言語リソースには、学生が直感と身体能力を構築するための情報の完全なセットが含まれている必要があります。

この仮説に基づくと、TLの包括的な言語的直感、身体能力、言語資源という3つの獲得要素を同時に、典型的な生後36-40ヶ月のネイティブスピーカーと同等またはそれ以上のレベルまで獲得することによってTLを獲得したと定義される。

　言語習得が達成されたら、TLの包括的な言語的直感、身体能力、特に言語リソースを強化することにより、高レベルの口頭能力の構築に焦点を当てるように、教授法と努力を調整する必要があります。

6

インプットとアウトプットに関する作業仮説

ここでの私の議論のために、私は「インプット」の概念を狭い意味での個々の材料として定義し、FLEの目的で学生に紹介される包括的な意味での材料のカテゴリとして定義します。公開のFLEプログラムで一般的に使用されている入力カテゴリは、文法、読解力、聴解力、ライティング、語彙の構築、およびTLの直接スピーキングです。また、「アウトプット」とは、インプットの移行プロセスの結果として学生が実際に習得するものと定義しています。

では、インプットについて話すことには何の意味があるのでしょうか?言語習得プロセスのさまざまなレベルに適切なタイプのインプットを適用することは、どの程度重要ですか?このような疑問に対する答えを見つけるためには、学生が費やした時間、学生が投資した努力、学生のモチベーション(ここでは「学生要素」)、プログラム自体(「プログラム要素」)など、FLEを成功させるために同時に必要となる多くの重要な要素について考える必要があります。これらはすべて相互依存しているため、いずれかが失敗すると完全な失敗につながる可能性があります。これは、FLEプログラムを成功させることがいかに難しいかを示しています。

要素の中で、プログラムの要素は、学生があまり制御できない唯一の要因ですが、学生は学生の要素に対してほとんど制御しています。したがって、すべての学生要素を非常にうまく制御し、余裕を持つ学生にとって、プログラムの要素は、制御できないため、TLの学習を成功させるために頼る必要がある唯一の要素です。

しかし、私の知る限り、ほとんどの公開FLEプログラムを通じて、TLの流暢な口頭運用に成功した人はほとんどいないため、世界中の公開FLEプログラムは失敗していると私は考えています。

公立学校のFLEプログラムが、世界中の何百万人もの生徒から流暢なスピーカーを生み出すことができなかったという事実は、少なくとも何十万人もの勤勉な生徒が、プログラム全体を通じて生き残るためにやらなければならないモチベーションを持って、プログラムに時間と努力を完全に捧げてきたという事実は、プログラムがFLEプログラムの失敗する遺産と関係があるに違いないことを示しています。

では、プログラムの何が問題なのでしょうか?これに対する答えを見つけるために、プログラムファクターの要素を見てみましょう。プログラム要素の最も一般的な要素のいくつかは、期間、クラスミーティングの頻度、教師、および入力です。これら4つの要素のうち、授業の期間、頻度、教師は、少なくとも失敗の遺産の主な引き金ではないようです。なぜなら、口頭での習熟度の結果は、そのような要素をさまざまな形で実施したプログラム間でほぼ同じだからです。

その結果、入力要素がFLEプログラムの失敗の主なトリガーであるという結論に至ります。これまで、習熟度タイプに対する要求が時間とともに変化するにつれて、さまざまなタイプのインプットが実装されてきましたが、それでも口頭での習熟度に関しては成功していません。

なぜそうなのでしょうか?この質問に答えるために、私は、言語の学習段階では、入力と出力の間には次のように一定の関係があるという入力と出力に関する作業仮説を提案します。

1. 入力と出力の間に変異はありません。
2. 入力がないと出力は出ません。
3. インプットからアウトプットへの有意義な移行のためには、克服すべき個々の言語的抵抗がある。
4. 生徒にとって最も現実的で、シンプルで、よく理解されている入力は、最も効果的な出力を生み出します。
5. アウトプットの習熟度は、学生の言語リソースプールに保持されているインプットの質、量、および現実性に依存します。
6. インプットは、一定の強い精神的な没入感を持って定期的に繰り返し実行されることにより、言語リソースプールに最も効果的に保持されます。
7. インプットカテゴリには、アウトプットとしての口頭能力を習得および開発するのに最も効果的な特定のシーケンスと組み合わせがあります。

これらの作業仮説は、FLEの出力のさまざまな現象を説明しています。また、期待されるアウトプットに応じて、インプットとして何を提供するかについてのアイデアを提示します。また、多くの生徒や教師が何をどのように教えたり学んだりするかについて誤解している点についても明確な洞察を提供します。

第1の仮説は、出力の性質が入力の性質と異なることはあり得ないことを示しています。入力の出力と異なるタイプの出力を期待すべきではありません。たとえば、FLEプログラムが文法翻訳ベースのクラスを提供することに重点を置いている場合、学生は出力としてTL表現の翻訳を実行し、TLの文法問題を指摘します。

また、FLEプログラムが文法翻訳ベースのクラスを提供し、語彙指向のクラスを順番に提供する場合、出力は文法ベースの翻訳のパフォーマンスと語彙の保持になります。数え切れないほどの学生が、習得した文法と語彙を組み合わせて意味のある口頭での習熟度を示すことができなかったことを示しています。したがって、期待される出力に応じて、入力を慎重に決定する必要があります。

2番目の仮説は、従来の公立FLEプログラムの学生がTLの口頭能力を習得できなかった最大の理由の1つを明確に示しています。従来の公立FLEプログラムのほとんどで、口頭での習熟度のための適切なインプットは提供されていませんでした。したがって、口頭での習熟度の成果は出されていません。

この仮説はまた、インプットには、長期間にわたる集中的かつ反復的なバブルトレーニングが含まれると規定しています。時間をかけて繰り返される集中的なバブルトレーニングを通じて、発音、イントネーション、アクセント、アクセントなど、個々の入力に必要な言語的直感、身体能力、および発声の特徴をすべて得ることができます。

したがって、集中的なバブルトレーニングが不足していると、出力が失敗し、取得の失敗につながります。

3番目の仮説は、言語抵抗に依存するインプットとアウトプットの間の相対的な生産性関係を示しています。言語的抵抗とは、インプットを処理するための身体的および認知的不適性の程度であり、それがアウトプットの生成を妨げます。言語抵抗は、主にMTからTLまでの言語的距離と年齢によって引き起こされます。年齢は、MTの言語的特徴に対する物理的および認知的接着性の堅固さの程度を示しています。

さらに、言語的抵抗は、入力を処理するための任意の種類の個々の不適性によって増加する可能性があります。言語的な抵抗は、異なるMTのバックグラウンドを持つ学生が他の言語と比較してそれらを習得するのが難しいまたは難しい理由を説明しています。また、一般的に子供が大人よりも比較的早く外国語を習得できる理由も説明しています。インプットは、言語的な抵抗のために、アウトプットへの移行プロセス中に損失を被ることになります。

したがって、言語距離のスコアが高いほど、また学生の年齢が高ければ高いほど、インプットが意味のあるアウトプットとして生成されるためには、より多くの言語的補償が必要になります。インプットを補う最も一般的な方法の1つは、インプットを生徒に再導入するトレーニングを繰り返すことです。この本では、これに対して「バブルトレーニング」という用語を使用しています。

4番目の仮説は、入力の優先順位をどのように決定するかを示しています。これはまた、FLEプログラムが学生の必要性志向であるべきであることを私たちに教えてくれます。また、入力はできるだけ現実的でシンプルであるべきだと指摘しています。したがって、プログラムの特定の目標を達成するための第1仮説に基づいてインプットのカテゴリが決定されると、学生のニーズを考慮してクラス資料を作成できます。

5番目の仮説は、FLEプログラムがどれほど集中的であるべきかを示しています。ここでは、習熟度という用語を使用し、言語活動を実行するためにリソースプールから適切なリソースを指揮するための実際の言語スキルとして定義します。

ここで、品質とは、個々のリソースを指揮する実際の流暢さまたは身体能力を指します。量とは、保持される入力の量を指します。そして、現実とは、個々の学習者に保持されるインプットの有用性を指します。

言語活動に応じて、習熟度は文法能力、読解力、聴解力、口頭能力などに分けることができます。

6番目の仮説は、インプットをリソースプールに供給する方法についてのアイデアを与えてくれます。また、単にインプットを導入して前進するだけでは、プールに多くのインプットが保持されないことも示しています。言い換えれば、FLEプログラムは、学生が導入されたインプットに対して定期的に繰り返しパフォーマンスを実行するように設計されるべきです。

この仮説で指摘されているもう一つの重要な要素は、精神的な没入感です。この精神的な没入感は、TLを学ぶ動機やコミットメントに直接関係しています。絶え間なく強い精神的な没入感やモチベーションが、リソースプールのインプットをしっかりとつかみ、しっかりと保持するものです。それは学生が周りに起こっている他の多くのことに邪魔されないようにするのを助けます。

習熟度を獲得し、構築するためには、まず第一に、脳の記憶領域であるリソースプールに入力を保持する必要があります。インプットをプールに保持しなければ、習熟度をうまく構築することはできません。次に、習熟度を向上させるためには、リソースプールに保持されているインプットの質と量を可能な限り改善する必要があります。また、リソースプールに保存されたインプットの現実は、非実用的なリソースが学生がそれらの実際の使用を経験する機会を多く提供しないため、非常に重要な役割を果たします。

ここでの保持されたインプットの品質とは、インプットを損失なく取得するために必要なすべての言語スキルの習得レベルを指します。例えば、口語表現の入力については、少なくともそれぞれの表現のリスニングスキルとスピーキングスキルを習得する必要があります。

したがって、上手に話すことができない保持された入力は、必要なスキルの完全な習得とは見なされません。むしろ、部分的な取得と見なすべきです。部分的な取得でインプットを保持すると、習熟度が低下します。一方、文法の入力については、完全な習得には、文法の完全な理解を保持するだけで済みます。このようにして、文法能力のレベルを非常に高くすることができます。

7番目の仮説は、インプットのカテゴリは、学生がTLの口頭能力を習得および開発するために最も効果的になるように順序付けおよび組み合わせる必要があることを示しています。従来のFLEメソッドの結果について見てきたことに基づいて、従来のFLEプログラムによって展開されたインプットカテゴリの順序と組み合わせは効果的ではなかったと推測できます。従来、ほとんどの FLE プログラムの入力のカテゴリは、次のシーケンスに類似している傾向が強かっていました。

ステップ1:文法

ステップ2:ステップ1に追加された読み取り値

ステップ3:ステップ2に書き込みを追加

ステップ4:ステップ3に追加されたリスニング

しかし、従来の公開FLEプログラムのほとんどは、ステップ1と2のみを実行するのに何年もかかったため、ステップ2を超えるのに十分な時間がありませんでした。その結果、ほとんどのプログラムは、口頭での習熟度について、ましてやライティングやリスニングのためのインプットを提供していませんでした。

他のいくつかのプログラムは、プログラムの最初から口頭での習熟度のための非常に最小限のインプットを提供してきました。しかし、口頭での習熟度に対する比重が非常に小さく、文法や読解などの他の種類のインプットに対する比重が圧倒的に優勢であったため、口頭での習熟度に対する学生の要素が十分に投入されておらず、完全に習得した口語表現は最小限に抑えられていました。

したがって、口語表現のための空のリソースプールでは、学生から口語的なパフォーマンスの成果は期待できません。

多くの人が外国語の口頭能力を習得する様子を非公式に観察したり、自然な言語習得のプロセスを観察したりした結果、口頭能力を非常に効果的に生み出すために入力カテゴリを組み合わせる特定の順序を構築する根拠を見つけました。これが、バブルトレーニングメソッド（BTM）の基盤となっています。

次の図は、入力関係と出力関係に関する仮説の主要な概念を表しています。言語リソースプールは、学習者がTLの習熟度を獲得し開発するために必要な直感と言語リソースを構築するために、入力が保持および処理される脳内のストレージスペースを表します。

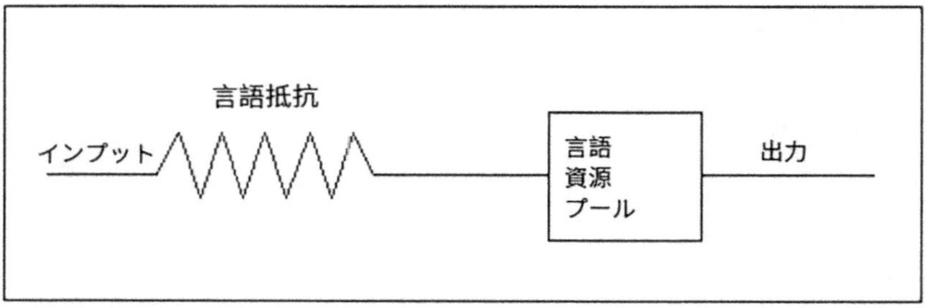

7

口頭能力を評価するアイデア - LCST

先ほど、TLの習得を判断する基準として、生後36～40か月の子供が習得する一般的な言語スキルのレベルを引用しました。生後36～40か月の子供のような言語スキルレベルまでTLを習得した人は誰でも、TLを成功裏に習得したと見なすことができます。これだけTLを習得すれば、日常生活でコミュニケーションが取れなくなるという悩みに悩まされることはなく、どの学生も苦しむことはありません。学生が日常生活活動でそのようなレベルのTLスキルを習得したとしても、彼または彼女は、社会生活やビジネス生活活動のようなやや洗練された主題についてTLで流暢なコミュニケーションを行うために、TLの口頭能力を開発する必要があります。

つまり、TLの言語能力の習得とTLの口頭能力の発達は、逐次的な関係で相互に関連し合っているにもかかわらず、TL習得の異なる過程に属しており、混乱なく明確に区別されるべきである。

では、TLを取得したかどうかは、どうすれば確認できるのでしょうか。生後36ヶ月から40ヶ月の子どもが習得した言語資源の量と、生徒が習得した言語資源の量を、どのように比較すればよいのでしょうか。もし子供たちが約1,700の語彙を理解し、約300の表現を操ることができれば、生徒たちが同じレベルのTL習得に到達したかどうかをどうやって見つけることができるのでしょうか?

生後36ヶ月から40ヶ月の子どもの言語能力レベルについて、様々な書籍や論文から具体的なデータが多く見つかるかもしれませんが、そのようなデータを使ってTLの習得レベルを判断することは容易ではありません。もしそうなら、私たちFL教育者は、学生がTLを取得したかどうかを比較的簡単に見つけるために頼りにする方法は何でしょうか?

TLの習得を測る方法を開発するためには、子どもが習得した語彙や表現の数に頼るのではなく、生後36ヶ月から40ヶ月の子どもが示す言語現象にもっと注意を払う必要があります。

言語を習得した子どもたちが示す現象の一つに、言語を模倣する行為があります。つまり、彼らはインスタントコミュニケーションの一部として、他の人が話す言語を模倣したり引用したりします。このような言語コピーは、子供たちとの遊び心のある言語交換中によく見られます。あるいは、子供がお父さんとお母さんの間で言語をコピーすることもあります。

このタイプのコピーは、せせらぎとは異なります。子供たちは時々言語をコピーして、言語スキルを披露するのを楽しみました。言語をコピーするとき、子供たちはほとんどの場合、文脈的に正しい方法で言語をコピーします。子供は、表現全体をそのままコピーすることもあれば、文脈的に正しい方法に収まるように表現の一部をコピーすることもあります。

言語をコピーする行為は、通常、3つの獲得要素のサポートなしには実行できません。もし、獲得した言語的直感が十分に強くなければ、他人が言った表現を瞬時に記憶することなく、与えられた文脈に合わせるためにコピーしたり、再構築したりすることは非常に困難である。

たとえ言語的な直感が身についたとしても、TLを表現する身体能力が身についていなければ、表現をこれほど流暢に表現することは難しいでしょう。しかし、難易度によっては、非常に強い身体能力を身につけることなく、言語をうまくコピーできる可能性もあります。

しかし、それは単に話者が必要な身体能力の未熟な獲得状況のレベルを示すだけである。さらに、子供たちは自分が理解していない言語をコピーしないようです。意味を理解せずに言語をコピーすると、コピーされた言語が文脈から外れていることが簡単に見つかります。

したがって、子どもが言語をコピーする様子を観察し、言語をコピーする行為と3つの習得要因の習得状況との論理的な関係に基づいて、言語コピーのスキルを生徒のTLの習得レベルを測定する方法として活用することができます。

では、どうすれば生徒の言語コピースキルをテストできるのでしょうか?まず第一に、言語コピースキルテスト(LCST)は、一般的なカリキュラムのさまざまな定期的な評価方法の一部としてより適切に活用されます。言語コピースキルを活用するための具体的な方法は、与えられたさまざまなユニークな状況によって異なる場合があります。

ただし、一般的な状況では、学生は次の方法でテストを受けることができます。

1. 日常生活に関連するターゲット言語（TL）の表現を、音声機器を使って、または一対一の対話を通じて学生に通常の速度で提示します。ターゲット言語の表現の形式は、学生が文脈に応じて正しい形にするために表現の一部を修正する必要があるようなものにするべきです。たとえば、「昨日、先生は風邪で学校に来られなかったので、授業をしませんでした。」のような例があります。
2. 生徒に原語での意味を説明してもらいます。
3. TLの表現を自分の意味で言い換えるように生徒に依頼する: 表現の一部を修正または操作して、自分のストーリーを作るように生徒に依頼します。
4. 生徒の年齢、学校のレベル、TL表現の難しさによって、生徒がコピーするTL表現の数と形式は異なる場合があります。

最初に意味を説明するように学生に求めるという考えは、表現を暗記する可能性のある無意識のプロセスを中断することであり、したがって、TLに関する言語的直感の働きをチェックすることです。また、学生に意味を説明してもらうことで、学生がTLの必要なレベルの言語資源を習得したかどうかを確認できることは明らかです。

もし生徒がTLの言語的直感をしっかりと身につけていなければ、文脈的に正しいTLの形を思いつく可能性は非常に低いでしょう。生徒の身体能力が十分に強くない場合、TL表現をコピーする際に生徒のアーティキュレーションが不十分であることがわかるでしょう。また、TLの言語資源が十分に習得していない場合、意味を説明する際に問題を示すことになります。

8

口頭能力を評価するためのアイデア - OMT

学生のTL習得または口頭能力レベルを評価するための別のアイデアは、文脈の内外で多くの口語表現に対する口頭マッチングテスト(「OMT」)法です。

この考え方は、学期中の定期的な評価ツールの一部として、学生のパフォーマンスを評価するためにも使用できます。この考え方は、初級レベルから上級レベルまで、すべてのレベルの学生に役立つ可能性がありますが、TLに非常にスムーズに対処するための基礎となる言語能力を構築するために、多くの有用で実際のTL表現を蓄積する必要がある初級および中級レベルの学生にとって特に効果的です。また、OMTは、TLの口頭能力に基づいて申請者をスクリーニングするための優れたツールとして利用できます。

基本的に、ここでのOMTの考え方は、ソース言語でいくつかの表現を提示し、生徒にTLで一致する表現を実行させることです。TLの習得レベルまたは口頭能力レベルを総合的に評価する方法として、評価者は、予想される習得レベルまたは口頭能力に応じて、初級1、初級2、中級1、中級2、上級1、上級2の各レベルなど、さまざまなレベルの表現の中から100の詰め合わせ表現など、任意の数の口語表現の書面によるリストを作成することができます。次に、生徒はTLで一致する表現を言うように求められるべきです。

また、OMTは、学生のTLパフォーマンスを定期的に評価する方法としても活用できます。BTMを通じて、学生は通常、有用でリアルな対話のさまざまなセットを通じて、さまざまな口語表現を紹介され、習得するように求められます。

このようにして、生徒は全体としての表現のセットを非常に効果的に拾うことができます。しかし、それは必ずしも、表現が紹介されるサンプルの文脈から独立して、個々の表現を現実の場面で切り離して活用できることを意味するものではありません。

学生が個々の表現をどの程度習得し、切り離して活用できるかを評価するには、学期を通じて定期的なベースのOMTが大いに役立ちます。このために、FL教師は、クラスに導入されたすべての表現からテストのポイントまで、ソース言語でさまざまな表現のリストを作成し、生徒にTLで一致する表現を話させることができます。

このようにして、学生は学期または学年を通じて、クラスから導入されたすべての表現を流暢に維持することが期待されます。個々の表現をよりよく習得した学生は、OMTでより良い成績を収めます。

OMTの根底にある考え方は、各学生によるTLの習得または口頭能力のレベルを示すという作業仮説です:TLの習得または口頭能力のレベルが高い学生によって、より多くの表現が流暢に一致します。また、TLの習得や口頭での習熟度が低いほど、表現のレベルが低いほど一致し、流暢さは低下することが予想されます。

LCSTや他のタイプの口頭パフォーマンス評価とは異なり、OMTには、一度に複数の学生が行うのが比較的簡単で便利であるという利点があります。言い換えれば、必要に応じて学生との直接の面接なしで行うことができます。

OMTの根底にある考え方は、各学生によるTLの習得または口頭能力のレベルを示すという作業仮説です:TLの習得または口頭能力のレベルが高い学生によって、より多くの表現が流暢に一致します。また、TLの習得や口頭での習熟度が低いほど、表現のレベルが低いほど一致し、流暢さは低下することが予想されます。

LCSTや他のタイプの口頭パフォーマンス評価とは異なり、OMTには、一度に複数の学生が行うのが比較的簡単で便利であるという利点があります。言い換えれば、必要に応じて学生との直接の面接なしで行うことができます。

また、生徒に口頭での表現を提供しなくても行うことができます。評価者は、OMTリストを作成して学生に提供するだけで、学生は自分の回答を記録して、後で評価者が評価することができます。その後の採点の便宜上、学生はそれぞれの質問(または少なくともそれぞれの質問ID番号)と解答の声を一緒に録音するように求められるべきです。

一般的な包括的な評価の目的で、学生のレベルに応じて、意味のある完了、適切な語彙、明瞭さ、語彙の活用、プレゼンテーションの方法、時間制限などの基準を考慮し、それぞれの基準の実用性に基づく重み付けに応じて比例配分されたパフォーマンススコアを割り当てる必要があります。

すべてのレベルのさまざまな表現を含む一般的なOMTの時間制限では、質問ごとに平均10～12秒が妥当であると思われます。たとえば、OMT 式の合計数が 100 の場合、17 分から 20 分が妥当です。学生が時間制限のために任意の数の表現をスキップしたり、終了できなかった場合、それらの表現は基準のすべてのカテゴリでゼロポイントとしてカウントされます。たとえば、次のように式ごとにさまざまな固定小数点を割り当てることができます。

MC（意味のある完成）：10点
AV（適切な語彙）：7点
FA（流暢な発音）：6点
VC（語彙の活用）：4点
MP（発表の仕方）：3点
1つの表現につき合計30点

便宜上、上記の各基準は、後でそれぞれのポイントに変換できる10ポイントシステムに基づいて評価できます。また、按分されたユニットスコアは、各式の難易度のレベルごとに割り当てることができます。たとえば、次のように、各レベル式にさまざまな固定点を割り当てることができます。

B1（初級1）：5語未満で1つにつき4点
B2（初級2）：5～8語で1つにつき6点
I1（中級1）：9～12語で1つにつき8点
I2（中級2）：13～16語で1つにつき10点
A1（上級1）：17～20語で1つにつき12点
A2（上級2）：21～24語で1つにつき14点
合計スコア：54点（各レベルから1つずつ、合計6つの表現）

次のOMTスコア表は、それぞれの基準に対する比例配分されたスコアの考え方と、各表現の難しさを示しています。

式のレベル (ユニットスコア)	パフォーマンススコア					トータルスコア (30)	網 単位 スコア
	MC (10)	AV (7)	FA (6)	VC (4)	MP (3)		
ビギニング1 (4)							
ビギニング2 (6)							
中級1 (8)							
中級2 (10)							
上級1 (12)							
上級2 (14)							

OMTスコア表

上記のOMTスコア表では、括弧内の数字は各カテゴリーの最大ポイントを示しています。上記のスコア表によると、各表現の最大総パフォーマンススコアは30点です。つまり、学生は許容できないミスをせずに表現を行えば30点を獲得できます。その後、各表現の総スコアは純単位スコアに変換されます。

たとえば、学生がアドバンスト1レベルの表現で合計30点を獲得した場合、その学生は12純単位ポイントを得ます。しかし、同じ表現で合計15点を獲得した場合、その学生は6純単位ポイントとなり、これは明らかに不合格スコアです。さらに、たとえば、合計60問あり、各レベルから10問ずつあるとします。この場合、純単位スコアの最大可能合計は540点となります。

では、上記のOMT表をどのように活用して学生のターゲット言語（TL）の口頭能力を判断するかを見てみましょう。表を活用する最も簡単な方法は、すべてのレベルの純単位スコアの合計を使用することです。この合計スコアに基づいて、最高点から最低点まで学生を簡単にスクリーニングすることができます。しかし、この方法では各学生のTLにおける言語スキルの分析は示されません。そのため、各レベルでのパフォーマンスを分析するには、各レベルの純単位スコアの合計を確認し、達成率に基づいて「高」「中」「低」の評価を適用します。「高」は90%以上、「中」は80%以上、「低」は70%以上を基準とします。ここで、「高」は非常に流暢な口頭能力を意味し、「中」は平凡な流暢さを、「低」は不十分だが可能な範囲の流暢さを意味します。

例として、学生AがOMTから表に示されている次のスコアを受け取り、すべてのレベルのさまざまな式を受け取ったと仮定します。

レベル (合計ポイント)	パフォーマンススコア					合計スコア (30)	レベルスコア合計	百分率 (%)
	MC (10)	AV (7)	FA (6)	VC (4)	MP (3)			
B 1 (40)	9.0	7.0	5.4	3.6	2.7	27.7	36.9	92.3%
B 2 (60)	9.0	6.3	5.4	3.6	2.7	27	54	90%
I 1 (80)	8.0	5.6	4.8	3.2	2.4	24	64	80%
I 2 (100)	6.3	4.9	4.2	2.8	2.1	21	70	70%
A 1 (120)	3.0	2.1	1.8	1.2	0.9	9	36	30%
A 2 (140)	0	0	0	0	0	C	0	0%

OMT集計表（表現の総数：60）

上記のOMT集計表によると、学生Aの与えられたターゲット言語（TL）の口頭能力は各レベルで以下の通りです：ビギニング1（高）、ビギニング2（高）、インターミディエイト1（中）、インターミディエイト2（低）です。学生はまだ上級レベルの口頭能力を習得していません。

9

大人への外国語習得（FL）と子供への母語習得（MT）

子供が生まれてから約30〜40ヶ月の間に、言語の種類に関わらず母語を習得するのは、シンプルで疑う余地のない事実です。生後36〜40ヶ月頃、子供たちは他の人々とコミュニケーションを取る際に非常に活発で創造的であるように見えます。彼らは親が予想もしない新しい表現を使って、親を驚かせることがあります。

生後36〜40ヶ月になると、子供たちは言語を習得し、かなり強い言語直感を持って、規則的なパターンを伴う様々な種類の表現を作り出せるようになるようです。彼らは不規則な形を持つ表現に対して、半本能的に規則的な形を作り出します。例えば、ある子供は「車が通り過ぎた」ではなく、「車が行った」と言うことがあります。また、彼らはコミュニケーションを問題なく行うための身体的な能力も習得しているようです。発話器官の操作は、特に発音が難しい言葉を除けば、かなり母語話者のように見えます。

生後36〜40ヶ月になると、私は子供たちの言語直感と身体的な能力がかなり完全に発達しており、彼らの言語能力は言語資源にのみ制限されていると考えています。言語資源について言えば、彼らは実際の発話活動で使用する約

300〜400語の語彙を持っていると思われます。もし500〜600語の語彙を持っていたとしても、それは実際には多くはありません。このような直感、身体的能力、語彙を持って、彼らは言語を非常に流暢に操ることができます。

赤ちゃんが実際に活発なバブルトレーニングを始めるのは、未発達な身体的条件のために10〜15ヶ月程度であることを考えると、30ヶ月未満で言語をかなり流暢に習得することになります。では、赤ちゃんがそのように言語を習得するのに実際にはどれくらいかかるのでしょうか? 赤ちゃんが言語を習得する環境を詳しく見ていきましょう。

カテゴリ	形容
取得までの一般的な期間	生後36〜40ヶ月頃; 彼らが生後10〜12ヶ月までバブリングを始めないという事実を考慮すると、実際には約30ヶ月未満で習得されることになります。
実際のバブリングの1日の時間	大人の視点から見ると、子供はバブリングを集中的に行うことはありません。彼らは断続的に行います。成長するにつれてより多く行いますが、初期の月齢ではそれほど多くはありません。全体として、平均して、積極的なバブリングに1日で3時間以上費やすことはないかもしれません。
活動	主に入力ソースを聞いたり、バブリングをしたりします。かなり遅くなるまで、ケア提供者との双方向の言語的なやり取りはあまりありません。読み書き、文法、メディアのリスニングはありません。初期段階ではほとんど一日を寝て過ごします。

入力ソース	ケア提供者：主に親とベビーシッター。言語習得の目的でテレビ、音響機器、映画などのメディアはほとんど使用されません。
身体的条件	大人と比較して非常に限られています。彼らの脳はまだ完全に発達しておらず、身体的な動きも完全に機能していません。理解力や判断力はまだ発達していません。
言語直感	データを収集し、そのデータから認識した情報に基づいて直感を発展させ、予想される行動を創造的に行う能力を生まれながらに持っています。最初は言語直感がゼロで、36〜40ヶ月後に、規則的なパターンの言語を使って生産的で創造的な行動ができるほど強い直感を習得します。
身体的能力	最初はゼロで、バブルトレーニングのほとんどの段階を通して非常に限られています。
言語資源	最初はゼロで、生後36〜40ヶ月後には、日常生活に必要な語彙や親族に関連した約300〜400語の語彙を持つようになります。

では、大人はバブルトレーニングを行うことで、36〜40ヶ月の子供が母語を習得するのと同じレベルで、約30ヶ月で外国語（FL）を習得できるのでしょうか? もちろん、できます。実際には、36〜40ヶ月の子供たちができることよりもはるかに優れたことができます。個々の努力とバブルトレーニングに費やす時間によって、成人が30ヶ月

で小学生レベルの外国語を習得することは十分に可能だと私は考えています。

子供たちが母語を習得する環境と比較して、大人[25]たちが外国語を習得する環境は、特にテクノロジーの助けを借りれば、あまり不利ではないように思われます。むしろ、大人が外国語を学ぶ方が、子供が母語を学ぶよりもはるかに有利なようです。何よりも、大人は完全に発達した脳と発話器官を持っています。彼らは、若い子供たちよりもはるかに多く、速く、効果的にバブルトレーニングの過程を理解し、学び、進めることができます。大人は目標達成に向けて積極的に集中し、努力を重ねることができるのに対し、若い子供たちは大人の視点から見ると、バブルトレーニングを実行するのにあまり積極的ではないようです。それに加えて、大人は文字を活用して記憶を助け、音を表現することができます。

それだけでなく、大人はテクノロジーを活用して、いつでもどこでも疲れを知らない入力ソースを利用することができます。彼らは入力ソースを常に携帯し、身体的に可能な限りそれに従ってバブルトレーニングを行うことができます。

大人が外国語（FL）を学ぶ際に最も不利な要因は、長年母語を習得してきたという事実かもしれません。言い換えれば、彼らの言語操作はその言語の言語的特徴に完全に支配されており、その特徴が別の言語を習得する過程に干渉することになります。

[25]ここで「大人」という言葉を使用する際には、比較的若い大人、つまり中学校から大学、大学院までの学生を指します。

大人が外国語を学び、話す際に直面する最も典型的な問題の一つは、外国語の発音の難しさです。つまり、母語の強い言語的特徴がターゲット言語（TL）を話すときにアクセントとして現れるのです。特にバブルトレーニングをあまり行わなかった大人にとって、強いアクセントが顕著になります。年齢が上がるにつれて、外国語の学習を始めるとアクセントが強くなる傾向があります。アクセントが強いほど、外国語を学び、話すことは難しくなります。

したがって、彼らはそのような特徴が外国語（FL）のパフォーマンスに与える無意識的な干渉を克服する必要がありますが、もし体系的なプロセスの知識を応用して意図的に試みようとしても、簡単ではありません。母語から来るそのような障害、特にアクセントを克服するためには、ターゲット言語（TL）のルールやシステムよりも、シンプルで身体的なバブルトレーニングにもっと集中すべきです。

10

言語が失われる方法

数年前、私は60歳くらいの韓国人の老人に関する記事を読みました。その人物は、外国の刑務所で15年間過ごした後、韓国語を完全に失ってしまったといいます。彼は刑務所に入る前、同年代の他の韓国人と同じように流暢に韓国語を話していたそうです。私は40年以上も使ってきた母語がそのように簡単に失われることに非常に驚きました。

また、最近会った友人が、彼女の兄がアメリカで13年間過ごした結果、ほとんど完全に韓国語を失ってしまったようだと話してくれました。彼女の兄は13歳でアメリカに来ました。彼女によれば、彼は英語をもっと効果的に学ぶために、韓国語を使わないように自分自身を強制して、韓国語を失ったそうです。彼は韓国語を話す人がいない学校に通い、英語を話す人とだけ友達になり、英語のみを話す会社で働いています。

一方で、私の周りには、かつて韓国語をほぼ完全に失っていたように見えた人々が、非常に驚くべき短期間でそれを取り戻した例がいくつかあります。彼らは家庭で韓国語を母語として習得し、小学校の卒業時期ごろまでそれを使っていましたが、その後、10年以上も言語を使わずに失ってしまいました。それから再び韓国人と交流することで、結婚生活や仕事を通じて言語を取り戻したと言っています。彼らによると、言語を非常に流暢に取り戻すのに1～2年かかったそうです。彼らの韓国語はアクセントがなく非常に流暢で、その言語を長い間失っていたとは想像しにくいです。まるで少し錆びた機械がオイルをさして調整することで、しばらくして正常に動くようなものです。

私の周りの人々を観察した結果、私は人々が最初に言語資源を失い、言語直感や身体的能力は長い間残ることを信じるようになりました。言い換えれば、人々は直感や身体的能力に比べて、言語の語彙や表現を比較的早く失ってしまうのです。直感や身体的能力がどれくらい残るのかはわかりませんが、少なくとも10年以上は、言語資源を再充電することで簡単に再活性化される状態で残るように思われます。

したがって、もし自分の母語を完全に習得し、少なくとも10年以上使用していた人がその母語を失ったと言われる場合、ほとんどのケースでは、その人が語彙や表現のセットを記憶から失っただけであり、言語の直感や身体的能力はまだかなり残っている可能性が高いです。

言語の流暢な話者になるための習得要素の中で、言語の直感と身体的能力は共通の特徴を持っており、それは両者とも本能に基づいているということです。一方、残りの要素である言語資源は、記憶に基づいている点で他の三つの要素とは異なります。これは、半本能的なものが記憶や知識よりもずっと長く続くことを示しています。

とにかく、私の周りの人々の例から言えるのは、言語は維持されなければ失われるということです。特に、言語の記憶や知識の要素は、他の二つの要素よりもずっと速く失われてしまいます。

では、どうして学生たちは私たちが教えた言語をこんなにも速く、完全に失ってしまうのでしょうか? また、どうして彼らはその言語を簡単に取り戻せないのでしょうか?

私は多くの人々を知っていますが、その中には何年も外国語を学び、その言語を完全に失ってしまった人もいます。私の社会的な友人の一人が、アメリカで7年間フランス語を学んだと言っていました。彼は7年生のときにフランス語の勉強を始め、大学2年生まで続けたそうです。最初の5年間は主に文法翻訳法（Grammar Translation Method）で、大学の2年間はフランス語を聴いて、パターンベースの練習をするためにラボに通うという、テクノロジーアプローチの方法だったと言っていました。彼によれば、大学以降、フランス語についてほとんど覚えていないものの、読むことはできるが、理解することはできないとのことです。

彼は学校の語学クラスで学んだことを完全に失った唯一の人ではありません。実際、私たち語学教師から多くの年数をかけて外国語を学んだ学生たちのほとんどが同じ問題を抱えています。これは全く驚くべき結果ではありません。私が悲しく感じるのは、皆がそれを自然で当然のこととして受け入れているという傾向です。驚くべきことに、誰一人として語学教師の仕事の結果について苦情を言ったことはありません。

今、私たちが教えることが記憶として残るものではなく、むしろ早く消えてしまうことを認めましょう。私が外国語学習者としての経験から言うと、そのほとんどはクイズが終わった時点で消えてしまいました。月例テスト、中間テスト、期末試験ごとに、私は毎回ゼロから準備しなければなりませんでした。

これまで、私たちは学生たちに言語直感、身体的能力、言語資源を十分に習得させるように教えてきませんでした。むしろ、私たちはさまざまな方法で学生の脳に言語のルールやシステムに関する情報を詰め込んできたのですが、それはあまり時間をかけずに失われてしまうものです。

最初から、学生たちは言語直感や身体的能力のような半本能的な要素を習得するための訓練を受けてきませんでした。だから、学生たちが長い間残るものを学ばなかったのは非常に自然なことです。

第７章

BTM － 成功する唯一のFLEメソッド

バブリングをしない者は、それを習得できない。

1

ダイレクトメソッド vs. BTM

これまで紹介されたFLEメソッドの中で、ダイレクトメソッドは他のメソッドと異なり、翻訳を使わず、すべての指導をTL（目標言語）で行い、教師と学生間の直接的な口頭でのインタラクションに焦点を当てている点が特徴です。読書と書き取りを最初から教える以外は、このメソッドは言語習得の自然なプロセスに最も近いFLEプロセスであるように思われます。このメソッドの概念から考えると、これは効果があり、実際に効果があると思われるでしょう。ダイレクトメソッドが口頭言語教育に重点を置いている点で、BTMとかなり似ているように見えます。BTMは言語スキルの習得プロセスに焦点を当てているため、この二つの違いを明確に理解することが有益です。

現代のFLE教育におけるダイレクトメソッドの適用例として、私が考える最も優れた例は、多くの英語圏の国々でのESLプログラムです。アメリカでは、ほとんどの州立大学がESLプログラムを運営しており、多くの高校や中学校にも外国人学生向けのESLプログラムがあります。小学校向けのESLプログラムを提供している場所は非常に少ないです。ESLプログラムは、文法、読書、ライティング、スピーキング、リスニングのために、英語のみで授業を行っています。大学のESLプログラムでも、英語の文法の授業がかなりの割合で提供されています。ほとんどのESLプログラムでは、1日4～5時間、週5日間の英語教育を行っています。

ダイレクトメソッドを用いたESLプログラムがどれほど成功しているかは、さまざまな状況や結果により一概には言えません。例えば、私の周りの外国から来た学生の観察に基づくと、ESLプログラムがない小学校の外国人学生は、ESLプログラムがある中学校や高校の外国人学生よりも少なくとも同じくらい、もしくはそれ以上に英語を習得しているように見えます。一方、大学のESLプログラムの学生は、学校での勉強や家庭での宿題の量が非大学生のESL学生よりもずっと多いように見えますが、口頭英語の習得は、ESLプログラムの有無に関わらず学校に通う若い学生の方が優れているようです。これは逆説的な現象のように思えます。

「思春期理論」と呼ばれる理論があります。この理論は、思春期を過ぎた後の外国語教育では、学生がネイティブレベルの話者になることはないと主張しています。したがって、上記の逆説的な事例をこの理論で説明しようとする人々もいます。ここでは、異なる視点で説明しようと思います。それは、バブルの観点からです。

私の逆説的な事例に対する鍵は、バブルの量です。同じ条件下で、より多くのバブルトレーニングを行う人ほど、より良いスピーキングスキルを習得します。同様に、より多くの読書トレーニングを行う人ほど、より良い読解力を習得し、より多くのライティングトレーニングを行う人ほど、より良いライティングスキルを習得します。さらに、リスニングだけのトレーニングを行う人は、リスニング理解力だけを習得します。適用されるFLEメソッドの種類に関係なく、十分な量の自発的なバブルトレーニングがなければ、スピーキングスキルは習得できません。

外国の学生の日常生活を見てみると、一般的に、ESLプログラムがない小学生は他の人々と積極的に関わろうとしているように見えます。学校が進むにつれて、外国人学生も地元の学生も、学校での宿題が増え、自分自身のライフスタイルで忙しくなるため、個人的な生活にもっと集中するようになります。また、年齢が上がるにつれて、外国語を話さない外国人学生と関わりたくないと感じることが多いようです。そのため、小学生の外国人学生は、例えば大学のESLプログラムの学生たちと比べて、日々頻繁に何かを言わなければならない状況に直面します。大学のESLプログラムでは、教師を除いてクラスの全員が英語を話さない学生です。

したがって、小学生の学生は、さまざまな状況で仲間たちが行動するのを観察して集めた同じ表現を、1日に何度も繰り返し発声することになります。最初は、実際に話しているわけではありません。むしろ、彼らは自分が知っていることを単にバブルトレーニングしており、仲間たちの反応を観察し、バブルトレーニングのパフォーマンスを調整しています。

一方、大学のESLプログラムの学生たちは、毎日そのような状況に頻繁に直面することはありません。なぜなら、教師を除いて全員が英語を話さないからです。そのため、学校で英語を話す機会があまりありません。同じ国から来て、同じ言語を話す学生がプログラム内にいることもあり、これが英語を習得するのにはあまり役立ちません。大学のESLプログラムで口語を学ぶ学生たちに多くの問題を引き起こしていると思われる他の要素もあります。これらの問題に基づいて、ディレクトメソッドが適用されている1〜2年の大学ESLプログラムが、英語を学ぶために自国を離れてきた学生が期待していたほど効果的でないのも不思議ではありません。

では、初めての外国語クラスにディレクトメソッドを適用すべきでしょうか? それはあまり良いアイデアだとは思いません。なぜなら、それでは学生が習得すべき要素である「言語的直感」「身体的能力」「言語的資源」を習得するには効果的でないからです。ディレクトメソッドは、特に習得要素をまだ取得していない学生には最も効果的な方法ではありません。

まず第一に、TLを処理する準備ができていない成人学生に、外国語だけで指導を行うことは実際的ではありません。外国語だけで初学者に指導を行うことは、まるでサッカーを始めたばかりの初心者をゲームに直接入れて、ゲームの中でどうプレイするかを自分で考えさせて教えるようなものです。それではクラスが非常に難しく、退屈になり、学生たちはすぐに外国語に興味を失ってしまいます。

第二に、外国語教師と学生が集まる必要があるため、学生は外国語教師なしでは外国語を学ぶことができません。これが、外国語教育（FLE）の公共および私的なディレクトメソッドの実現可能性に関する最も深刻な問題を引き起こします。外国語のクラスを外国語のみで指導できる外国語教師を確保することは、世界中のほとんどの学校にとっても、外国語を自分で教えようとする個人にとっても非常に非現実的です。

第三に、教室でのディレクトメソッドは学生に十分に言語を話す練習を提供することができません。単に指示を外国語のみで行うだけでは、学生が外国語でのコミュニケーションを行うために必要な身体的能力を習得するには十分ではありません。学生に対する断続的な簡単な口頭でのやり取りの機会では、流暢なコミュニケーションを行うための身体的能力を育むことはできません。また、教師とのそのような断続的なやり取りでは、学生が外国語の言語的直感を習得することも十分ではありません。

第四に、ディレクトメソッドが学生に外国語を実際に使う機会を提供していたとしても、ディレクトメソッドを通して何を教えているかは無視できません。もしディレクトメソッドのクラスが、現在多くの英語圏の国々で行われているように、文法中心の指導を行うのであれば、それは非常に効果的だとは考えられません。なぜなら、それでは外国語を流暢に話せる話者を育成することはできないからです。これは、同じ方法で提供される読解中心のクラスにも当てはまります。言い換えれば、どんなに方法が良くても、最初から話す訓練に焦点を当てない限り、効果的な方法にはなり得ないということです。

では、ディレクトメソッドは無駄なのでしょうか? いいえ、そうではありません。それには独自の価値があります。しかし、私が言いたいのは、ディレクトメソッドを外国語の初心者に適用することは、まだ歩き方を知らない這っている赤ちゃんに対して、スプリントを示して走り方を教えるようなものだということです。

全体として、ディレクトメソッドは他の外国語教育方法と同じく、外国語初心者には効果的でないというカテゴリーに属しています。すべての外国語教育方法が流暢な外国語話者を育成できなかった最大の共通点は、言語習得のための習得要素を取得するための訓練プロセスに焦点を当てていないという事実です。ここでディレクトメソッドとBTMの明確な違いが際立ちます。言い換えれば、ディレクトメソッドは外国語のクラスを外国語のみの環境で提供することに重点を置いています。一方、BTMはまず言語スキルを習得するための強力で十分な訓練プロセスを学生に提供し、その後に高度な口頭能力を達成することに重点を置いています。

外国語教育方法のバリエーションについて、ある人が「完璧な外国語教育方法は存在しない」と言っています。効果的な外国語教育プログラムは、さまざまな外国語教育方法の成功した調整に依存しているということです。しかし、私はその言葉を次のように修正したいと思います：完璧な外国語教育方法は存在しないかもしれませんが、最初の段階で話す訓練を強調する方法がない限り、外国語教育方法のどんな組み合わせも成功しないでしょう。

歴史上、すべての人類が言語を習得した唯一の証明された方法があります。それは「バブル」です。正常な人間は、単純なバブリングによって言語を習得できなかったことはありません。私は、効果的なバブルトレーニング方法を開発し適用することが、効果的な外国語教育プログラムをもたらすと強く信じています。

2

文の暗記 vs. BTM

多くの人々は、文の暗記（「SM」）が外国語学習に非常に役立つと主張しています。しかし、SMメソッドの具体的な手段はまだ紹介されていないか、知られていないようです。このメソッドの意味は、その自己説明的なコンセプトに基づいて推測することしかできません。文を暗記するための体系的な教授法は、私が知る限り行われていないようです。そのため、実際にこのメソッドを一貫して実施した人を見つけるのは非常に難しいです。

私が知っている多くの外国語教師は、SMメソッドに対して否定的なコメントを述べています。それでも、私はSMメソッド自体を明確な理由で支持していませんが、このメソッドには伝統的な外国語教育方法に比べて多くの利点があると見ています。なぜなら、このメソッドは、どのように実施するかによって非常に有効であると考えられるからです。

それでは、BTMとSMメソッドの違いは何でしょうか。明確な比較のために、バブルのコンセプトを再検討しましょう。私は以前、バブルの概念を言語スキルを習得するための訓練プロセスとして定義しました。言語スキルには、話すこと、聞くこと、読むこと、書くことが含まれます。

これらの言語スキルを熟達して習得するには、言語直感、身体的能力、言語資源という三つの習得要素が必要です。これらの習得要素を学生が取得するための最も効果的な教育方法として、私は、読むこと、聞くこと、書くこと、自由会話の訓練を含む体系的なバブルトレーニング手順を開発しました。

一方で、文の暗記の概念に関する特定の定義は知られていません。したがって、比較の目的で、文の暗記という言葉から暗示される一般的な定義を採用します：目標言語（TL）の文を暗記することです。SMは、TLの文を暗記することで学生がTLを話せるようになると仮定しています。

まず第一に、上記のそれぞれの概念に基づいて、SMとBTMの違いが簡単にわかります。SMは、BTMとは異なり、TLの文を暗記することにのみ焦点を当てており、それらは体系的な原則で選ばれたものではなく、話すこと、読むこと、聞くこと、書くこと、そして口頭能力の発展といったスキル習得の具体的なプロセスを含んでいません。

最終的に、SMの主な焦点は、TLの基本的な話すスキルを習得することであり、すべての言語スキルを習得することではありません。言い換えれば、SMはTLの限られた言語スキル、特に基本的な会話スキルを学ぶための断片的な方法に過ぎないと考えられます。特に、他の言語スキルの特定の領域に特化したすべての外国語教育方法と同様に、SMメソッドには、基本的な会話、リスニング、リーディング、ライティング、さらには高度な口頭能力に関する体系的な教授法や方法が含まれていません。

その結果、SMメソッドは、従来および現代の外国語教育の混乱した状況に対する解決策を提示しません。言い換えれば、SMには、文法、会話、リーディング、リスニング、ライティング、そして高度なレベルの領域について、何を、いつ、どのように、そしてどれだけ最初に教えるべきか、またはその後にどう進めるべきかという質問に対する答えがありません。

一方で、BTMは学生がすべての言語スキルを非常に体系的な方法で習得することに焦点を当てるだけでなく、口頭の流暢さの向上にも焦点を当てています。したがって、SMは、各メソッドが追求する最終的な言語スキルの領域とレベルに関して、BTMに匹敵しません。SMはBTMに匹敵しないものの、SMが基本的にTLの会話スキルの習得に焦点を当てているという事実から、SMとBTMのバブルトレーニングを比較する価値があります。

全体的に、SMメソッドとバブルトレーニングの違いは、暗記と習得の違いとして要約できます。暗記は単に何かを記憶に保存することを指し、習得はスキルを取得、開発、または習得することを指します。言い換えれば、SMの目的は、学習したTLの文を脳に保存し、必要に応じて後でそれらを再利用することです。

一方で、バブルトレーニングの目的は、TLの流暢な会話スキルを習得することに加えて、3つの習得要因を習得することによって、高度な口頭能力を発展させるための強固な基盤を築くことです。この点で、SMは3つの習得要因の1つである言語資源を集める部分的なプロセスとして考えることができます。つまり、SMはある意味で、話すためのバブルトレーニングの一部と見なすことができます。

言語習得における暗記とバブルトレーニングの関係を明らかにするためには、まずそれぞれの3つの習得要因の特性を見てみる必要があります。自然に、言語直感と身体的能力は明らかに半本能的なスキルであることがわかります。

一方、表現の多様性や熟語、語彙などの言語資源は、明らかに知識の蓄積であり、これは暗記として特徴づけることができます。この意味で、SMとバブルトレーニングの関係は、一方が他方の一部であると定義できます。

しかし、言語の意味のある習得のためには、習得要因が互いに独立して習得されることはなく、したがってそれらは切り離せないプロセスとして考慮すべきであるため、単純な暗記がバブルトレーニングの一部であると言うのは難しいです。特に、適切な習得のプロセスなしに単に目で読む暗記は、TLに関する誤った言語直感や誤った身体的能力を引き起こす可能性があるため、目で読むことだけに基づくSMは、言語習得プロセスの正当な一部とは言えません。

一方で、両者の違いと関係は、野球のピッチャーのメタファーに例えることができます。暗記 vs 習得のピッチングスキルです。スキルを暗記する目的であれば、ピッチングスキルが書かれた紙を料理のレシピのように見て、実際にフィールドに出ることなく、あるいは少しだけ試行錯誤をしながら暗記することができます。しかし、ピッチングスキルを習得するためには、何ヶ月、いや何年もフィールドで練習しなければなりません。

SMとバブルトレーニングの違いは、ピアノを弾くメタファーにも例えることができます。ピアノの演奏技術を全て習得した人は、さまざまな種類のピアノ曲を非常に自然に演奏できます。しかし、ピアノの曲を完全に暗記した人は、その曲が本来あるべき音で演奏できません。

上記のように、二つの方法は概念からして明確に異なっていますが、それでも人々は混乱し、二つが似たようなものだと考えるかもしれません。バブルトレーニングと暗記文の詳細な側面を見て、どこに違いがあるのかを見てみましょう。

両者の間で部分的に共通している点の一つは、学生が自分自身の言語資源データベースに様々な表現セットを保存する必要があるということです。しかし、表現を保存するプロセスは、二つの方法ではかなり異なります。

二つを区別する最も明白な方法の一つは、実際に各方法を実行する方法にあります。つまり、一方は可能であり、もう一方は発声器官を動員しないと実行できません。文を直接暗記することは、単に目で読んだり、聞いたりすることで可能です。しかし、バブルトレーニングは発声器官を動員しなければ行うことができません。文の暗記は基本的に静的な情報の保存プロセスです。しかし、バブルトレーニングは本質的に非常に動的な身体的なトレーニングプロセスです。

もう一つの区別方法は、保存される表現の最終的な目的地にあります。暗記された文の最終目的地は、脳の非常に深く遠い場所に保存されるのに対し[26]、バブルトレーニングによって表現が保存される目的地は[27]、脳と同期するように訓練された舌の先端です。バブルトレーニングの間、学生が言語資源をうまく維持するだけでなく、最初からその表現を非常に流暢に出せるようになることが非常に重要です。

[26]これは、記憶した文を実際の状況で使うために取り出すプロセスにかかる時間を反映させた比喩的表現です。必ず

しも物理的に深くて遠い場所を意味するわけではありません。

[27]これは比喩的な表現です。それは、舌先に保存された表現が即座に利用可能であることを指します。舌先に何も文字通り保存できないのは明らかです。しかし、バブルトレーニングで話すことによる脳と舌の自然に同期した相互作用を強調する方法として、ここで比喩的表現を使っています。

もう一つ、両者を明確に区別する方法は、言語リソースのソースの種類です。バブルトレーニングを行うためのソースは、ネイティブまたは非常に流暢な話者による実際の口頭言語のデモンストレーションです。これには、ネイティブまたは非常に流暢な話者の音声を直接聞くか、またはTLのネイティブまたは非常に流暢な話者が作成した音声教材を聞くことが含まれます。しかし、文の暗記のためのソースは、主に書かれたテキストと時々実際の音が含まれます。したがって、SM法の入力ソースは、一般的に口頭パフォーマンスの正確な情報を含んでいません。

さらに、両者を区別することができる点は、データベースに実際に保存されるものに関してです。文のソースタイプに応じて、SM法の場合、最も可能性が高いのは音に関する誤った理解やパフォーマンス、そしてテキストの意味、構成、使用法を解明する方法に関する情報が保存されます。しかし、話すためのバブルトレーニングの場合、与えられた表現を実際に言語パフォーマンスとして実行するための身体的な能力が、音、意味、構成、使用法に関する情報とともに保存されます。

多くのFL教師は、文を暗記することがFLの学習方法として効果的かどうか疑問を抱いています。多くの人々も、FL

の文を暗記することがFLを習得するのにあまり役立たないと信じています。これは、言語は単に暗記するものではなく、習得するものであるからです。したがって、テキストから文を暗記しただけで、適切なパフォーマンスの練習がない場合、暗記した文はTLでコミュニケーションを取るためにはあまり効果的ではありません。

しかし、文を暗記する過程では、一般的に言って、ある程度はそれらを練習することになりますが、通常は習得するには十分ではありません。これについて、練習量に応じて、SM法は伝統的な文法翻訳法と比較して、コミュニケーション能力においてはるかに効果的である場合があります。しかし、SMは、表現を自分自身の想像で作り出した音で繰り返し暗記する過程によって、強いアクセントを築く悪い習慣を生む可能性があります。

上記のようにSM法には多くの問題がありますが、以下のケース紹介により、SM法が伝統的な方法よりもTLでのコミュニケーション能力において優れている可能性があることが示されるでしょう。少なくとも、かなり不器用な方法で、自分の強いアクセントを持っている場合でも、リスナーからかなりの注意を引く必要がある場合でも、SMで暗記した表現を活用して、日常の事柄を管理するレベルでTLでコミュニケーションを取ることができます。

3

バブルと暗記、朗読、習得の関係

バブルと暗記、朗読、習得の関係について明確に説明するためには、まず暗記、朗読、習得の関係を明確にする必要があります。FLEの環境では、「暗記」という言葉がよく使われています。しかし、「朗読」や「習得」という言葉は、暗記ほど一般的には引用されていないようです。ある意味で、「暗記」という言葉は、朗読や習得の概念を含む広義の意味で使われている場合もあります。それは、水という言葉が、温水や蒸留水など、すべての種類の水を含む広義で使われることに似ています。

しかし、水の物理的な状態の変化を正確に区別し、その物理的な変化を引き起こすメディアの役割の関係を理解するためには、水の状態に応じた専門的な用語を使うことが非常に重要です。同様に、学生がTLの学習過程で言語スキルの状態が変化することを理解するためには、学生が習得している言語スキルの異なるレベルを示すために、曖昧で混乱を招く一般的な用語ではなく、具体的な用語を使用すべきです。したがって、上記の目的のために、私は暗記、朗読、習得という三つの用語を使います。

まず、暗記の基本的な概念は何でしょうか? 言語学習に関して言えば、暗記は与えられたTL表現の言語情報を脳に保存することと簡単に定義できます。したがって、暗記は情報を入力することに関連しており、厳密に言えば、その情報を特定のパフォーマンスを通じて出力することは暗記の領域には含まれません。

したがって、暗記のレベルで最も重要な問題は、可能な限り正確な方法で提供されたすべての言語情報を収集して保存することです。これは、暗記の質が次のレベルの質を完全に決定するからです。たとえば、学生が「I won’t play」の正確な言語情報を収集せず、「I want pray」に非常に近い音で暗記してしまった場合、間違った出力を引き起こすことは間違いありません。

もう一つ注意すべき点は、暗記を引き起こすために必要なメディアの量は、暗記した言語情報を具体的かつ正確な言語行為に移すためには十分ではないということです。言語情報をそのような言語行為に出力するためには、追加のメディアの量が必要となります。

暗記の次のレベルは朗読です。言語学習における朗読の基本的な概念は、脳に保存された包括的な言語情報を具体的な言語行為で再現することとして定義できます。その具体的な言語行為の中で、出発点にできるだけ正確に発音を再現することが朗読における最も重要な問題の一つです。ここでは、出発点が母国語話者や母国語話者レベルの教師によって発音されたものと仮定されています。したがって、間違った情報を暗記した場合、その暗記に基づく朗読は効果的な朗読とは言えません。

上記のように、暗記と朗読は順序関係にあることが容易にわかります。つまり、暗記は朗読に先行すべきであり、また、朗読の質は暗記の質を上回ることはできません。したがって、朗読を成功させるためには、脳に保存された情報の質が非常に重要であることを理解する必要があり、それは暗記の過程で正確な言語情報を収集し保存する真摯な努力が極めて重要であることを意味します。

では、言語学習における習得の基本的な概念は何でしょうか? 習得は、比喩的に言うと、与えられた目標言語表現を言語道具として完全に所有することとして定義できます。言語道具として表現を所有するとは、その表現が自分の目標言語の言語プールに処理され、必要に応じていつでもどこでも流暢かつ自然に利用できる状態になっていることを意味します。目標言語の言語プールは、習得した表現のすべての言語現象が抽出され、分析されて目標言語の言語直感を生み出す想像上の場所です。このプールは、すべての個別化された表現が自分の言語直感と目標言語の身体的能力を通じて生み出される場所でもあります。ここで言う言語道具は、もちろん、特に言葉によるコミュニケーションに必要な即時的な言語直感、身体的能力、そして目標言語の言語資源を多く必要とする、コミュニケーションのための積極的な相互作用の道具を意味します。

上記の習得の概念に基づいて、朗読と習得の違いを推測することができます。朗読は単に暗記した表現を実行することであり、一方で習得は狭義には完全に個別化された表現を実行することです。そして、朗読の結果は一時的な再現機能に近く、習得の結果は常に利用可能な言語スキルです。また、習得は朗読とは異なり、習得または個別化された表現は自然に異なる形に変換または利用できる点でも違います。

上記のように、暗記、朗読、習得の用語は互いに独立しているのではなく、一定のフィードバックの順番で関係しています。つまり、暗記は朗読に入力を提供し、朗読は再び習得に入力を提供します。言い換えれば、これらは目標言語学習過程で習得される表現の異なるレベルを示しています。したがって、暗記の質の高さは朗読の成功を達成するために非常に重要であり、最終的には習得の質を決定するのに重要な役割を果たします。したがって、これら三つの概念は目標言語学習において軽視することはできません。

では、記憶、朗読、習得の順に学生の目標言語スキルを徐々に高いレベルに導く媒体は何でしょうか? つまり、学生の目標言語スキルがそれぞれ記憶、朗読、習得のレベルに到達するのを導くものは何でしょうか? それは「バブル」です。学生はバブリングを通じて与えられた目標言語表現を記憶し、朗読し、習得します。バブリングがないと、記憶、朗読、習得は成功しません、能動的でも受動的でも。さらに、記憶、朗読、習得の質は、バブリングの質に純粋に依存しており、それにはバブルトレーニングの量も含まれます。

もしある表現が非常に受動的なバブリングで記憶された場合、その記憶された表現の質は、記憶が朗読に十分に持続しない程度にしか良くならない可能性があります。そのため、その表現の朗読もその程度でしか良くならず、仮に表現が習得されても、最終的にはコミュニケーションにおいて多くの副作用を引き起こすことになります。したがって、バブルトレーニングの高い品質のパフォーマンスは最初から非常に重要です。

バブリングと記憶、朗読、習得の関係は、理解を簡単にするために、冷水、温水、蒸留水と熱エネルギーの関係に例えることができます。つまり、熱エネルギーは水の物理的変化を引き起こす唯一の媒体です。熱エネルギーは氷を冷水に、冷水を温水に、温水を蒸留水に変えます。氷を冷水に変えるには一定量の熱エネルギーが必要であり、冷水を温水に変えるにはさらに多くのエネルギーが必要です。そして、温水を蒸留水に変えるには追加のエネルギーが必要です。結局、熱エネルギーが水の物理的状態の変化を引き起こすのに必要であるように、バブルエネルギーも目標言語の言語スキルの変化を引き起こすのに必要です。

ちょうど、十分な熱エネルギーがなければ氷は冷水に溶けないように、不十分なバブルエネルギーでは記憶は生じません。また、氷を冷水に溶かすのに十分だった熱エネルギーが水を温めることができないように、表現の記憶を引き起こすのに十分だったバブルエネルギーは、その表現を朗読する助けにはなりません。

同様に、記憶レベルから朗読レベルにかけて蓄積されたバブル量の上に、朗読された表現を完全に習得するためには、さらに多くのバブルエネルギーが必要となります。また、水の状態を変えるために必要な熱エネルギーの量が、水の量や容器のサイズなどの様々な変数によって異なるように、目標言語スキルを向上させるために必要なバブルエネルギーの量も、個人や状況などによって異なります。

しかし、氷を蒸留水に変える最も迅速で効率的な方法が、最初から最後まで休みなく最強の熱エネルギーを加えることであるという事実は議論の余地がありません。同様に、目標言語を習得する最も迅速で効率的な方法は、休みなく最強のエネルギーでバブルトレーニングに全力を尽くすことです。

熱エネルギーとバブルエネルギーの上記の比較は、バブルトレーニング方法に関する多くの疑問に対する答えを提供します。毎日何時間もバブルトレーニングを行っているにもかかわらず目標言語の習得が進まない理由は、バブルエネルギーの不足によるものです。

例えば、運転中にオーディオプレーヤーでバブルトレーニングを行うという、多くの人が実践している方法では、表現を記憶するためには不十分です。その結果、そのような非能動的なバブルエネルギーでは、表現を習得することはできません。その他には、リラックスできる音楽を聞きながら、眠りに落ちるときにバブルを行う人もいます。このタイプのバブルトレーニングは非常に非能動的で、ほとんどバブルエネルギーがありません。ここで言う非能動的なバブルとは、ただ聞くだけや、声を出さずに真似をするようなバブルの努力を意味します。

非能動的なバブルエネルギーでは、表現を記憶することはできません。記憶には、文の構成要素だけでなく、音を出すための筋肉と神経システムも含まれているからです。そのため、そのような非能動的なバブルの努力は、TLを話すためではなく、聞くためのバブルになります。結果として、リスニング理解だけのバブルトレーニングをした人が、流暢にTLを話せないのは非常に自然なことです。

結局のところ、FLE教育者にとって、学生が与えられたTL表現についての言語スキルの状態を把握し、学生がそれらを成功裏に習得できるように必要なバブルトレーニングの計画を処方し、監督することが非常に重要です。

4

文の記憶、暗唱、話す、聞く、読む、書く方法とBTM

前に、ダイレクトメソッドとBTM、SMとBTMの詳細な比較を紹介しました。では、BTMと教師自身の意志で適用されてきた他のすべてのFLEメソッドとの関係はどうでしょうか。これまで多くのFLEメソッドが紹介されてきましたが、言語習得の全体的なプロセスに基づいた教授法を体系的に説明したメソッドは容易には見つかりません。

これまでに紹介されたFLEメソッドには共通していくつかの問題があります。第一の問題は、すべてのメソッドが話す、聞く、書く、読むといった特定の言語スキルの分野に偏っていることです。それらは、学生がTLの特定の言語スキルを習得すれば、残りのスキルを自然に習得できると考えているように見えます。例えば、文法翻訳法を強く信じている教育者たちは、学生がTLの文法を習得すれば、すべての言語スキルを簡単に習得できると信じているようです。

第二に、メソッドが特定の言語スキルの分野に重点を置くため、他の分野に対する体系的な教育プロセスを提供しません。例えば、学生がリスニング理解スキルを習得するまで音声メディアを聞くことに専念するよう指導するリスニングメソッドは、学生がTLの話す、読む、その他のスキルに取り組むための具体的な方法を提供しません。その結果、学生はそのようなメソッドではTLの言語スキルを習得することができません。

例えば、運転中にオーディオプレーヤーでバブルトレーニングを行うという、多くの人が実践している方法では、表現を記憶するためには不十分です。その結果、そのような非能動的なバブルエネルギーでは、表現を習得することはできません。その他には、リラックスできる音楽を聞きながら、眠りに落ちるときにバブルを行う人もいます。このタイプのバブルトレーニングは非常に非能動的で、ほとんどバブルエネルギーがありません。ここで言う非能動的なバブルとは、ただ聞くだけや、声を出さずに真似をするようなバブルの努力を意味します。

非能動的なバブルエネルギーでは、表現を記憶することはできません。記憶には、文の構成要素だけでなく、音を出すための筋肉と神経システムも含まれているからです。そのため、そのような非能動的なバブルの努力は、TLを話すためではなく、聞くためのバブルになります。結果として、リスニング理解だけのバブルトレーニングをした人が、流暢にTLを話せないのは非常に自然なことです。

結局のところ、FLE教育者にとって、学生が与えられたTL表現についての言語スキルの状態を把握し、学生がそれらを成功裏に習得できるように必要なバブルトレーニングの計画を処方し、監督することが非常に重要です。

家を建てる際に、体系的な建設プロセスを遵守しないことは想像もできません。もし、地面を掘る作業や柱を立てる作業、レンガを積む作業、窓を取り付ける作業、屋根を仕上げる作業、内装や外装の装飾作業などが、作業員によって建設プロセスを無視して任意に行われたなら、結果が失敗することは確実です。雨が降っているからといって屋根を最初に準備し始めることはできませんし、風が強いからといって柱を立てる前にレンガを積み始めることもできません。建設手順を守らなければ、時には状況が悪化し、すでに引き起こされた損害を回復したり元に戻すことができない場合もあります。

同様に、風向きに逆らって、確立された体系的な教育プロセスを遵守せずにFLを教えることは、最終的に失敗を保証します。最初からただ聞くだけの重いリスニングをしてはいけません。なぜなら、TLを聞いて理解することはできないからです。また、TL文法に基づいてTLを急いで読むことも、TLを読む方法がわからないからといってしてはいけません。さらに、現れる任意の文を暗記することも役に立ちません。さらに、実際にすぐに必要な表現を拾う必要がある時に、最初からたくさんの派手な文や詩を暗唱することも、TLを習得するのには役立ちません。BTMは、効果的なFLEプログラムに必要な体系的なFL教育プロセスを提供します。

5

言語vs.ピアノ

伝統的なFLEメソッドがTLの流暢な話者を生み出すことに失敗したことを指摘した今、これらのメソッドがどのようにTLの流暢な話者を生み出すことができなかったのかをさらに示したいと思います。先の記事で、言語が学校の言語授業から欠けていることを指摘しました。まだ私が言う「言語が学校の言語授業に欠けている」という点が理解できない方々に、ピアノ教育のアナロジーを使って説明します。

仮に、ピアノの教師が学校のピアノ教育では、学生にピアノ音楽の文法（理論）を3年または4年間教えるべきだと主張したとしましょう。なぜなら、ピアノ音楽の理論はピアノを演奏する前に必要な最も基本的な知識であるからです。これは、まさにGrammar Translation Method（文法翻訳法）のFLEにおける基盤と同じ背景です。

私たちは、学生がどれだけ理論を学んでもピアノを上手に弾けるようにはならないことを知っています。誰もが、これがピアノを学ぶべき方法ではないことを知っています。理論を知っていればパフォーマンスの質が向上するかもしれないと反論する人もいるかもしれません。はい、しかし、最初の段階ではそれほど違いは生まれません。実際、いくつかの異なる理論が同じことを説明しているため、学生にとって深刻な混乱を引き起こす可能性があります。そのため、最初にかけた時間や資源はすべて無駄になってしまうのです。

今度は、そんなに集中的なピアノ音楽の文法教育の後で、ピアノの先生たちが、ピアノ音楽の文法に基づいてピアノの楽譜の読み方を教え始めたと仮定してみましょう。これはFLEのリーディングメソッドにかなり似ていると言えます。それでも、理論は終わりがなく、新しい解釈や議論が日々進化しています。学生たちがピアノ音楽の文法に従ってピアノ楽譜を読み、分析するのが上達していくように見えると、教師たちは次のステップとして、学生たちにピアノ音楽の作曲方法を教えることに決めました。

学生たちは音楽のルールを適用して、ピアノ音楽の作曲を上達させるために一生懸命に努力しました。それから、最終的に学生たちは6年間の努力でピアノ音楽の文法、読解、作曲に非常に優れた能力を持つようになりました。教師たちは報われた気持ちになり、学生たちに最新のオーディオとビデオ機器を使ってピアノ音楽を聴くように指示します。これはFLEのテクノロジーアプローチに似ています。また、教師たちは学生たちにたくさんのピアノ音楽を暗記するように求めました。学生たちは言われた通りに、昼夜問わずピアノ音楽を聴き、たくさんのピアノ音楽を暗記します。そのような何年もの間、学生たちは音楽を聴いて音楽を理解する方法を学ぶことができました。賢くて一生懸命な学生たちは、ピアノを弾くことなくさまざまな種類のピアノ音楽のテストで非常に高い点数を取ることができました。

ピアノ教師以外のすべての人には非常に明確ですが、学生たちはまだピアノを学んでいません。今まで、ピアノのクラスには実際のピアノがまったく登場していません。したがって、私たちは学生たちがまだピアノに触れておらず、ピアノをうまく弾けないことを知っています。しかし、ピアノ教師たちは、これまでの方法が学生たちがピアノを流暢に弾けるようになるために役立ち、必要なものであると信じているようです。

約10年間の厳しいトレーニングにより、教師は生徒がピアノを弾くための非常に強力な基盤を習得したと信じています。したがって、教師は生徒がピアノを弾くことを期待しています。驚いたことに、どの生徒も非常に基本的で簡単な音楽を演奏することさえできません。先生たちは、生徒たちがピアノを弾き続けることを期待し続けるでしょう。生徒は、脳が何をすべきかを非常によく知っているにもかかわらず、自分の手や指を命令することはできません。

何よりも、理論の勉強、読書、作文、ピアノ音楽の聴取に10年を費やしたため、ほとんどの学生は、手や指の筋肉や神経がすでに老化しているため、ピアノをプロレベルに学ぶための多くの良い機会と最高の体調を逃すことになります。私たちは皆、ピアノを学ぶ身体能力にとって老化が何を意味するかを知っています。老化した体のために、優れたパフォーマンスを発揮する機会と身体適応性が失われることは、このようなぼんやりとした教育の最大の問題になる可能性があります。

幸いなことに、現実の世界では、私たちは皆、ピアノを学び始めるべきだという考えを知っていますし、本当に幸運なことに、すべてのピアノ教師は、スキルや資格のレベルが違っても、少なくとも生徒にピアノを教えるためのアプローチ方法についてのアイデアを非常によく知っているようです。私は、生徒が各音楽を非常に流暢に演奏できるようになるまで、生徒にピアノの音楽ごとに繰り返しピアノを喋るように頼むことなく、ピアノを教え始めるピアノ教師を私は知りません。ピアノの先生方は、音楽を暗記することと、各音楽のピアノをバブルトレーニング(習得のための繰り返し練習)することの違いを知っています。

言語を話す方法を学ぶこととピアノを弾く方法を学ぶことの間には、多くの共通の特徴があります。

言語の場合、その言語についてどれだけ知っていようと、その言語でどれだけ読んでも、どれだけその言語を聞いても、言語器官の非常に流暢な調整なしには、その言語を話すことはできません。発話器官がこれほど流暢になる唯一の方法は、発話器官が半本能的に表現を発することができるまで、数多くの実生活の表現を繰り返し行うことです。言語は、さまざまな表現を使用して言語器官の非常に徹底的な身体訓練なしに効果的に習得することはできません。

ピアノの場合、ピアノ音楽のルールに関する膨大な知識があっても、ピアノ音楽の読解経験がどうであれ、ピアノ音楽を聴く優れた技術があっても、手と指の半ば本能的な動きの調整なしには、ピアノを弾くことはできません。手と指が半本能的になる唯一の方法は、手と指が半本能的に演奏できるようになるまで、本物のピアノ音楽を数多く繰り返し演奏することです。ピアノは、さまざまなピアノ音楽を使用して手と指の非常に徹底的な身体トレーニングなしに効果的に学ぶことはできません。

その意味で、マジョリティ言語の教師が、生徒にFLを教えるための基本的な考え方を理解していないのは、非常に残念なことだと感じています。ほとんどの教師は、文法は絶対に必要であり、言語に取り組む前によく知っておくべきだと強く信じています。

さらに、ほとんどの教師は、文法の後には、言語を読んだり、書いたり、聞いたりすることに集中すべきだと信じています。先生はいつも違うことを言います。一部の教師は、言語の強力な文法力でFLを行うことができると言うでしょう。他の教師は、言語を習得するために生徒にたくさん声を出して読むように頼みます。他の人は、FLを拾う最良の方法として、TLのマスメディアを繰り返し聴いたり見たりすることを推奨します。

しかし、FLEのそれぞれの方法を強く主張する教師が、そのような方法を通じて自分自身のTLを取得していないという事実は深刻な問題を提起します。そのような教師には2つのグループがあります。彼らのほとんどは、教えているTLを取得していないため、自分で言語をうまく使いこなすことさえできません。これらは、TLを流暢に指揮する世界に行ったことのない人々です。残りの小さな教師グループは、自分たちの教授法から全く無関係な方法でTLを学びました。したがって、両方の教師グループは、そのような方法に基づいてFLEの終わりに何を待っているのかを知る必要があります。

しかし、皮肉なことに、教師たちはまだ自分の立場を譲らず、新しいアイデアに変わろうとしません。そうすると、教師は生徒が現実の世界でその言語を話すことを期待しますが、それは教師と生徒の両方の全員をイライラさせるだけです。ほとんどの教師でさえ、せせらぎのトレーニングと表現の暗記を区別することができません。せせらぎのトレーニングは発話器官を通じて行われ、暗記は記憶器官を通じて行われます。

私たちは、ピアノの先生が生徒にピアノを教えるのと同じように、生徒にFLを教えるべきです。なぜでしょうか。なぜなら、言語はピアノと全く同じで、音を出したりコントロールしたりするためには、非常に半本能的なスキルを身につける必要があるからです。TLが必要とする、主に舌、唇、声帯などの言語器官のそのような半本能的なスキルがなければ、言語を流暢に操作することはできません。そのような半本能的な手足のスキル、主に手と指がなければ、ピアノをうまく弾くことはできません。

私たちは、ピアノの生徒がピアノを上手に弾くまで繰り返しピアノを練習するように、言語を上手に話せるようになるまで繰り返し言葉を話す必要があることを生徒に教えるべきです。

ピアノの授業では、ピアノ音楽の文法から始めて、ピアノ曲を読み、ピアノ曲を書き、さらにはピアノ曲を徐々に聴くことは、あらゆる種類のリソースの莫大な損失と浪費を意味します。ピアノ教室を10年間続けた後でも、ピアノを流暢に弾く技術を習得する方法は他にないため、ピアノ音楽のせせらぎのトレーニングからやり直す必要があります。

言語の授業では、言語の文法から始めて、言語を読み、言語を書き、さらには言語を徐々に聞くことに進むことは、あらゆる種類のリソースの莫大な損失と浪費を意味します。言語クラスを10年間続けた後でも、言語を流暢に話すスキルを習得する方法は他にないため、言語のせせらぎトレーニングからやり直す必要があります。

ピアノのせせらぎのトレーニングを成功させることで音楽の直感を養うように、言語のしゃべりのトレーニングを成功させることで言語の直感を養うことができます。直感は、ピアニストとして成功するために必要なものです。そして、それが言語をうまく話すために必要なことです。

6

どれだけの表現が必要か?

私は再度強調したいのですが、BTMの5つのレベルの中で、バブルトレーニングは、学生が言語習得の3つの要素を同時に、調和よく十分なレベルで習得し、個人的な生活で効果的にTLを使ってコミュニケーションできるようになる最良の方法です。前回の記事では、対話ベースの表現セットが他のタイプの言語資料よりも優れている理由を説明しました。それでは、TLの習得要素をそのような強いレベルで習得するためには、どれだけの表現が必要でしょうか?

答えは、前の章で定義された自分の母国語と目標言語（TL）との言語的距離によって異なる場合があります。例えば、英語、スペイン語、イタリア語、フランス語、ドイツ語のように言語的距離が近い場合、それは二つの言語間で多くの言語的特徴が共有されていることを意味します。これは再び、学習者が母国語（MT）で既に獲得した習得要素を、目標言語（TL）の学習に活用できることを意味します。

母国語（MT）との言語的距離が非常に近い言語を学ぶことは、エンジンがまだ良好な状態であるが、いくつかの小さな部品を交換する必要がある非常に古くて錆びた車を修理することに例えることができます。この場合、エンジンや車体をゼロから作り直す必要はなく、エンジンの古い部品を新しいものに交換し、車体のへこんだ部分を修正し、車体を再塗装するだけで十分です。

一方で、英語と韓国語、日本語、アラビア語などのように、MTとTLの間の言語的距離が低い言語においては、学生が母国語（MT）で獲得した習得要素が、むしろTLを学ぶための障害となり、不利な影響を与えることがあります。これは、非常に不利な環境でゼロから車を作ることに例えることができます。したがって、非常に古くて錆びた車を走らせるために必要なスキルを習得するには何が必要かという質問に答えるのではなく、不利な環境を克服し、ゼロから新しい車を作るために必要なスキルを習得するために何が必要かという質問に答えようとします。同様に、この本全体を通じて、私は学習者の母国語からの言語的距離がかなり高い、異なる言語のFLEに焦点を当てています。

したがって、TLに非常に近い言語的距離を持つ家族の言語を教えるための答えを求める人々は、言語的距離に基づく各レベルのバブルトレーニングの量と努力を導くために、いくつかの裁量的調整を行う必要があります。

質問に答えるために、子供たちの母国語習得を参考にしてみましょう。40ヶ月の時点で、子供たちは自分の言語をかなりうまく話すことができます。彼らは自分自身で表現を創り、生成することができます。子供たちには個人差がありますが、30ヶ月の時点で新しい表現を創り始めるようです。

一方、PBS　Parentsの子どもの発達トラッカーのウェブサイトに基づくと、36ヶ月ごろの子どもは約1,000語の語彙を理解していることが知られており、その多くは日常生活に直接関連しています。その後、48ヶ月の時点で、子どもは2,500～3,000語を理解することができ、ほとんどが名詞や修飾語で構成されています。ただし、この年齢の子どもたちがそのように多くの語彙を使いこなせるというわけではありません。彼らが使える語彙は、理解できる語彙よりもずっと少ないです。

子どもたちは非常に多くの語彙を理解できるとはいえ、実際に子どもたちが触れる独立した表現の数は多くないようです。このことは、子どもの日常生活の活動に関連する状況に対する言語表現の数を考えることで簡単に理解できます。子どもたちに提供される言語表現は、主に食事、睡眠、洗うこと、泣くこと、笑うこと、家族の用語、体の部分、ケアテイカーとの外出、そしておもちゃで遊ぶことに関連する日常的な状況に関係しています。ケアテイカーは、各状況に対して同じ、または非常に似た表現を繰り返し使用します。これを考慮すると、子どもたちに提供される総独立表現の数は150語、または多くても200語未満であることがわかります。表現の数を最大化しようとしても、300語を超えることはありません。

上記の観察は、約150～200の生活表現を対象に集中的かつ徹底的なバブルトレーニングを行うことで、言語直感、身体的な能力、そして言語資源という3つの習得要素を非常に強いレベルで習得できることを示しています。非常に重要なのは、子どもたちが習得する語彙や表現セットの多くが、彼らの日常生活における必要や活動と直接的に、かつ密接に関連しているという点です。

一方で、私のバブルトレーニングの指導経験に基づくと、約2学期のバブルトレーニングコースを経て、多くの努力家の学生が3つの習得要素をかなり強いレベルで習得し、非常に基本的な表現を自分自身で生み出せるようになることが明らかです。特に、彼らは自分がバブルした表現を非常にうまく言うことができますが、限られた言語資源に起因する制約のため、知っている範囲を越えて会話を続けることはできません。しかし、彼らのレベルは30ヶ月の子どもたちよりは遥かに高いと言えるでしょう。

また、私の経験に基づくと、学生は個々のパフォーマンスに応じて、3学期のバブルトレーニングを経て、TLを操る際に非常に創造的であることがわかります。私のクラスでの3学期の間に、学生は教科書と私が使用している方法に従い、さまざまな状況で創造的なコミュニケーションに使用できる約500の口語表現と2,500語以上の語彙を活用できることが期待されています。言い換えれば、学生はこれらの言語資源を活用して、対話に積極的に参加することができます。それでも、彼らのパフォーマンスは語彙力に制限されています。この段階では、学生は小学校初級レベルのテキストを読み、理解するための言語スキルを得ています。

したがって、私は第2レベルのバブルトレーニングに進む前に、約500の日常活動に関連する表現を1stレベルバブルトレーニングの目標として設定することを提案します。異なる実際の生活状況から選ばれた約500の実際の表現に対する体系的かつ徹底的なバブルトレーニングを通じて、学生が少なくとも典型的な40ヶ月の子どもと同じレベルでTLを習得できるよう支援できることは確実です。学生は確かに約200の表現を使ったバブルトレーニングでTLを習得できますが、1stレベルバブルトレーニングでより多くの表現を活用することは、学生がTLの全体的な言語スキルを発展させるために非常に効果的であるべきです。

1stレベルの完了後、学生を2ndレベル、3rdレベル、4thレベル、5thレベルといった異なるレベルのバブルトレーニングに成功した順序で進めることができます。学生が以前に習得した表現を維持し、新しい表現セットでバブルトレーニングを続けることが非常に重要です。結局、学生がさまざまな状況に対する口語表現を繰り返し覚えるほど、彼らの口頭言語能力は強化されます。それはまた、学生にリスニングやリーディングの活動を通じてTLを簡単に吸収するための強力な言語的直感を与えることになります。

これまで、バブルトレーニングの1stレベルで必要な実際の表現の種類と量について説明しました。次に、学生の全体的な言語スキルを最も効果的に向上させるために、バブルトレーニングの次のレベルで必要な表現の種類と量については、BTMの図を参照するべきです。

7

ケース紹介: 文章の暗記

何年か前、私は退職後に英語を学び始め、約1,000の英語の対話文を暗記した老紳士のキムさんに出会いました。彼は以前、何度もアメリカを訪れ、それぞれ数ヶ月間滞在していました。最初に彼に会った時、彼はアメリカで親戚を訪れていました。

彼によると、彼はさまざまなソースから個別の文を集め、それらの文を自分で選んだ一定の順番でノートに書き留め、辞書のようなノートを作ったそうです。退職していたため、彼は毎日何時間も何年もその文を暗記するために時間と労力を費やすことができました。彼はその文を繰り返し読んで、暗記しました。その結果、彼は1,000の文を前後逆に言うことができました。彼はそれらを数学の定理表のように暗記しました。

その結果、彼は記憶した文を使って人々と英語でコミュニケーションを取ることができましたが、非常に流暢ではありませんでした。私の判断では、彼は堅実なバイリンガルスピーカーのレベルには達していません。それでも、彼の年齢の他の韓国の大人たちと比べ、また何年もアメリカに住んでいたが英語の文を暗記していなかった人々と比べると、彼の英会話は素晴らしいものでした。彼はレストランで自分で食事を注文したり、買い物をしたり、道案内を頼んだりすることができました。

リスナーが若い赤ちゃんに話す時のように忍耐強く彼の話を聞いてくれる限り、彼はもっと英語で話し続けることができるでしょう。彼が英語の文を暗記し始めた年齢を考慮すると、彼が文を暗記することで英語でこれほどまでにできるようになったという事実は非常に励みになるものでした。

彼が文を暗記したとき、彼はネイティブスピーカーによって作られたオーディオ教材を聴いたわけではなく、ネイティブの発音に合わせて文を練習したわけでもありません。実際、彼は最初から音にあまり注意を払っておらず、口頭言語を流暢に理解し、実行するための身体的な能力を構築する重要性に気づいていませんでした。つまり、彼は身体的な能力を構築する必要性を理解していなかったので、単に文を暗記すれば英語を理解し、話せるようになるだろうという考えにとらわれていました。多くの人々は、必要な身体的能力を構築するための集中的な訓練なしに、自分の発声器官が働くと単純に考えてこのような誤りを犯します。

しかし、彼が英語を話すのを聞いたとき、私は彼の英語にいくつかの問題があることに気づきました。まず第一に、暗記した文は彼の脳のとても深くて遠い場所に保存されています。そのため、頻繁に使われる表現を除いて、彼は自分が暗記した表現を記憶から手動で引き出さなければなりませんでした。あまり一般的に使われない表現を引き出して言うのにはかなりの時間がかかりました。つまり、彼の思考の流れは彼の話すことと同期していません。言い換えれば、ほとんどの文は、その場で瞬時に使う準備ができていません。したがって、基本的な挨拶や自己紹介を超えて、彼は会話相手との自然で瞬時のコミュニケーションのやりとりに本当に参加することができませんでした。

第二に、彼の発声器官はあまりよく訓練されていません。そのため、彼の発音は非常に不自然で奇妙な傾向があります。彼の発音は完全に韓国語のアクセントに影響されており、それにより正確でないため、彼の言っていることが簡単には理解できませんでした。彼は自分で文を見て、そこから推測した音で文を暗記しました。ですので、彼は文を見ながら作った音のセットに強く偏っていました。

第三に、彼はネイティブの英語話者が話す速さや音に慣れていないため、彼に話しかけるネイティブの英語話者を理解するのが難しいでしょう。

その結果、彼は英語で普通の日常的なコミュニケーションを行うことができますが、それはゆっくりとリラックスしたコミュニケーションモードで、考える時間、繰り返し、自己修正のための十分な時間が与えられ、人々が特に注意を払ってくれる場面です。しかし、暗記した表現の状態とそれを実行するための身体的能力は、スピーキングプロセスを遅延させ、彼が暗記した表現を使う際に誤発音を引き起こすことになります。

キムのケースは、他の多くの人々が第二言語を学ぶためにこれほど多くの文を暗記することはないので、かなり珍しいものです。そのような多くの文を暗記するには、非常に強いコミットメントと努力、そして時間が必要です。特に、学校のFLクラスの学生にとっては非常に難しいことです。なぜなら、現在の学校で行われているFLEはそのような方法を採用していないため、学生たちは学校で教えられていることに加えて、独自にそれを行わなければならないからです。それでも、文を暗記することが、口頭でのコミュニケーションに非常に役立つことを明確に示す重要な例です。特に、文の暗記は文法を暗記するよりも効果的であり、また単にTLでたくさん読むことよりも効果的なようです。

8

ケース紹介: バブルトレーニング1

私も他の多くの韓国の典型的な人々と同様に、中学校で英語の学習を始めました。英語を含むすべての教科で良い成績を取っていましたが、文法中心の英語の授業には本当に付いていけませんでした。田舎の小さな中学校に通っていた学生として、私はなんとか英語で良い成績を収めましたが、それは英語のスキルに関しては何の意味もありませんでした。

私の高校は商業高校で、1週間に英語の授業は1回だけで、これは少なくとも1週間に6～7回の授業を提供している通常の高校と比べるとほとんど何もないようなものです（高学年になると、通常の授業と補習プログラムで1週間に10回以上の英語の授業を受けます）。私の学校は英語を含む人文学の授業に重点を置いていませんでしたが、私は自分で英語を学ぶことを決めました。

英語の文法学習参考書を購入し、何度もその本を前から後ろまで繰り返し読み、すべての文法用語とサンプル英文からの語彙を暗記しました。毎回本を終えた後、韓国語で簡単な表現を思い付いて、それを英語でどう言うか自分に聞いてみました。毎回失敗しました。繰り返しの失敗の末、私は別の英語学習参考書を購入し、同じ方法で学習を続けました。しかし、改善は感じられませんでした。高校3年生の時、挫折がたまり、英語の勉強を諦めることに決めました。

高校卒業後、私は就職しました。その後、電気工学分野の国家公務員試験の準備を始めました。しかし、予備試験の科目に英語が含まれていることに気付きました。そこで、再び自分で英語を勉強しなければならなくなりました。しかし、今回は方法が異なっていました。再びどう始めるか全く分からなかったのですが、偶然にも英会話のオーディオセットと教科書を購入して、英語の勉強を再開することになりました。

最初にオーディオテープを聞いたとき、各表現のスロー版でも、私にはそれが速すぎて、言葉の一つすら理解できませんでした。私は本を開いて、その文にどんな単語が含まれているかを確認しなければなりませんでした。オーディオを聞いても全く分からなかったのです。英語を約2年間諦めていたので、文法用語「主語」「動詞」などの基本的な言葉以外、ほとんど英語の文法を覚えていませんでした。また、英単語もほとんど覚えていませんでした。

何をどうすればよいのか分からないまま、私はまずテキストを読んで文の構成要素を把握し、その後オーディオを聞いて、音を真似し、表現をすべて覚えようと必死になりました。それから、仕事や家、その他の場所に行く途中で、私はその表現を何度も繰り返して口に出しました。これが私が英語でバブルトレーニングを始めた方法です。レッスンが終わるたびに、それまでのすべてのレッスンをもう一度復習し、新しいレッスンに進む前に、その表現を自分に対して確実に言えることを確認しました。50レッスンのあるオーディオセットの1巻を約4ヶ月で終えた後、2巻に取り掛かる前に、レッスン1から最後までのすべてのレッスンを再度復習しました。

バブルトレーニングをしている間、私は最初の巻が最も難しく、最も時間がかかりました。しかし、2巻目からはバブルプロセスが楽になり、リスニングが楽になり、表現を口に出すことが楽になりました。4巻目からは、オーディオの通常の速度でのプレゼンテーションがかなりはっきりと理解できるようになり、文の構成要素を調べるために本を開く必要はなくなりました。オーディオテープを聞いた後に繰り返すことも十分に簡単でした。シリーズの最後である5巻目を終えた後も、私はテープを聞き続け、バブルを繰り返しました。上記の方法で、オーディオセットの5巻を終えるのに約15ヶ月かかりました。

それでも、私は英語でどれだけ話せるか分からなかった、なぜならその時点で英語を話す相手との会話の経験がなかったからです。私はただ、ほとんどの表現をかなり流暢に暗記してリハーサルできるようになっただけです。自分が思いついたことすべてを言えるわけではないと実感していたものの、同時に、日常的な事柄に関しては英語でかなりうまく自分を表現できると強く感じていました。

オーディオセットの5巻のうち4巻目に初めて取り組み始めた頃、私は英語を韓国語の翻訳と一緒に読むことを始めました（韓国では、英語版が1ページ、韓国語版が次のページに載っている本が多くあります）。その時に行った読解のバブルトレーニングプロセスは、まず本から英語の文を読むこと、次に新しい単語の意味を調べること、その単語や熟語の意味を元に文の意味を推測し、その推測した意味と翻訳を比較することでした。

その後、推測した意味と翻訳の間に違いを見つけた場合、私はその意味の違いがどこで、なぜ起こったのかを探し、どのように特定のフレーズや文を解釈すべきかを分析しました。特に、新しい単語を覚えるために、その単語を本のさまざまなページに書き留めて、何度も書いて覚えるようにしました。

そのようにすることで、前に進みながら繰り返しその単語を復習することができました。ページをめくるたびに、以前書いた単語をまず探して、それを復習してからページを読み始めました。これにより、強力な言語資源を身につけるのに大いに役立ちました。そのような読書トレーニングを通じて2冊の本を読み終えた頃には、複雑な英語の文の意味を推測する精度がほぼ100%に達し、自然と英語の読解力を身につけました。

3回目のオーディオテープの全5セットを繰り返し聴く頃、私は英語で日記を書き始めました。ほとんどは読んだ本から表現を引用して書くことでした。最初は難しかったのですが、2か月ほど後には日記をフルページで書くのがかなり簡単になりました。

数年後、韓国の大学に入学した時、キャンパスで初めて英語を話す外国人に出会いました。彼は大学の英語の講師でした。私は新入生として彼と話し始め、かなり流暢に英語を話すことができ、英語で彼と問題なく会話ができました。彼も私の英語力に驚いていました。

9

ケース紹介：バブルトレーニング２

何年か前のクリスマスの日、私はアメリカの友人の家で、30代半ばの男性、もう一人のキムさんに会いました。彼も韓国出身で、当時アメリカに来てから3年が経っていました。私たちは皆英語で話していたので、彼が韓国のアクセントがない英語を非常に上手に話していることに気づきました。ためらいもなく、もごもごせず、話すプロセスに遅れもなく、冗談もたくさん言っていました。自然に、彼がどうやってこんなに英語をうまく習得したのかと非常に興味を持ち、彼に英語の勉強方法について質問しました。

彼は大学時代、英語が非常に苦手だったと言いました。高校時代の英語の成績が悪かったため、良い大学には入れませんでした。中学校の英語の授業がいつも難しかったと話し、その後、彼は英語に興味を失ってしまったそうです。しかし、軍隊を退役した後、再び英語の勉強を始めたと言いました。

軍隊から帰って大学に戻ると、彼は英会話のオーディオセットを購入しました。彼はそのオーディオテープを聴き、各セットのダイアログ表現をオーディオの後に声に出して繰り返し、表現を瞬時に自分で流暢に言えるようになるまで練習しました（これが私が考える「話すためのバブルトレーニング」のプロセスです）。彼はできるだけ時間があるときに、表現を自分に向かってバブルし続けました。

約2年間そのような努力をした後、彼は英語にかなり自信を持つようになりました。彼は英語を話す外国人にキャンパスや街中で会うたびに、英語でうまく話すことができました。それから、彼は英語の雑誌をたくさん読み、その中で英単語を覚えました。彼はそのように韓国で英語を覚え、大学を卒業した数年後、アメリカに移住しました。しかし、彼はアメリカに来てから、韓国人コミュニティ内で韓国人と一緒に過ごしていたため、あまり多くの英語を覚えなかったと言っています。

私は、彼が韓国で独学で英語を習得した方法が、私の方法とほぼ同じであることに驚きました。

バブルトレーニングで英語を話せるようになったもう一つの成功例は、私の妻、JWです。私が一緒に通った大学の英語新聞の編集長をしていた時、キャンパスの英語新聞に参加したJWと出会いました。彼女は1年生で、他の誰もがそうであったように、口頭で英語を使いこなす能力を持っていませんでした。その時、私たちは毎日英語だけで朝のミーティングを行っていました。しかし、私はほとんどそのメンバーに英語で話しかける役割を担っており、メンバーたちは私の質問や依頼に簡単な英語で反応していました。ある日、私はメンバーに英語をうまく話すための勉強方法について話しました。私は高校で英語をあきらめ、再び始めて自分で英語を教え始めた方法を説明しました。

JWは私の提案に従いました。彼女は私が使ったものと同じオーディオテープセットを購入し、オーディオを聴いて各表現を口頭で繰り返すバブルトレーニングをしました。彼女は私とほぼ同じ方法で、いくつかの本を英語で読みました。彼女は移動中にイヤホンを着けていました。数年後、彼女は英語をかなり流暢に話せるようになりました。

バブルの成功例は、私の本の読者からもいくつかあります。2005年に私が韓国の英語学習者向けに韓国語で書いた『New TESL Plus』を出版した後、多くの人々がBTMモデルに従って英語を学び始めました。多くの人々が今も1stレベルのバブルトレーニングを続けています。

韓国の学生にとって、BTMに集中するのは簡単ではありません。なぜなら、BTMは学校の英語プログラムの方法とは劇的に異なる方法で英語を学ぶことを学生に求めるからです。学校では、英語の授業はまだ主に文法と、その文法を適用して文を文法的カテゴリで分解することが中心です。そのため、学生は文法や読解力を基に評価されます。また、彼らは全国大学入試のトレンドに従わなければならず、英語の試験は再び、話すスキルを含む総合的な言語スキルではなく、文法、読解、リスニング理解に関するものです。

学生たちにとって、学校の英語の評価や国家試験は将来の生活にとって非常に重要であり、そのため、BTMに集中することはできません。BTMは、最初にバブルトレーニングを始めるために多くの時間を要し、最初のうちは文法に基づいた学校の英語プログラムにはあまり役立たないからです。

そのため、学校に通う学生の中でBTMを集中的に実践している人は少ないようです。しかし、依然として多くの働く人々がインターネットカフェの掲示板にコメントや証言を投稿しています。そのコメントの中には、バブルトレーニングに関する非常に成功した話もあります。約1年間バブルトレーニングを行ったパクさん（「パク」）は、英語でのビジネスミーティングに参加してもあまり心配せず、会議で自分の意見をうまく表現できるようになったと書いています。

他のメンバーは、約1年ほどバブルトレーニングを行った後、英語を話すことに自信を持てるようになったと述べています。

一方で、他の人々は、バブル中に周囲の人々の注意を引く音や、他の人々に迷惑をかけるように感じることから、バブルトレーニングを実行することに苦労していると表現しています。全体として、約1年間バブルトレーニングを一貫して行った人々は、TLを非常にうまく話すためにはバブルトレーニングが本当に必要だと強く信じています。

10

ケース紹介：バブルトレーニング３

アメリカに来る前、私は韓国で約2年間、いくつかの私立英会話スクールで学生に英語を教えていました。主に高校生と大学生に教えていました。高校生には、大学入試の英語試験の準備をさせるために英語を教え、大学生にはTOEFLや上級レベルの読解力を教えていました。学生のレベルに関係なく、私が教えていたことは圧倒的に英語の文法と文法に基づく読解力に集中していました。私は学生に英語の文を紹介することなく、英語の各スピーチパーツの異なるカテゴリーを紹介するだけで何時間も費やすことが簡単にできました。2年間の間、私は学生に英語の会話をあまり教えませんでした。文法と読解だけを教えるのは間違いだと確信していましたが、カリキュラムに従わざるを得ませんでした。

英語の授業の中で、私は学生たちに口頭の能力を身につけさせることを期待していませんでした。なぜなら、英語を話す方法を教えていなかったからです。学生たちは、英語で一言も話せないことについて不満を言うことはありませんでした。誰も口頭能力について気にしていませんでした。高校生の中には、年末の英語試験で非常に満足のいくスコアを取った者もいましたが、実際にどれだけ英語を話せるかには関心がないようでした。私が教えていた大学生たちも同様で、英語で口頭能力を高めることには関心がなかったのです。

私は学生たちにこのような英語を教え続けることに非常に不快感を覚えました。私がすでに英語を習得し、かなり高いレベルで英語の口頭能力を発展させていたという事実は、学生たちには役立たないように感じました。なぜなら、英語の授業はまったく異なる方向に向けられていたからです。それから約20年が経ちましたが、韓国の英語授業は本質的にはあまり変わっていないことを私は知っています。

約10年前、私はデンバーの韓国系アメリカ人コミュニティのシニアメンバーに英語を教えるためにボランティアをしました。毎週土曜日に2時間の授業を行いました。この時、英語の文法を教えるのではなく、英会話の教科書を使用して授業を進めました。バブルトレーニング法とその目標を紹介しました。とはいえ、バブルトレーニング法はまだ十分に発展していませんでした。それでも、私はひたすら彼らに英語を話す方法を教えることに集中しました。しかし、授業を続けていくうちに、効果を減少させるいくつかの重大な問題に直面しました。

最初の問題は、シニアの生徒たちがその方法に対して信頼を持っていなかったことです。彼らのほとんどは60歳以上で、「基本的な英語」を学んだことがありませんでした。彼らにとって、私が教えたのは「基本的な英語」ではなく、むしろかなり進んだ英語でした。彼らは私に、英語の基本的な文法を教えてほしいと思っていました。私が「基本的な英語」の定義を理解してもらおうと説得しようとしましたが、彼らは長年の信念を一日で取り払うことはできませんでした。

2つ目の問題は、学生たちが十分に集中して学習に取り組めなかったことです。週に一度の授業であったため、彼らは私が指示したバブルトレーニングを自分の時間で一週間の間に自分で勉強しなければなりませんでした。

しかし、年齢に関係なく多くの人々に典型的なこととして、彼らのほとんどは授業に向けてバブルトレーニングを十分に集中して行うことができませんでした。また、表現をうまく維持することもできませんでした。このパフォーマンスの不足は、授業が週に1回のクラスであり、十分に集中できるものではなかったことが一因です。いくつかの学生は、簡単な表現を英語で話せるようになったことをとても喜んでいましたが、モチベーションとパフォーマンスは、英語を習得するまでバブルトレーニングを続けるために十分強くありませんでした。

三番目の問題は、私自身が教師として、シニアの学生たちに勉強を頑張らせるために、継続的に励ますこと以外には強制的な手段を持っていなかったことです。学生には評価が必要なく、出席も必須ではありませんでした。学生のパフォーマンスに対しても制限は課せられていませんでした。

約1年半後、私は、こうしたプログラムを通じて、学生たちが英語を習得するために必要な最低限の言語資源を身につけるためのバブルトレーニングを成功裏に達成することは非常に非現実的であると感じました。それは、おそらく250の表現と、日常生活のさまざまな状況に密接に関連した約2,000語の語彙が必要だと私は考えています。

飛行機の例えを使うと、飛行機が滑走路から離陸するためには絶対的なエネルギー量が必要ですが、そのようなプログラムは飛行機を滑走路周辺で一日中、年中動かすためのエネルギーは提供できても、滑走路をうまく飛び立つための強力な推進力を生み出すことはできません。

バブルトレーニングを教えるもう一つの経験は、アメリカの大学の継続教育プログラムでのことです。ここでも、週に1回、2時間の夕方のセッションでした。

しかし、今回は学生が複数の世代から混在していました。学生の雰囲気やコミットメントは、毎回、学生たちが与えられた表現を保持するために期待されるほどバブルトレーニングを実施していないことを私が感じるものでした。また、ほとんどすべての学生は、最大でも2学期しかコースを受講せず、その後中断してしまいました。

しばしば、私は学生たちに、どのように韓国語を習得するために勉強すべきかを思い出させ、集中的にバブルトレーニングを行うように励ますのにかなりの時間を費やさなければなりませんでした。多くの学生が、数学期の間に、韓国語を読み書きできるだけでなく、人々に挨拶し、自分を紹介し、韓国料理店で食べ物を注文できる表現を学べたことに満足しているように見えましたが、私はそれを成功した結果とは受け入れられませんでした。結局、飛行機は滑走路を回されていましたが、飛行機が滑走路を突っ走って離陸するための推進力は十分ではなかったという結果に終わったのです。

11

ケース紹介: バブルトレーニング 4

2002年にコロラド大学ボルダー校で韓国語を教え始めてから、私はバブルトレーニング法を教育に適用し始めました。この大学では、韓国語プログラムが初級、中級、上級の3つの異なるレベルで週に5回授業を提供しています。しかし、バブルトレーニング法は、基本的な概念から多少構造化されたシステムに発展するまで、試行錯誤を通じてゆっくりと開発されてきたことを告白しなければなりません。

バブルトレーニング法を使った1年目の韓国語プログラムの最初の数年間では、私が生徒たちに繰り返し発音させ、各レッスンを何度も声に出して読ませることに加えて、各ダイアログの文の構成要素、音、意味、そして時には文法的な機能についてもかなり詳細に説明しました。

その後、パフォーマンス評価の要件として、私は生徒たちに各レッスンのダイアログ表現を舌の先に置くように求めましたが、各レッスンのダイアログ表現をレッスンを超えて維持することは求めませんでした。これは主に、バブルトレーニング法を適用する経験が不足していたため、一般的な大学生が学期を通してバブルトレーニングを行うのに適切な表現量がどれくらいか分からなかったからです。つまり、私は彼らが各レッスンの終わりにダイアログを話せるかどうかをテストし、期末および中間評価は筆記テストに基づいて行われました。

その結果、学生たちは試験のために短期間で言語を習得し、日々の努力で表現を自分自身に保持することにあまり注意を払わないため、習得の質が満足いくレベルには達しませんでした。

このタイプのバブルトレーニングから私が学んだことは、各文の詳細な説明が学生が必要な言語スキルを習得し、口頭能力を発展させるためにあまり役立たないということです。

また、レッスン中の短期集中型のバブルトレーニングは、かなり徹底的で集中的なトレーニングが行われても、一般的には学生が学期を通じて、また学期後も表現を維持するのに十分に効果的でないことがわかりました。その結果、ほとんどの学生は学期中に紹介された言語資源を保持できませんでした。

そこで、私は学生に対して、学期を通じてダイアログを維持することを義務付け、評価の際には授業で紹介されたすべてのダイアログに基づいて口頭のパフォーマンスを評価しました。例えば、中間評価では、中間点までにカバーされたレッスンに対して口頭と筆記の評価を行い、期末評価では、学期中にカバーされたすべてのダイアログに対して同じことを行いました。

このようなバブルトレーニングを2学期行った後、真剣に取り組んだ学生たちは、必要に応じて使える基本的な個人的な表現をかなりの数覚えているようでした。しかし、最初の2学期を終えた後、多くの学生にとっては新しい単語を明確に発音するための発音能力が強くなく、クラスで紹介された表現を発音することにさえ難しさを感じる学生もいました。

また、ほとんどの学生は言語の音や構造についてかなりの直感を得たとは思えませんでした。身体的な能力の欠如は、学生のバブルパフォーマンスが十分でなかったことを明確に示しています。学生が言語の音や構造について直感を得ていないということは、学生のバブルパフォーマンスが強力でも集中的でもなく、学生が習得した言語資源の量が韓国語の多様な言語的特徴を繰り返し認識するには不十分であったことを意味します。このような問題は、バブルトレーニングや言語資源が授業を通じて十分に提供されなかったり、学生が十分に実施できなかったり、あるいはその両方が原因である可能性があります。

このような発見に基づき、私はカリキュラムに復習評価を追加しました。学生は今、授業で紹介された表現について口頭能力を評価される必要があります。この復習評価では、私は個別の学生に、以前にカバーしたダイアログの中から選んだ特定のダイアログの口頭デモンストレーションを行わせます。必要に応じて発音の手助けも行います。

また、学生は第1学期に紹介された表現を第2学期に持ち越すことが求められます。言い換えれば、春学期の復習評価には秋学期のダイアログも含まれます。この方法は、学生がスピーキングスキルを習得するのにかなり効果的なようです。

この方法を通じて、1週間に5時間の集中プログラムを2学期行った後、真剣に取り組んだ学生たちは、新しい表現を明確に発音する身体的な能力と、さまざまな種類の文の構造に対する言語的直感を、3〜4歳の子どもたちと同じレベルまで身につけることができました。彼らは、習得した表現を活用して生産的にコミュニケーションを取ることができました。しかし、教科書から紹介されていない日常的な会話表現を生産したり理解したりすることはできませんでした。

このような問題に対処するために、私は「今日の言葉」セッションを追加しました。これにより、学生が最も学びたい韓国語の表現を提供します。学生には、学びたい表現を英語で持ってきてもらい、それに対応する韓国語の表現を紹介します。通常、私は学生から3〜6個の新しい表現を「今日の言葉」として取り上げます。時には、特定の文脈で学生に最も必要だと思う表現を自分で紹介することもあります。これらの追加表現も復習評価に含まれます。

「今日の言葉」のアイデアは多くの面で大いに役立ちます。学生は自分がすぐに学びたいことを学べることに興奮します。それは多くの実際的な表現や語彙を提供し、教科書の実際の対話で再度紹介されるときにその表現の使い方を学ぶのにも役立ちます。この方法で、多くの学生は最初の学期に韓国語で話し始めます。彼らは学びたかった表現を言うことを楽しんでいます。明らかに、この方法で2学期を通して、学生たちは韓国語を話すための身体的な能力、言語的直感、言語資源のレベルを大きく向上させます。

このプログラムでは、3学期のバブルトレーニングを提供しています。3学期には、各レッスンの後に「韓国語で言ってみよう」セッションを追加します。学生は各レッスンのテーマに基づいて、約3分間自分の話を発表することが求められます。高いパフォーマンスで3学期を終えた学生は、韓国語をかなり上手に使いこなせるようになります。

この方法は、学生が言語スキルを習得し、TL（目標言語）の口頭能力を向上させるための力を最大化するようにまだ開発中ではありますが、韓国語と英語の両方を教える経験と観察を通じて、TLの言語スキルの成功した習得と口頭能力の発展は、明確に学生がバブルトレーニングを通じて保持するTLの言語資源の量、質、現実性に依存していることを私ははっきりと観察しました。つまり、学生にとって、より多くの言語資源に関するバブルトレーニングを徹底的に行うほど、より良い言語スキルが習得され、学生によってより高い口頭能力が発展します

第8章

教え方：BTMレベル1 – 話すためのバブルトレーニングの開始

模倣なしに始まったことは何もない。

1

クラスデザインのためのアイデア

前の記事でも指摘したように、私は言語習得は包括的な言語直感、身体的能力、そして目標言語（TL）の言語資源を得ることによって達成されると考えています。したがって、FL教育者は、学生が最初に習得すべき習得要素を得ることを目指すべきであり、学生がその習得要素を達成するための最も効果的なFLEカリキュラムを開発することに焦点を当てるべきです。

学生がTLの習得要素を確保するためには、まず最初に、長期間にわたってさまざまな状況に基づいた表現の反復練習と実際の練習を含む多くのバブルトレーニングが必要であり、そのように暗記した表現を実生活で創造的に活用する努力も求められます。FL教師は、クラスデザインの際にこれらの要件を考慮すべきです。詳細に要件を見ていくと、これらの要件は4つの課題で構成されていることがわかります：(1) 集中的なバブル、(2) 表現の多様性、(3) バブルトレーニングを長期間維持するための継続的な努力、(4) 自分の意味を言うための努力です。したがって、FLクラスは、これらの要件が満たされることを保証するようにデザインされるべきです。

最初の課題を満たすためには、クラスは学生が常にバブルトレーニングを繰り返すことを保証するようにデザインされるべきです。2番目の課題のためには、新しい言語資源が学生に継続的に提供されるべきです。3番目の課題には、学生が十分な時間をかけてバブルの努力を続けるように導くべきです。そして最後に、学生は自分の意味を話すように導くべきです。言い換えれば、FL教師の役割として、バブルリーダーおよびバブルコーチの役割が非常にバランスよくなければならないということです。

以下は、レベル1のバブルトレーニングクラスをデザインする際に考慮すべきいくつかのアイデアです。[11]

1. 初級レベルでは、クラスの運営は最初にクラスの公式言語で行うべきです。これにより、教師と学生の間のコミュニケーションが円滑に進み、クラスの運営が効果的に行われるだけでなく、学生がプロセスを理解し、紹介される言語資源の練習と習得により集中できるようになります。多くの人が直接法（Direct Method）の適用を最初から提案しますが、それはTLの習得に難しさを加え、TLを実際に習得するプロセスを遅延させることになります。学生が1学期の中頃に落ち着いたら、挨拶や「読んでください」「もう一度試してください」などの簡単な活動を指示するためにTLを使用し始めるのが良いでしょう。
2. レベル1のバブルトレーニングの目標は、学生が母語習得における40か月の子どもと同じレベルにTLを習得できるように、約500の個人的な言語

28 私は「個人的な言語」という用語を、TL話者が挨拶、寒い、暑い、ひんやり、臭い、クールである、好き・嫌い、確認や繰り返しを求める質問、道を尋ねる、方法を尋ねる、痛みを訴える、テレビを見る、買い物をする、本を読む、音楽を聴く、料理をする、質問や要求に答える、家族や友人について話す、起きる、寝る、学校に遅れる、時間、色、動物、年齢、住所、メールアドレス、電話番号、家、ショッピング、サイズ、価格、お金、健康、勉強、学校に行く、教会に行く、休暇、運転免許を取得する、SSNを申請する、郵便局に行く、食事、天気、季節、医者の予約、飛行機、電車、車、自転車での旅行など、個人的な活動環境で話される口語表現として使用します。

[28]を成功裏に習得することです。この方法で、学生は包括的な言語直感、身体的能力、基本的な言語資源の基盤を確立し、口頭能力を構築するための簡単な表現を生み出すスキルを獲得します。

3. レベル1のバブルトレーニングを完了する期間は、学生の年齢、クラスの人数、1週間の授業時間数、授業時間によって異なります。ただし、1週間に5時間の授業を受ける大学生の場合、レベル1のバブルトレーニングは約3学期で完了することができます。
4. 通常、クラスの時間は柔軟に3つのセクションに分けて、獲得した表現を個人的に使えるようにするための自分の意味の話、以前に紹介された表現の復習、新しい言語資源の紹介を行います。
5. 学生がそれぞれの表現を流暢に使えるレベルにまで習得し、バブリングの繰り返しによって獲得した表現を維持することに特別な焦点を当てるべきです。
6. 学生には、バブルトレーニングを通じて獲得した表現を個人的に使えるようにすることを奨励すべきです。
7. 評価は主に、対話のパフォーマンスの流暢さ、対話表現の獲得と維持の成功、そして強力なリソースプールの構築をテストする形で行うべきです。

詳細な参考として、私が韓国語のクラスで行っていることのいくつかを説明させていただきますが、私のクラスの一部を紹介することによって、私がクラスを進める方法が最善であるとは決して意味しないことを改めてお伝えします。学生、教師、時間、学生のコミットメントなど、さまざまな要素に応じて、クラスを進める方法は多様に考えられます。

バブルトレーニングの1学期では、通常、教室に入る際に韓国語で学生に挨拶をします。そして、学生がクラスに慣れてきたら、いくつかのルーチンの簡単な表現を韓国語で言い始めます。しかし、クラスの運営において最も効果的なコミュニケーションを学生と行うために、学期の前半は主に英語でクラスを進めます。クラスの主な目標は、学生が音声的な音に対応するための身体的な能力を発達させ、学生が日常の基本的な生活環境で活用できる表現を獲得することです。

1学期の通常のクラスは、やや柔軟な方法で3つのセッションで構成されています：復習、「今日の単語」、そして教科書。

復習セッションは、学生にとって非常に有益です。これは、学生に以前紹介した表現を繰り返し練習する日々の機会を提供します。また、学生同士が互いに知り合う助けにもなります。私は通常、最初の15分を「復習」セッションに費やし、学生には以前紹介した章の対話をグループやパートナーと練習するように求めます。学生には、練習するために特定の章をいくつか割り当てます。学生には、韓国語の対話ページを開かずに、英語の翻訳ページだけを頼りにして話すように促します。また、必要に応じてお互いに助け合うようにも促します。

この方法で、彼らはパートナーを助けたり教えたりすることで、より効果的に学ぶことができます。その後、復習セッションの最後に、いくつかの学生に対話を交互に演じてもらい、その評価を行います。これには、会話の英語のセリフをスクリーンに表示し、学生がそれを読んで、それに対応する韓国語の表現を言うようにします。

評価を行う際には、学生のパフォーマンスの中で、特に強いアクセントや発音の間違いが見つかった場合、間違った部分を修正します。修正の際には、常に学生を励ますようにし、恥ずかしく思わせないように心がけます。外国語を発音し間違えるのは非常に自然であることを学生に伝えます。中には、発音に自信を持ちすぎて、言葉を速く言いすぎる学生もいます。そうした学生には、修正の前に賛辞や褒め言葉をかけるべきです。通常、私は最初にその単語や表現を言い、学生にもう一度試してもらいます。

「今日の単語」セッションは、学生がすぐに学びたい表現を紹介するためのものです。通常、私は2～3人の学生の質問に基づいて、毎日3～4つの新しい表現を紹介します。この方法で、学生にクラスで学びたいことを選ばせます。時々、私が自分からいくつかの表現を提案することもあります。学生に紹介された追加の表現は、コンピュータのデータベースに保存され、同時にスクリーンを通して学生に提示されます。

その後、それぞれの表現は評価（毎日の復習、クイズ、中間試験、期末試験）を目的として、各章に割り当てられます。たとえば、1章の進行中に集められた追加の表現は、その章の一部として含まれ、学生は教科書とデータベースの両方からの表現についてテストを受けます。

教科書セッションでは、私は教科書からの対話表現を紹介し、それぞれの表現の音声的な特徴に焦点を当て、主に語彙や助詞に基づいた意味の解釈を行います。私は常に、意味の解釈のために文法的な分析を提供するのではなく、各単語や助詞の意味を特定することに努めます。

バブルトレーニングの2学期は基本的には1学期と同じですが、学生の反応に応じてクラスがより柔軟に進められ、クラスの最初に「昨晩何をしましたか？」のような簡単な質問から韓国語で授業が始まり、学生が韓国語で答えるようになります。私はそれぞれの学生に韓国語でその質問に答えさせます。

学生の反応に応じて、私はクラスの興味を促進または維持するために別の質問に導くこともあります。この自由な会話の中で新しい実際の表現が紹介されるたびに、それらをデータベースに入力し、クラスにその表現を練習させるように導きます。

バブルトレーニングの3学期の通常のクラスの構成は、基本的に2学期と同じですが、各レッスンの最後に「韓国語で言ってみよう」セッションが追加されています。このセッションでは、学生は各レッスンで紹介されたトピックに関して、韓国語で自分の話や知っている他人の話を3分間プレゼンテーションすることが求められます。

この時点で、前の2学期を成功裏に修了したほとんどの学生は、これまでに習得した韓国語の物理的能力、言語的直感、そして言語資源に基づいて、かなり上手に韓国語でコミュニケーションを取ることができるようになっています。

4学期からは、バブルトレーニングに日々のジャーナル発表や、学生に割り当てられた特定のテーマに関する発表が加わり、教科書の使用に加えて行われます。3学期までのバブルトレーニングと4学期以降の大きな違いは、3学期までのバブルトレーニングが主にさまざまな状況における対話表現の暗記に基づいているのに対し、4学期以降は主に自分の意味を創造的に話すことに基づいている点です。

2

評価方法に関するアイデア

クラスの設計とともに、評価方法の設計も非常に重要です。なぜなら、学生の学習方法や焦点は、評価のスタイルによって自然に導かれるからです。授業がどのように教えられ、管理されているかに関わらず、学生は非常に敏感で、評価のトレンドに調整するようになります。したがって、評価方法とクラス設計は、TL（目標言語）習得の正しい方向に向けてお互いに支援するべきです。

もし、私たち外国語教師が、さまざまな表現に対する継続的なバブルトレーニングの努力を評価する良い方法を開発しなければ、学生がTL習得に向けて努力を続けるための効果的な教育を提供することはできません。再度、私が自分のクラスでこれまで行ってきた評価方法を紹介します。これがすべての状況において最適な評価方法ではないかもしれませんが、参考として見る価値は十分にあると信じています。

私は、学生の評価を、レビュー評価、クイズ、宿題、口頭の中間テスト、筆記の中間テスト、パートナーとの会話、韓国語で言ってみよう、日々のジャーナル、口頭の最終テスト、筆記の最終テスト、言語模写などを用いて、各章で紹介された表現に対する学生の流暢な話す能力に焦点を当てて設計しています。

通常、私は状況に応じて1日2〜4人の学生についてレビュー評価を行います。評価では、選ばれた学生に、クラスで以前紹介された章の対話の中で各参加者の役割を演じるように求めます。

クラスの学生数に応じて、すべての学生は学期中に最大10〜15回のレビュー評価を受けることが求められます。管理戦略として、すべての評価項目の中で、最も重要視しているのは最終成績のためのレビュー評価です。したがって、学生は、日々のランダムな評価が非常に重要であり、どの日でもレビュー評価を求められることを期待しています。初心者にとっては、学生の成績の大部分はレビュー評価から来ています。

レビュー評価については、前に説明した通り、それが何であり、どのように行っているかです。特に、学生の効果的なバブルトレーニングを促進する方法として、1年目のレビュー評価は1年間通して行われます。つまり、最初の学期に紹介された言語資源は、2学期においても部分的にテストされ続けます。

つまり、1学期の第1章は、2学期の第2章が始まるとレビュー評価から除外され、1学期の第2章は、2学期の第3章が始まると除外され、という具合です。効果的なバブルトレーニングを目的とするためには、2学期に紹介された言語資源を3学期のレビュー評価に含めることが非常に望ましいです。

しかし、私のプログラムでは、主に以下の理由で現実的ではありません：2学期後の夏休みが長すぎること、3学期に継続してクラスを受ける学生があまりいないこと、そして3学期の学生の多くが新しいクラスであり、以前のバブルトレーニングを受けていない学生が多いことです。別の場所で韓国語を学んだ学生もいます。

評価の目的で、学生のパフォーマンスは15点満点で採点します: リサイテーションの資源に7点、流暢さに5点、プレゼンテーションに3点を与えます。

1学期のクイズ評価では、主に聞いた単語を正確に書き出す能力を重視したディクテーション形式の語彙クイズを採用していました。このタイプのクイズは、私が使用している教科書で提供される語彙が少なく、特に大学生向けのものは、授業時間内で大部分をディクテーションするのに十分な時間があるという事実から部分的に導かれました。

第二学期からは、学生が韓国語で対応する単語を書けるように、クイズに英単語を入れるようにしました。クイズのスコアは、正解に基づいて採点されます。

しかし、教科書とは別に、「今日の言葉」を通じて十分な量の言語資源を提供し、管理できるようになったため、クイズのタイプを変更しました。新しいタイプのクイズでは、最初の韓国語オリエンテーションの授業後のディクテーション型クイズを除き、すべての語彙の質問を韓国語で出題し、学生がその意味を英語で書けるようにしました。

この方法により、クイズは学生にとって容易になり、より多くの質問を出題することができました。学生が集中的なバブルトレーニングに集中していれば、ほとんどのクイズの質問は解けるはずであり、したがってクイズは学生にとって余分な負担にならないはずです。その結果、私は文字の書き方の技術よりもバブルトレーニングの重要性を強調するようになりました。

第4学期までのクイズの質問については、常に韓国語で数字を出題し、最初は低い数字から始め、徐々に高くしていきます。これにより、学生は数字システムに迅速に慣れることができます。また、各クイズにはデフォルトの質問として、年、月、日、曜日、そして該当するクイズの時間を韓国語で書かせます。

デフォルトの質問には、学生が自分または友人の電話番号を韓国語で書くことや、自分または友人の生年月日を韓国語で書くことも含まれています。このようなデフォルトのクイズの目的は、学生がTL（目標言語）のさまざまな文脈で数字の基本的な使い方に慣れる手助けをすることです。学生には、この情報が正確である必要はないことを伝えています。

学生のレベルに応じて、学期を通じてパートナーとの会話、OMT（口頭マッチングテスト）、中間試験や期末試験、言語模倣、韓国語での発言、日記の韓国語セッション、または学生に一連の質問をしたり、短い発表や長い発表をさせたりすることによって、口頭能力テストが頻繁に行われます。

FLE（外国語教育）のクラスデザインと評価方法は、教育環境とTL（目標言語）の言語的特徴に応じて開発されるべきです。この点において、私が上で述べたことは参考にすることができます。FL（外国語）の教育環境は、学生、学校、FL教師、政府の政策、TLなどによって異なります。したがって、FL教師はまず与えられた環境を研究し、学生と一緒に各レベルの効果的なバブルトレーニングを提供するための最も効果的な方法を開発すべきです。

3

バブルトレーニングの前に教えるべきこと

以前、言語を流暢に話すために必要な三つの習得要素、すなわち言語直感、身体的能力、言語資源について指摘しました。これらの要素が調和的に機能しなければ、TL（目標言語）を習得することはできませんし、TLの高い口頭能力を達成することもできません。ここで言う流暢さとは、TLを人工的にまたは手動で操作するのではなく、非常に自然にTLを操るプロセスを意味します。システムやルールの知識に基づいて表現を組み立て、それを口に出すために脳や発話器官を順番に手動で操作することは可能ですが、単にぎこちない表現を手動で生み出せることは、FL教師やFL学生として多くの年数にわたるFLクラスを受けた後に満足すべきことではありません。

したがって、FLE（外国語教育）の目標は、学生が習得要素を最も効果的に獲得できるような教育を提供することです。このために、私は学生がこれらの習得要素を同時に獲得するのを助ける最良の方法としてBTM（バブルトレーニングメソッド）を提案しました。BTMの第一レベルは、バブルトレーニングを使った会話訓練です。

では、私たちが学生にバブルトレーニングを本格的に教え始める前に、どのくらい、そして何を教える必要があるのでしょうか?

この質問に答えるために、まずは赤ちゃんがバブルを始める事例を見てみましょう。赤ちゃんは目標言語に関する正式な情報を受け取ることはありません。彼らは最初は理解できない言語に直接触れます。理解できない言葉でも、同じ種類の質問を繰り返し受けることになります。そして、バブルを始めたら、ケアギバーが本当に愛情を込めて赤ちゃんとやり取りをしたくて、そのバブルを繰り返すように導かれます。言語のルールやシステムについて学ぶのは、中学校に上がる年齢になってからです。

また、幼稚園や小学校で新しい言語を学び始める子供たちは、その言語がどのように機能するかについて正式な教育を受けることはありません。むしろ、彼らはその言語に直接触れることになります。この直接的な言語の露出によって、子供たちはバブルをするように挑戦されます。彼らは何かを言わなければならない状況に直面し、似たような状況で他の人が言うことを単純に真似し始めます。彼らはしばらくの間、創造的なことを言うことができません、少なくとも6か月から12か月の間は。最初は発音がぎこちないですが、同じ表現を繰り返し直面することで、すぐに上達します。彼らは主に、友達と一緒にいるときに、同じ表現を繰り返して話すことでバブルを行います。また、一人でいるときにも自分に話しかけることでバブルトレーニングを行います。

一方、学校でFL（外国語）を学んでいるが、TL（目標言語）で表現を言わなければならない環境に直面しない若い子供たちは、異なる言語習得の側面を示します。これまで、私は小学生以下の子供たちに文法や外国語のルールを集中的に教える学校の話は聞いたことがありません。

代わりに、学校ではTLのさまざまな表現を学生に教えたり、TLで物語を語ったりします。この場合、TLの習得のレベルは、時間をかけて繰り返し自分に対してバブルトレーニングを行う個人の努力に依存します。明らかに、日常生活の中で子供たちがTLを話すことに挑戦される環境と比較すると、TLを習得するのに時間がかかり、多くの子供たちは多くの理由でそれを達成できません。

これらの観察に基づくと、バブルトレーニングを始めるためにTLのシステムやルールを知っている必要は必ずしもないことが明らかです。むしろ、他人の表現を真似たりバブルしたりするように挑戦される環境が言語習得において非常に重要な役割を果たすことが示されています。

したがって、赤ちゃんや幼い子供たちの言語習得の事例に基づいて、学生にバブルさせるための言語資源を提供し、学生に一貫してバブルさせる環境を提供することが成功の鍵となる要素のようです。

しかし、学生の年齢層によっては、目標言語（TL）の非常に基本的な特徴を教えることが、習得の効率を高めるために役立つと私は考えています。幼稚園児や小学生のような非常に若い学生にとっては、TLの基本的な特徴を教え始めるよりも、TLのバブル状況に直接さらされることの方が適切だと思います。それは、彼らがその特徴を理解するには若すぎ、TLを学ぶ上でそのような基本的な特徴を適切に活用することができないからです。

一方で、中学生以上の年齢の学生にとっては、バブルをより効率的に行うために、ある程度の目標言語（TL）の事前知識が役立つと考えています。

では、中等教育以上の学生に対して、バブルを最も効率的に行うために、どの程度、何を教えるべきなのでしょうか?

私は、バブルを教え始める前に、外国語（FL）教師が学生に、目標言語（TL）の基本的な特徴を教えるべきだと考えます。これは、学生がTLの辞書で語彙の基本形を調べたり、大声で読んだりするために必要です。そのためには、アルファベットの文字や各文字の音を教える必要があります。

また、文字が音節や文字を形成する基本的な方法も教える必要があります。これにより、学生は個々の文字の音に基づいて単語の音を把握することができます。単語を見て音を把握できるようになれば、バブルを自分で維持し続けるのに非常に役立ちます。

このようにして、バブルのプロセスを続けたいと思う人は、必ずしも常に音を聞かなくても、独自にプロセスを追求することができます。

まとめると、事前に準備や目標言語（TL）の学習をしなくても、バブルを行い、TLを習得し始めることができます。言語の知識がない場合、学生は特に聞こえた音や表現セットを拾い上げることに集中でき、バブルプロセスに専念しやすくなります。成人学生の場合は、バブルトレーニングプロセスを始める前に、単語や文の音を把握する方法を教えることで恩恵を受けることができます。

したがって、もしバブルを教え始める前に学生にTLについて教えることを主張するのであれば、それはバブルプロセスを効率的に進めるために必要な範囲にとどめるべきです。TLのすべてのルールとシステムは、バブルプロセスを通じて、学生が自然に言語的直感の一部として習得するものです。

4

言語資源の種類

技術の革命的な発展により、多くの種類の外国語教育（FLE）教材が登場しました。さまざまな種類の書籍、オーディオ、ビデオ、そしてインターネット上の外国語教材が、私たちや学生たちに選ばれるのを待っています。

多くの書籍はTLの文法について書かれており、他にも旅行や出張で使える便利な表現集や、役立つ表現の辞書があります。オーディオ教材に関しては、主に会話表現、有名な物語やスピーチ、映画やテレビ番組などのメディア素材を再現したものが多いです。ビデオ教材はオーディオ教材と性質的に似ていますが、グラフィックが含まれている点が異なります。また、一部のインターネット教材では、インタラクティブな音声学のプレゼンテーションを提供しています。

これらのどれも無価値であるわけではありません。適切に使用される場合、それらはすべて優れた教材だと思います。特に、それらの教材は、それぞれの習得レベルに応じてTLスキルを得るために非常に役立ち、必要だと考えています。しかし、これらが言語習得のプロセスを十分に考慮せずに慎重な判断なしで使用される場合、学生たちに非常に深刻な悪影響を与える可能性があります。

高技術に基づいた教材は、古典的なものよりも優れた資源を意味するのでしょうか? 外国語教育者として、私たちはクラスに適切な教材を選ぶために何を考慮すべきでしょうか? 私たちが学生に勧めるべき教材は何でしょうか?

異なるタイプの外国語教育教材を扱う前に、まず学生に教えるべきさまざまな言語資源について考えるべきだと私は思います。

初心者の学生に、名作やスピーチからのリソースでバブリングをさせるのでしょうか? それとも、学生のバブリングのために、ターゲット言語で書かれた新聞記事を使うのでしょうか? 映画や演劇のシナリオはどうでしょう? 学生を正式なビジネス言語の世界に直接投入することはできるのでしょうか? それとも、学生がバブリングをするために、1、2ページ程度の短い記事を使って始めるのでしょうか?

これらの質問に答えるために、私たちはそれぞれのバブルレベルの目標を含む重要な要素を考慮する必要があります。レベル1のバブルトレーニングの基本的な目標は、学生がターゲット言語の3つの獲得要素を同時に達成するのを助けることです。獲得要素の中で、言語直感は音、語/文構造、そしてターゲット言語の使用法に関する直感として特定できます。したがって、レベル1のバブルトレーニング用にテキスト教材を選ぶ際には、この基本的な目標を優先条件として考慮すべきです。

バブリングの目標に加えて、私たちはいくつかの実用的な問題について真剣に考慮する必要があります。それらは実行可能で、十分に簡単で、興味深く、有用で、便利で、効果的で、生産的であるべきです。また、状況に応じて、学生の年齢層を考慮する必要があります。

より効果的な教育のために、私は以下のように仮定します。最も必要な表現は他の表現よりも早く習得され、実際の表現は非実際的な表現よりも早く習得され、簡単な表現は複雑な表現よりも早く習得されるということです。最も必要な表現は、学生個々のニーズに応じて時間ごとに決まります。

したがって、私たちは学生が最も学びたい表現に関して「TLでどう言うか」という質問を常に持ってくるよう促すべきです。実際の表現については、学生の社会的なレベルを考慮すべきです。なぜなら、実際の表現の種類は学生グループごとに異なるからです。例えば、TLの成人初学者は、母親と赤ちゃんの間で交わされるような実際のバブリングの表現が実用的だとは考えません。言い換えれば、どんなに簡単な表現でも、それが学生にとって実用的でなければ、すぐに覚えて長く維持されることはありません。

また、表現を学生に紹介する際には、形式だけでなくTLの意味においても簡単な表現が複雑な表現や洗練された表現よりも重要視されるべきです。

バブリングトレーニングの目標と仮説を考慮すると、バブリングトレーニングの目的で学生に紹介すべき言語資源は、最も必要で、実際的で、シンプルなものであるべきです。これに基づき、私は学生に日常的な活動に基づいた対話から言語資源を用いてバブリングトレーニングを教えることを提案します。特に、バブリングトレーニングを始める初期段階では、リクエストや質問、返答の方法など、基本的な生存コミュニケーションの表現を教えるべきです。

そして、そのようなスタートに基づいた段階的な成功を経て、次のバブリングレベルでは、さまざまな社会的・ビジネス的状況における対話セットを広げることができます。

学生が基本的なコミュニケーションスキルを確立した後は、日常生活のストーリーに基づいたプレイシナリオをバブリングトレーニングの言語資源として活用するのも良いでしょう。

日常生活に基づく対話からのリソースを活用することは、非常に自然であり、バブリング教育の目標を達成するだけでなく、先に挙げたほとんどすべての実月的な問題にも適しています。対話の表現は比較的短く、文や単語の構造はシンプルで、学生がTLの文法知識に頼ることなく自然に言語を習得するのに十分簡単です。

もちろん、日常生活に基づく対話表現は短くてシンプルな構造なので、学生がその音声的特徴を捉えるのも容易です。また、学生は各表現の意味を理解するために文法的知識に頼る必要はありません。

したがって、学生は言語を学ぼうとする意欲があれば、バブリングトレーニングの通常のプロセスを通じて、容易に繰り返しバブリングを行うことができます。学生がまだ十分に言語を習得していなくても、日常生活に基づいた対話をバブリングトレーニングのプロセスを通じて非常に便利に活用できるという事実は、日常生活に基づく対話をバブリングのリソースとして使用する最大の利点となるでしょう。すなわち、バブリングトレーニングのプロセスを通じてさまざまな状況に役立つ表現を習得することで、学生はTLコミュニティを訪れたり旅行したりする際に、同様の状況でそれらを活用することができるのです。

日常生活に基づく対話表現をリソースの源として活用するのと比較して、ニュース記事、有名なスピーチや物語、映画、雑誌、小説など、他の種類のリソースを言語資源として活用することは、多くの学生にとって、バブリングトレーニングで言語を話すには乾いていて、難しく、効果的でない可能性が高いです。

子供たちの自然な言語習得過程を見てみると、日常生活に関連する便利な表現からリソースを使ってバブリングトレーニングを始めることは非常に自然に思えます。

また、私自身の大学生への韓国語教授経験、そして自分自身の英語学習経験、さらにTLをTV番組、映画、その他の一般的なオーディオメディアで学んだ多くの人々や、文法や読書、リスニングから始めた人々の失望した結果を観察して、日常活動に基づく対話型バブリングトレーニングが非常に効果的であると信じています。

さらに、2005年に韓国語で出版された私の拙著『New TESL Plus』を読んで、私の提案に従い、対話型バブリングトレーニング法（BTM）を実践した多くの人々が、非常に効果があったと私にメッセージを送ってくれました。

リソースを含む教材の種類に関しては、私は本とオーディオセットの教材が最も効果的であると信じています。ビデオやインターネットの教材は、その一方であまり効果的ではありません。

5

教材選定前に考慮すべきこと

従来の外国語教育（FLE）法は口頭での熟練度向上にあまり焦点を当ててこなかったため、その目的のために多くの教材は作られていません。従来のFLEメソッドのニーズに応えるために、文法や読書教材、最近市場に出たリスニング教材など、さまざまなレベルの参考資料が何千冊もデザインされ、出版されています。しかし、学生が言語を習得する自然な過程であるバブリングトレーニングを成功させるために設計された洗練された学習資料は、FLE分野にはあまり紹介されていません。

したがって、従来のFLEの傾向をバブリングトレーニング法に変えることは、言語によってはかなりの挑戦となる可能性があります。外国語教師として、学生に言語を教えるための教材と方法を決定するのは主に私たちの仕事です。また、言語によっては、適切な教材を見つけられない場合、自分で教材を開発することを検討するかもしれません。

実際、教材開発の仕事は個々の教師の範疇を超えたものです。FLEは異なる学年の学校で数年にわたって実施されるため、教材の作成者だけでなく、学校の各レベルのFLEプログラム開発者にも体系的な準備が求められます。このような体系的な設計と学校レベル間のリンクがないと、異なるレベルの学校でFL授業の継続性と一貫性を維持するのは非常に難しいでしょう。

FL教育のための教材を開発または選定する際に、私たち外国語教師が参考にできる最も基本的なアイデアは、ピアノ教師が学生に教えるための教材を開発または選定する方法から借りることができます。なぜなら、基本的にFLの言語教育過程はピアノ教育過程と似ているべきだからです。

現在、私たちが使用するためのさまざまな種類の参考書があると仮定して、バブリングトレーニング法に従って学生に教えるために教材を選定する際に考慮すべきいくつかの問題について考えてみましょう。

まず、教材は学生のTLを実行する身体的能力のレベルに合っているべきです。例えば、初心者の場合、表現セットの各行は短く、バブリングを行うのに十分に簡単でなければなりません。

バブリングトレーニングの最初の段階での最も重要な目標の一つは、学生が非常に基本的な表現の習得を通じてTLの音のシステムに対する直感を獲得することです。その直感も、口頭言語を実行するための身体的能力の一部です。

バブリングトレーニングの初期段階でのもう一つの目標は、発音スキルを習得することです。TLの音のシステムと発音スキルの自然な認識は、短くて簡単な表現でのバブリングトレーニングを通じて習得できます。したがって、非常に初心者に対して高度に複雑な対話セットを選ぶことは最適なアイデアではありません。

次に、オーディオセットが利用できるべきです。特に、そのようなオーディオセットの使用は、自分自身で外国語を教えたい人々にとって非常に有益です。ネイティブスピーカーの発音なしでバブリングトレーニングを行うのは非常に非効率的で時間がかかり、間違った発音でつまずいてしまうことも簡単です。学校でFLを教える人々だけでなく、外国語を自分で教える人々ももちろんFL教師です。

さらに、FLを自分の子供に教えようとする親もFL教師です。また、レベル1のバブリングトレーニング用のオーディオセットには、TLの表現の意味やTLの難しい音を発音する技術について、母国語での説明も含まれていると良いでしょう。これにより、学生はオーディオセットを聴くだけで、いつでもどこでも表現をバブリングしやすくなります。もしオーディオにTLの表現だけが含まれており、表現の意味や発音技術の詳細な説明がない場合、初心者の学生にとっては表現を聴いてバブリングするのが圧倒的に難しくなります。

オーディオセットが非常に重要であるもう一つの理由は、学生が教室の外でいつでもどこでも表現を聴いてバブリングできるようにするためです。つまり、オーディオセットは日常生活のパターンに沿ってバブリングトレーニングを行うために絶対に必要です。このため、オーディオセットはビデオセットやインターネットメディアよりもはるかに好まれます。オーディオセットは携帯可能ですが、ビデオセットやインターネットメディアはオーディオセットほど携帯性がありません。これがBTMの重要なポイントです: 学生は可能な限り何度もバブリングトレーニングを繰り返すことができる必要があります。

また、オーディオセットはTLが流暢でない教師にとっても強く必要とされます。TLを流暢に話せない非ネイティブの教師は、バブリングトレーニングの目的で学生にオーディオセットを使用するよう勧めるべきです。アメリカでは、非ネイティブスピーカーの教師やTLを流暢に話せない教師が外国語を教えるのは非常にまれですが、他の国々では非ネイティブスピーカーの教師やTLを話せない教師がTLを教えることが依然として一般的です。これが今まで可能であったのは、FL教師が学校で主にTLの文法と読解スキルを教えてきたからです。教師はTLを流暢に話せなくても、文法と読解を教えることができます。

第三に、対話表現は学生が日常的に利用できるものでなければなりません。特に初心者にとって、対話セットは非常に現実的であるべきです。それらを十分にバブリングトレーニングした後で頻繁に使用できるようにするためです。初心者は、洗練された表現よりも、まずは可能な限り多くの実用的な表現[29]をTLで習得する必要があります。

[29]ここでいう「実用的な表現」とは、TLコミュニティでの生存のためにコミュニケーションを続けるために必要な表現を指します。

BTMの利点の一つは、バブルトレーニングを経た後、学生が学校で学んだ表現をTLを完全に習得していなくても実生活で活用できることです。たとえ学生が1学期ほどでTLの学習を中断してしまったとしても、必要なときにはリアルな表現をかなり流暢に使うことができるはずです。したがって、特にバブルトレーニングの初級レベルの教材では、可能な限り多くの実用的な表現を紹介するべきです。それにより、学生は短期間のTL学習でもそれらを非常に効果的に活用できるようになります。

第四に、学生に紹介する言語資源は、現代的かつ標準的なレジストリの言語であるべきです。言語は非常に文化に依存しており、どの言語もその国の現代文化から独立して存在することはありません。また、異なるコミュニティグループは異なる言語のレジストリを共有する傾向があります。したがって、会話表現はTLの現代的な標準レジストリに更新されるべきです。

第五に、できるだけ多くの実生活の状況や慣用表現を網羅するべきです。教科書は、他の言語にうまく翻訳できないさまざまなソースからの多様な表現を紹介するべきです。特定の文型に基づくパターンドリルではなく、さまざまな構造や慣用表現を含む文を紹介することで、学生は言語固有の特徴にさらに進むことができます。本質的に生産的な話し方ではないパターン重視のドリルは、ある意味でバブルトレーニングの進展を遅らせることになるでしょう。

6

BTM教師の役割

レベル1のバブルは、話すためのバブルトレーニングを開始することであり、言語を習得するための最も基本的かつ重要なステップです。基本的に、子どもたちが母語（MT）を習得するプロセスを観察すると、36〜40か月頃までに100%の言語習得がバブルトレーニングを通じて行われることがわかります。多くの子どもたちは30か月頃までに母語を習得しているようです。この過程では、読むことも、書くことも、ラジオを聴くことも、テレビを見ることも、文法を学ぶことも必要ありません。

母語を習得した後、子どもたちは何百冊もの本を読むこと、学校のジャーナルやレポートを数多く書くこと、映画を見ること、文法を学ぶことなどを通じて、自然に言語スキルを向上させていきます。この言語スキルの向上プロセスは大学まで続きます。したがって、バブルトレーニングはターゲット言語（TL）の習得にとって非常に重要です。バブルトレーニングに成功した人はTLの流暢な話者になり、バブルトレーニングに失敗した人はTLを読むだけの能力に留まるでしょう。

では、どのようにして学生がバブルトレーニングを開始し、それを続けるように導くことができるでしょうか? バブルリーダー（主に親などのケア提供者）と赤ちゃんの間で、どのようにバブルのやりとりが行われるかは私たちにとって非常に馴染み深いものです。バブルリーダーは、赤ちゃんに対して言語的および非言語的特徴を大げさに伝える傾向があります。また、リーダーは赤ちゃんの目の前で起こっていることや存在しているものを非常にシンプルな言葉で説明することから、やりとりを始めます。この過程では教科書や準備された表現は使用されません。すべてが非常に即興的です。母語習得のプロセスにおいて、バブルリーダーと赤ちゃんの間のやりとりは非常に自然なものです。

しかし、外国語教育（FLE）の授業環境は、母語（MT）学習の環境とは大きく異なります。非常に柔軟で、一対一で行われる現実的な状況とは異なり、FLEの授業はより制約された、一対多の人工的な環境で行われます。ただし、学生たちがはるかに発達した知性を持ち、よりよく理解できるという事実は、そのような授業環境による影響を十分に克服できる要因となります。

では、学生が効率的にバブルトレーニングを行うために、どのように言語クラスを設計すれば良いのでしょうか? また、私たちは母語習得プロセスにおけるバブルリーダーの役割を果たすべきなのでしょうか? それとも、サッカーチームを運営するコーチのように、バブルトレーニングコーチの役割を果たすべきなのでしょうか? あるいは、高度な専門分野を講義する大学教授の役割を果たすべきなのでしょうか?

外国語教師として、私たちはバブルトレーニングの秘訣が、試験期間中に数夜詰め込み勉強をするだけで良いということではなく、一貫性のある反復的な努力を通じて、時間をかけて調整・向上していくことにあるということを理解する必要があります。言語習得は、頭が良いことよりも、時間をかけて着実で徹底した努力を重ねることの方がはるかに重要なのです。この調整を通じて、学生はターゲット言語（TL）を習得するために必要な言語的直感、身体的能力、そして言語資源を蓄積していきます。

したがって、バブルのクラスは、学生が教室内外で学期を通して、さらに年間を通じて毎日バブルトレーニングを行うことを求められるように設計されるべきです。

私たちがFL教師として果たすべき役割について言えば、良し悪しは別として、私たちは優れたバブルリーダー、優れたコーチ、そして教授という3つの役割を状況に応じてしっかり果たすことができる必要があります。しかし、FL教師として最も必要とされるのは、優れたバブルリーダーと優れたコーチの役割だと思います。特に、効果的なコース計画を設計し、その計画を学生がしっかりと実行できるよう管理することが、私が最も重要だと信じる役割です。

では、効果的なFLバブルクラスの設計とはどのようなものでしょうか? また、どのようにして学生が毎日バブルトレーニングを行うよう管理するのでしょうか? ここでは、主に私が韓国語のクラスで実践している内容から、FLバブルクラスの教授法のアイデアをいくつか紹介します。これらは、過去の授業から発見した点を基に毎年更新されてきたものです。私の大学の与えられた環境において、これが非常に効果的だと感じています。

ただし、私がクラスで実践している例を引用する際、それが最も効果的な方法であると言いたいわけではありません。クラスは、学生の年齢、クラスの人数、週の授業時間数、学生のレベル、学生の意欲と努力など、さまざまな理由で異なることがあります。むしろ、学生がTLを最も効果的に学べるように、与えられた環境において最善の方法でバブルクラスを設計するべきだと言いたいのです。

7

バブルリーダーの役割

外国語教育（FL）の授業において、最初にして最も基本的な役割は、「バブルリーダー」としての役割を果たすことです。つまり、バブルリーダーとしての教師は、さまざまな種類の資料から選ばれた対話表現で構成される言語的リソースを学生に提示する必要があります。

学生への言語的リソースの提示方法は、学生の年齢やレベルによって異なる場合があります。たとえば、小学生、中学生、高校生、そして大学生に対して、それぞれ初心者、中級者、上級者レベルに応じて異なる方法を用いることが考えられます。特に若い学生ほど、純粋に教科書から表現を学ぶだけでは退屈に感じる可能性があるため、視覚的なプレゼンテーションがより必要になるでしょう。

しかし、大学生のような大人の生徒に対しては、焦点を合わせる目的で、教科書から直接平易でシンプルなプレゼンテーションの方が良いと考えます。私の生徒たちは、このようなシンプルなプレゼンテーションには今まで問題なく対応してきました。したがって、少なくとも大学生にとっては、教師が授業中にそれぞれのリソース（単語、イディオム、フレーズ、節、文など）を正確に実演し、音や必要なジェスチャーを交えて表現を生徒に示すことが良い方法であるように思います。

もし教師がTL（目標言語）のネイティブスピーカーや流暢な話者でない場合、音声や映像機器を使って、言語資源を生徒に提示することができます。また、もし自分自身に外国語を教えたい場合、自己を非ネイティブで流暢でないTLの教師として考え、そのような機器を使用してリソースを自分に提示することが必要です。

例えば、初級レベルの生徒に対しては、模倣できるようにスローモードでデモンストレーションを始めるべきです。そして、生徒が音を覚えたら、バブル目的のために通常の話す速度に導入すべきです。

また、生徒ができるだけ明確かつ流暢にリソースを発音できるようにするための集中的なトレーニングは、この段階で非常に重要です。必要に応じて、難しい音をどのように発音するかについての詳細な説明やデモンストレーションが提供されるべきです。これは、FL（外国語）教師が赤ちゃんが音を出す方法を学ぶのを助けるために、バブルリーダーが行うように、言葉の音やジェスチャーを誇張する必要がある場面かもしれません。

リソースやダイアログの表現の十分なデモンストレーションが終わった後、通常2〜3回の繰り返しを行い、生徒は教師のデモンストレーションを数回繰り返す機会を得ます。必要に応じて、もっと繰り返すこともあります。その後、生徒は教師のアドバイスのもと、発音の誤りがあれば修正しながら表現を読みます。このようにして、生徒は教室外で自分の努力でバブルトレーニングを行える準備が整います。

生徒が読む際、教師はその発音を聞き、誤った音があれば修正するようにアドバイスし、その不正確な音の理由を説明し、どのように修正すべきかを示します。これは、生徒が自分の発音能力を調整し、改善するための調整セッションです。クラスの他の生徒も説明と示しによって間接的に利益を得ることができます。

バブルトレーニングの初期段階では、この調整セッションに必要な時間がより多くなります。また、この調整セッションは非常に重要です。なぜなら、誤った発音で繰り返しバブルトレーニングを行うことは、生徒に特定の音を誤って発音する強い悪習慣を形成させる原因になり得るからです。また、バブルトレーニングの効果的な実行における一般的な弱点を引き起こすことにもなりかねません。

調整セッションの後、教師はそれぞれの文の構成要素、例えば形態素、単語、熟語、関連表現などについて意味に基づいた言語情報を提供します。ほとんどの助詞や活用形は、それぞれの意味を提供することで説明でき、長い文法の説明は必要ありません。この方法で、生徒は一つ一つ、場合ごとにルールの体系を学びながら習得していきます。バブルトレーニングの過程では、紹介されるリソースに対する体系的な文法アプローチは必要なく、生徒の興味を誤った方向に逸らせる可能性があるため、避けるべきです。

各章の最後では、生徒はその章のダイアログを暗唱するために評価されるべきです。この復習評価は単に生徒の記憶状況を確認するためのものではなく、生徒が保持しているリソースの質を評価するものです。表現の習得レベルによって、流暢さ、速度、発音、そして暗唱の自信の度合いが異なります。記憶に頼った暗唱は、発話の過程が著しく遅くなり、発音がぎこちなく、また自信が欠けるという点で顕著に見られます。

上記のように、FL教師としてのバブルリーダーの役割は続きます。しかし、生徒が表現を増やすにつれて、バブルリーダーとしての役割は柔軟に調整されるべきで、子供たちの習得レベルに応じてバブルリーダーとしての親の役割が変化するのと同様です。

また、各章の最後には、生徒はその章で使用された語彙や熟語についてテストを受けるべきです。このようにして、章や一連のダイアログ表現に対する教師としてのバブルリーダーの役割が終了します。

8

バブルコーチの役割

バブルトレーニングはレッスンごとに進行するため、FL教師がバブルリーダーの役割に加えて次に担うべき役割は、バブルコーチとしての役割です。この役割では、生徒が表現を繰り返し練習し、表現の習得レベルを維持・向上させるように指導します。コーチとしての役割は、クラス外で生徒に何をすべきか、どうすべきかを教えることに焦点を当てます。

クラス内で学んだ各レッスンの表現を繰り返しバブルトレーニングすることは、生徒がリソースを習得するには十分ではありません。習得の度合いに応じて、生徒の自然に表現を実際の状況で活用する言語能力は異なります。

また、生徒が保持する表現の量と質が増えるほど、言語をより早く、簡単に習得することができます。同じ意味で、バブルトレーニングを正確に繰り返すほど、TLを実行するための言語的直感と身体的能力が向上します。したがって、授業中に紹介された言語リソースに対して、生徒がバブルトレーニングを継続するよう管理することは、FL教師としてのバブルリーダーの役割と並んで最も重要なタスクの一つです。

授業が学期や年を通じて進むにつれて、授業でカバーするレッスンの数は増え、それに伴い各生徒が保持すべき言語資源の量も増加します。最初は、生徒が言語資源を習得する負担は少ないですが、次第に増えていきます。

もし生徒が授業の進行に合わせて資源をタイムリーに習得せず、後回しにしてしまうと、蓄積された表現に圧倒され、続ける勇気を失ってしまう可能性があります。したがって、授業の進行に合わせて生徒が時間と努力を適切に管理できるようにコーチングすることが非常に重要です。

私は、生徒が時間と努力を管理するための成功したコーチングは、クラスデザインと評価方法から始まると考えています。クラスデザインと評価方法に応じて、生徒の言語スキルは大きく異なる可能性があります。特に、クラスデザインに関わらず、評価の方法と目標は生徒の学習に対する基本的な態度に劇的な影響を与えます。

例えば、評価が主にクイズや試験で、学生に括弧内の単語を埋めることを求める場合、生徒は括弧内の正しい単語を答えるための学習戦略を独自に開発することになりますが、これはTL（目標言語）を習得する上で最も効果的ではありません。

また、評価が文法、語彙、読解力、ライティングなど、さまざまな科目をテストすることに焦点を当てている場合、生徒は特定の分野に集中することなく、さまざまな方向に努力を分散させなければなりません。基本的に、生徒にとってTLを習得するかどうかは、試験で高得点を取ることよりも重要な問題ではないと感じられることが多いです。言い換えれば、試験で高得点を取る方法を学ぶことが、他の何よりも重要になってしまうのです。

したがって、FL（外国語）教師は、非効率的な評価方針を実施して生徒の注意を多方面に分散させないように理解し、注意を払うべきです。むしろ、すべての評価はクラスの最も重要な目的に一致し、集中すべきです。例えば、「話すためのバブルトレーニング」のクラスにおいては、レッスン、クイズ、中間試験、期末試験の評価は、バブルトレーニングに集中した努力によって生徒が成功裏に管理できるように開発されるべきです。

私の場合、バブルトレーニングのクラスでは、各レッスンの暗唱、復習評価、中間試験の暗唱、期末試験の暗唱、そして各レッスンのクイズ、中間試験、期末試験を通じて生徒を評価します。特に、最初の2学期の復習評価は、生徒が非常に集中しなければならない評価であり、前の学期の表現も含まれています。したがって、クラスを通じて紹介された表現を徹底的に習得するために努力した生徒は、すべての評価をうまく管理できることになります。

各レッスンの後の復習評価を除いて、生徒は日々の暗唱、中間試験、期末試験の時点で、クラスを通じて紹介されたすべての表現をテストされることが期待されています。これはクイズでも同様です。そのため、生徒が増え続ける表現を効率的に習得し、維持する方法とともに、身体的な能力を向上させるためのいくつかのアイデアを紹介し、強く推奨します。また、コーチからのアドバイスと各自の環境に基づいて、生徒は自分自身で表現の習得を維持するための戦略を開発します。

また、評価方法ではありませんが、私は常に生徒とコミュニケーションを取る時間を設け、以前に紹介した表現をいくつか使います。このようにして、生徒は新鮮な刺激を得ることができます。その新鮮な刺激を通じて、生徒は表現を実生活で使えるレベルまでパフォーマンスを向上させるように促されます。また、短期間で私と韓国語でコミュニケーションを取ることができたという事実によって、生徒は報われたと感じるように導きます。

バブルのコーチングの過程で、私は常に生徒にクラスで紹介されたすべてのダイアログを繰り返し聴き、できるだけ多く自分自身に表現を声を出して繰り返すように強く要求します。彼らは図書館や静かな場所で行う必要はありません。TLを学ぶことに本当にコミットしているのであれば、ほぼどこでも、どんな時間帯でもこのバブルトレーニングを行うことができます。これにより、リスニングとスピーキングスキルが非常に高い精度で向上します。

私はまた、生徒たちがクラスで学んだ表現を基にして、言葉を新しいものに置き換えて使い方や意味の一部を変える練習に時間と労力を使わないようにすべきだと勧めます。代わりに、彼らがそのような時間があるなら、リスニングとスピーキングのためにバブルトレーニングを行うようにお願いしています。なぜなら、生徒たちが高品質のさまざまな表現を本当に習得すると、それらを適切に使うために必要なのは語彙の問題に過ぎなくなるからです。

したがって、効果的であるためには、さまざまな状況に応じた不完全に習得した表現を使う練習に時間と労力を費やすのではなく、より多くの表現を高い品質で習得するために時間と労力を使うことが重要です。バブルトレーニングの最も重要な目標の1つは、TLを自然に使うための身体的能力を習得することだという事実を考慮すると、その能力を開発することに焦点を当てることが非常に重要であり、ぎこちない方法でパターンを拡張する練習に焦点を当てるべきではありません。パターン拡張の練習に焦点を当てることは、さまざまな状況に対応するための新しいダイアログセットを取得する過程を遅らせることになり、最終的にはTL習得全体の過程を遅らせることになります。また、パターン拡張の練習は個々の生徒が簡単に行うことができます。したがって、クラスでは、生徒たちにより多くの高品質の言語資源を提供することに集中する方が良いでしょう。

要約すると、レベル1のバブルトレーニングの指導において、FL教師（自分自身を教師とする場合や子供のFL学習の親を含む）の役割は、バブルリーダーとしての役割とバブルコーチとしての役割にまとめることができます。バブルリーダーの役割は、生徒が適切な言語スキルを習得できるように、新しい言語資源を効率的に紹介し続けることです。そして、バブルコーチの役割に、生徒が新しい資源と古い資源を使ってバブルトレーニングを繰り返し行い、TLの習得に必要な言語的直感、身体的能力、言語資源を確実に習得できるようにFLEシステムを設計し、管理することです。

9

表現の理解の仕方を教える

TLの表現を意味を理解せずに習得することには意味がありません。生徒たちは、表現を習得する前にその意味を理解する必要があります。したがって、FL教師は各表現の意味を教えるべきです。また、教師は生徒たちにその意味を理解する方法も教える必要があります。ここで、文法学者たちは、学生が意味を理解するためには文法教育が必要だと主張します。彼らは、学生が文法に基づく分析を文に適用しないと、表現の意味を理解できないと考えています。

しかし、FLEにおいて文法教育が必要だと主張する人々が抱えている最大の誤解の一つは、学生がTLの文法知識を持たなければ、文を理解できないということです。日常生活に基づく対話表現は、もともと単純で理解しやすいものです。それらは高度に技術的でも複雑でもありません。したがって、話すためのバブルトレーニングの過程で、生徒たちは、各文の構成要素の意味や文全体の意味を学ぶことによって、TLの一般的な言語的特徴を簡単に理解することができます。生徒たちは最初から集中的な文法プログラムを受ける必要はありません。

以下の例は、TLの文法知識に頼らずにFL表現の意味をどれほど簡単に理解できるかを示しています:

A: 안녕하세요?

こんにちはお元┌ですか

こんにちは、お元┌ですか？

B: 안 안녕하세요?

こんにちは、お元┌ですか？

A: 날씨가 아주 좋지요??

天┌—主語マ┌カ┌ すごく よし—修┌疑問

天┌はとても良いですね？

B: 네 아주 좋아요

はい すごく よし

はい、すごくよし

A: 민수 씨 오늘 점심 뭐 먹었어요?

ミスタ 日は 給食 何 食べ

今日のランチは何を食べましたか?

B: 불고기 먹었어요?

プルコギ 食べ

プルコギを食べた

A: 이번 주말에 할일이 닳아요?

これ　週末―で　やるべき仕事―主語マ「カ「　たくさん「週末にやることはたくさんありますか?

B: 아니요　별로　없어요

いいえ　特に　ありません

いや、特にやることはありません。

A: 그러면　이번　주말에　무아　할거예요?

そうしたら　これ　週末―で　何　やりましょう

では、「週末はどうしますか?

B: 오래간만에　좀　푹　쉬고　싶어요.

久しぶりに―で　ちょっと　深く　休む　したいこと

久しぶりにゆっくり休みたいと思います。

上記のように、個々の単語、イディオム、助詞の意味を詳細に説明することで、ほとんどの文の意味が自ずと明確になります。そして、意味のあいまいさのいくつかは、英語が時々「Good luck」のように、文の中で明らかに理解されている要素を省略するのと同じように、韓国語ではお互いによく知られた代名詞が省略されるという事実を説明することで明確にできます。

ここで韓国語の例をいくつか使いましたが、すべての人間の言語は同じ方法でアプローチできると私は考えています。上記の例では、粒子の説明の便宜のために「主語の助詞」や「

過去形」などの文法用語を使いました。しかし、私は表現の意味を説明するために文法を紹介するつもりはありませんでした。そのような用語は、学生の理解レベルに合わせて、より分かりやすい用語に置き換えることができます。

学生がさまざまなトピックについてどんどん多くの表現を集めていくと、日常生活で使える表現に加えて、さまざまな種類の規則的なパターンを学んでいきます。学生が時制、数、アスペクト、敬語の使い方、格など、言語によって異なる特定の言語領域の規則的なパターンを見つけると、そのような発見は、さまざまなターゲット言語の表現を集める過程でケースごとに積み重ねられ、学生の言語直感に向かっていきます。このようにして、学生は格、時制、数など、彼らに主に紹介される言語的特徴に関するパターンを簡単に理解することができます。

学期の終わりに近づいた頃、私は通常、時制、格、韓国語の敬語の形式に関する特定の規則的に現れるパターンに関する特別講義を行います。特定のパターンに関する特別講義を行う前に、私は、私が紹介する内容は学生がいくつかの規則的な現象を理解するのを助けるためのものであり、学生はその特別講義の内容について試験を受けることはないこと、したがって、学生はその現象を知らないことや理解できないことを心配する必要はないと強調します。

私はこのような特別講義を行う主な理由は、このクラスが大学生で構成されており、彼らの理解力と学習能力が十分に発達していて、限られた時間で韓国語を勉強しながらも、バブル・トレーニングの最初の段階から始める必要があるからです。このため、小中学校のような若い学生に長期プログラムに基づいてFLクラスを受ける場合、私はそのような特別講義を行うことは考えず、学生にとって最も効果的なバブル・トレーニングを提供することに専念します。

10

注意すべきこと

私たちの生活において多くのことに言えるように、良いスタートはFL（外国語）教師と学生の両方にとって非常に重要です。私は、私のプログラムで毎学期最初の授業を欠席した学生たちが、授業に追いつくのが難しいと感じています。彼らは、私が授業で教えようとしている内容についていけない傾向があります。

毎学期の最初の授業で、私は他の多くの教師と同様に、学生たちにその学期の計画についてオリエンテーションを行います。私は授業の進め方、学生が授業のために準備するべきこと、学生に期待すること、評価方法、そして避けるべきことについて話します。

特に初めてのクラスで学生たちが避けるべきことの一つは、単語の音に自分自身の音声記号をつける習慣を形成することです。私の経験に基づけば、音声記号を使って単語の音を記述した学生たちは、クラスで遅い読み手になる傾向がありました。また、彼らの発音スキルはクラスの他の学生よりも一般的に弱いことが多かったです。彼らは文字や記号の個々の音を理解するのに、いつももっと時間がかかっていました。

私のクラスでは、通常、学生は約3週間で韓国語を読み始めます。約4〜5週間で、学生たちは韓国語をスムーズに読み、かなり正確な発音ができるようになります。しかし、音声記号で単語の音を記述する習慣を身につけた学生たちは、8週間以上かかってようやく読めるようになり、その中には初めての学期が終わった後でもうまく読めない学生もいます。音声記号の習慣は、授業中に各文字や記号の音を覚えることにあまり注意を払わせなくなります。学生が勉強する際、実際の音を反映できない音声記号に頼るため、誤った発音をする悪い習慣を作り上げてしまいます。

また、学生たちが避けるべきことの一つは、表現を覚えたり暗唱したりする段階で努力を止めてしまうことです。覚えること、暗唱すること、表現を習得することの違いは、学生が十分にバブルトレーニングを行っているかどうかにあります。覚えることは単なる記憶の再生、暗唱することは一時的な再現、習得することは生産的なコミュニケーションです。

単なる記憶や一時的な暗唱では、言語をうまく使うことはできません。言語を流暢に使えるようになるのは、習得した言語スキルによってです。学生が会話のための言語スキルを習得する効率的な方法は、覚えたり暗唱したりした表現を使って、継続的にバブルトレーニングを行わせることです。

学生のバブル努力が記憶、暗唱、または習得のどのレベルにあるかを見分ける方法の一つは、レビュー評価です。通常、学生はバブルトレーニングが不足しているため、覚えた表現を流暢に言うことができません。発音の間違い、自信の欠如、スキルの不足などがその原因です。また、学生が記憶から表現を引き出そうとする手動的な努力を見ることもできます。さらに、暗唱した表現と習得した表現の違いは、繰り返しレビュー評価を行うことで、または学生との自然なインタラクションを通じて明らかになります。

音声の記述や単純な暗記、一時的な暗唱の問題に加えて、誤った発音でバブルを行っている学生は修正されるべきです。そうしないと、特定の音のパターンに固執してしまい、後で音を修正するのが難しくなります。

また、口をすぼめて声がかすれた状態でバブルトレーニングを行うことも修正するべきです。学生は、口を大きく開け、十分に大きな声でバブルトレーニングを行うように励まされるべきです。これが正確な発音を形成するのに非常に役立ちます。学生は、バブルトレーニングを行う方法が、TLスキルの流暢さと口頭能力に完全に影響を与えることを頻繁に思い出させるべきです。

中には、文法の参考書に頼ってFLの勉強を続け、バブルトレーニングにはあまり努力を注がない学生もいます。これは、TLのルールやシステムについての知識を蓄積することがFLを学ぶ最も効果的な方法だと信じているからです。これらの学生には、自然な言語習得のプロセスを観察し、理解することを紹介するべきです。

FLを学びたい学生にとって、常に携帯すべき非常に重要なことがいくつかあります。まず一つ目は、しっかりとした、厚くて便利な語彙ノートです。このノートは、バブルトレーニングのために必要な表現、単語、熟語、その他の役立つ表現を集めておくために使います。

クラス内外で新しい有用な表現が紹介された際、学生はそれらを集め、うまく維持する必要があります。これにより、常に習得のためにリソースをバブルすることができます。学生は教科書を使って新しい言語リソースを記録することができますが、本を終えて次の本に進むと、以前の本の言語リソースを再訪するのは簡単ではありません。語彙ノートをうまく維持している学生は、TL学習でより良い成果を上げることが分かっています。

第二に、携帯型オーディオプレーヤー（「PAP」）です。これは明らかな理由からです。PAPは学生がさまざまな表現セットをバブルするのに非常に役立ちます。PAPがなければ、学生はクラスと本だけに頼ってバブルを行わなければならないでしょう。しかし、クラス後にバブルトレーニングを行う際、特に初心者クラスでは、音を正確に記憶するのは簡単ではありません。PAPは、学生がいつでもどこでも表現を聞くことができるため、バブルトレーニングの質を大いに向上させます。また、オーディオシステムを利用した学生は、システムを使わない学生よりもクラスでの成績が格段に良いことが分かっています。

最後に、学生には、自分の意志であらゆる言語リソースを繰り返しバブルし続けることを思い出させ、励ます必要があります。学生が夏休みなどの休暇中に完全にバブルトレーニングをやめてしまうと、多くの言語リソースを早く失い、最終的にはTLの学習を続ける気力を失ってしまいます。FL教師はクラス時間内でしか学生と直接交流できませんので、休暇中にバブルの指導やコーチングを行うことはできません。したがって、学生にはTLの取得努力を続けるように思い出させることが非常に重要です。

11

バブルトレーニングのための機器

実際の表現でのバブルトレーニングの重要性は何度も強調しても足りないほどです。これは、フットボールコーチが初心者のフットボール選手の技術と体力を養うための反復トレーニングの重要性を強調するのと同じです。しかし、FL教師として、私たちは子どもたちの自然言語習得における母親や父親のように、学生のために常にバブルリーダーになることはできません。したがって、学生には現代の技術文明を利用して、いつでもバブルリーダーを雇うことを勧めるべきです。

多くのFL教師や学生が利用している高度なテクノロジー機器の中には、オーディオセット、ビデオセット、コンピューターフォニックスプログラム、電話でのインタラクション、インターネットベースの視覚的インタラクション、携帯電話ベースのサービスなどがあります。

それでは、バブルトレーニング目的に最も効果的な機器は何でしょうか。その答えは学生の年齢やレベルによって異なるかもしれません。しかし、高校生や大学生のような成人学生にとって、私はオーディオセットが多くの理由で最も効果的なバブル機器であると信じています。また、学生がそのような機器を使う意欲があれば、若い学生にとってもオーディオセットは最も効果的であると考えています。

学生には、オーディオセットを使って実際の表現を繰り返し聴きながらバブルトレーニングをすることを勧めるべきです。初心者にとって、オーディオセットは言語のスローモードと通常モードの両方が再生できるべきです。これにより、学生は流暢な発音を生み出すための身体的な能力を構築し、非常に強い聴解力を身につけることができます。学生がFLの授業に頼り、書籍を使ってバブルを行うだけでは、正しい音を出すのは難しく、非常に長い時間がかかります。また、聴解力も育成されません。

オーディオセットでのダイアログによるバブルトレーニングは、書籍やビデオセットでのバブルトレーニングに比べて明確な利点があります。オーディオセットの利点は、学生が耳を使ってのみ情報を得ることに集中する必要があり、これが強い耳の集中力を養うことに繋がる点です。こうして、学生は迅速に強力な聴解力を構築することができます。

また、オーディオセットは、聴いて模倣することに集中できるため、バブルトレーニングに集中しやすくなります。さらに、オーディオセットは携帯しやすく、したがって、学生は好きな時、好きな場所でバブルトレーニングを行うことができます。それは、いつでもどこでも使えるバブルリーダーとなります。耳と口だけで簡単にバブルトレーニングを行うことができ、移動中でもいつでも簡単にトレーニングが可能です。特に、FLの授業を受けており、特定の音をどのように発音するかについてFL教師からサポートを受けている学生にとって、オーディオセットは非常に理想的なバブルリーダーとなります。

多くの人は、学生が聴いて同時に視覚的に見ることができるため、ビデオセットがFL学習に最適な教材だと考えがちですが、初級レベルでは、ビデオセットを使ったバブルトレーニングは学生の注意を簡単に逸らしてしまいます。まず第一に、情報を得るために目に多くの注意が向けられます。また、ビデオセットでバブルトレーニングを行うためには、目、耳、口すべてが占有されてしまいます。

したがって、耳は何が起こっているのかを理解するために100%の注意を払うことができず、これは聴解力の構築プロセスを遅らせる原因になると私は考えています。同じ理由で、バブルエネルギーが逸れてしまいます。最も重要なのは、ビデオセットを持ち歩くのが非常に難しいという点です（たとえ持ち歩けたとしても、目を占有するため、実際には移動中にはできません）。そのため、バブルトレーニングの練習は特定の時間と場所に制限されます。

したがって、それは常にどこでも使えるバブルリーダーにはなりません。ビデオセットがFL教師なしで自己学習する初学者にとって、難しい音を発音するプロセスを学ぶのに役立つと指摘する人もいますが、実際には音の作り方を聴いて学ぶことでも可能です。そのような音を作る方法に関する口頭での説明を聴きながら集中的に学ぶことで学べない音はほとんどありません。

電話でのやり取りやインターネットベースの視覚的やり取りなど、他の技術を利用することは、時間、場所、コストの面で多くの制約を生じさせるため、常にどこでも使えるバブルリーダーにはなりません。何よりも、こうした技術が常に他の参加者を必要とするという事実が、それらが実際的な手段ではないことを証明しています。

第９章

教え方：BTMレベル2 - 読書のためのバブルトレーニングを追加する

1

クラス設計のアイデア

レベル1のバブルコースを成功裏に修了した後、学生は少なくとも日常的な問題について会話に参加できることが期待されます。言い換えれば、学生はバブルを通じて習得した表現に基づいて自分自身でコミュニケーションを取ることができるようになります。彼らは、メッセージを伝えるために必要な言葉を入れ替えて、表現を再現することができるようになります。このレベルでは、学生は大量のTL（目標言語）語彙や言語資源を持っていれば、たくさんの表現を生み出すことができるようになるでしょう。

しかし、TLをある程度話すことができても、彼らは言語資源が不足しているため、深刻な問題に直面します。したがって、学生のコミュニケーション能力は、瞬時に利用可能な言語資源の不足により大きく制限されます。

同時に、学生はTLの表現のより高いレベルを掌握するために、さらに多くの新しい表現セットを習得する必要があります。日常的な活動に基づく表現に加えて、社会的またはビジネス活動のためのTLコミュニケーションスキルも学ぶ必要があります。

以下は、レベル2のバブルトレーニングクラス設計時に考慮すべきいくつかのアイデアです。

1. 可能であれば、柔軟な直接法をクラスの指導に適用するべきです。柔軟な直接法とは、ほぼ常にTL（目標言語）だけで進める方法ですが、難しい概念や抽象的な概念は、学生の母語で説明することもできます。
2. レベル2のバブルトレーニングに必要な時間は、学生の年齢、クラスの人数、1週間の授業回数、その他の環境要因によって異なります。例えば、大学生の場合、週5時間の授業であれば、約1～2学期かかるでしょう。
3. バブルトレーニングレベル2の目標は次の通りです：学生が約200の社会的な言語[30]表現を習得できるようにバブルトレーニングを続けること、そして学生がTLで150～200ページの本を2～3冊読めるようになり、その後に原語に戻すバックトランスレーションを行い、学生が口頭の流暢さを向上させるための強力な言語資源を構築すること。
4. 学生は、これまでに習得した表現を活用するように励まされるべきです。学生には自分の意味を伝えるために積極的に表現を使うことが強調されるべきです。
5. レベル2バブルの成人学生向けの読書量の目標は、150～200ページの本を1～2冊読むことです。
6. 特に自分自身で予定をこなせない若い学生は、自分で本を読むのではなく、教師によるストーリーテリングや動画/音声プレゼンテーションの方法を活用できます。
7. バブルトレーニングの読書指導は、文法分析ではなく、文脈に関連する形態素、単語、熟語の個別の意味に基づいて行われるべきです。

8. 評価は、学生が自分の意味を伝えるために習得した表現を使う能力、読解力、そして読書から得た語彙に焦点を当てるべきです。

[30]私は「社会的言語」という用語を、友人との会話、自己紹介や他者紹介、電話をかける、道案内をする、友達とレストランに行く、過去や来週末のイベントについて話す、友人の家を訪れる、パーティーに行く、メールを送る、人々を招待する、グループ活動の計画を立てる、外見についてコメントする、友人を励ます、一緒に悲しみを共有する、褒める、贈り物をする、弔う、ニュースや趣味、好みの事柄、ポットラック、宗教、ハイキング、学校、感情、ゴルフをする、映画館に行く、休日を過ごす、コンサートに行く、デートする、プロポーズをする、スケジュールの調整、事故などの社会的な活動環境でTL話者によって話される口語的な言語を指すために使用しています。

レベル2のバブルクラスを考慮する際に、いくつかの重要な点を留意する必要があります。最初に明確に留意すべきことは、レベルIIでは読書のためのバブルトレーニングが追加されますが、レベル2の主要な焦点は依然として話すためのバブルトレーニングであるということです。言い換えれば、バブルトレーニングはレベルIIの主要部分であり、読むためのバブルトレーニングはスピーキングスキルを身につける努力の補足であるべきです。バブルトレーニングで最も重要なことは、学生が非常に流暢な方法で新しい表現を身につけ、それを同じまたは類似の状況に直面したときに活用できるようにすることです。

次に留意すべきことは、レベル2のバブルトレーニングでは、社会的活動に関連した表現の習得に焦点を当てるべきだということです。学生は常に積極的に会話活動に参加するよう奨励され、授業中に他の学生との間で積極的な会話を行うよう求められるべきです。このレベルでは、学生はほとんどの毎日のルーチンダイアログを明確に聞いて理解でき、以前に習得した表現を利用して日常の活動について話すことができます。教師と学生、または学生同士で積極的に会話する機会を提供することは、学生に表現を活用させ、新しい表現を作り出すことに挑戦させる動機を与えるでしょう。

三つ目に心に留めておくべきことは、読みのためのバブルトレーニングには文法的アプローチが必要ないということです。文法への扉が開かれると、すべての異なるタイプの文法クラスに扉が開かれ、教師と生徒の両方にとってあまり実りのない貴重な時間を浪費することになるでしょう。教師はむしろ、正しい発音で読めるように学生をサポートし、各文の構成要素に基づいて与えられた文の意味を推測できるようにすることに焦点を当てるべきです。

また、読みのためのバブルトレーニングは、学生が書かれた言語を理解できるように、読みのスキルを習得するためのトレーニングを提供するものです。しかし、語彙力がなければ、読みのスキルだけではあまり意味がありません。それは言語リソースを持たない言語ロボットのようなものです。したがって、読みのスキルを習得した後も、学生は語彙力を築くために継続的に読書に取り組むべきです。

そのため、学校の個々の状況や生徒の能力に応じて、レベル2のバブルトレーニングは必要に応じて拡大できます。

2

読みのためのバブルトレーニングの追加

レベル1のバブルトレーニングを約500の独立した表現で完了したことは、約500種類の異なる言語形式を使用して話すことや聞くことができる言語ロボットを開発したことに似ています。もし誰かがレベル1のバブルトレーニングを600の独立した表現で成功裏に完了したなら、それは600種類の異なる言語形式を効果的な双方向コミュニケーションに利用できる言語ロボットを成功裏に開発したことと同じであり、他のロボットよりもずっとスムーズで効率的です。そのような言語ロボットを成功裏に開発したことは非常に有益であると言えます。使用されるバブルトレーニングの教材に応じて、500種類の異なる表現を持つレベル1を成功裏に完了したことは、習熟度ガイドラインに従って、中級高レベルの習熟度を持つ学生を生み出すでしょう。

しかし、このような素晴らしい言語ロボットでも、そのデータベースに常に利用できる豊富な言語リソースがなければ、それほど価値があるとは言えません。さまざまな業界分野の豊富な言語リソースがサポートされていなければ、言語ロボットは新しい表現を認識することも、創造的な意味を新しい状況に適応させて生産的に使うこともできず、最初に構築された表現を特定の状況に繰り返し使うだけで制限されることになります。

BTMのレベル2の教育は、バブルトレーニングと読むことの二部構成です。理想的には、学生は約500の毎日の活動に関連する表現を言語リソースの一部として自由にコマンドできるようになることが期待されます。レベル1の終わりでこれほど多くの言語リソースを持っていると、学生は非常に強い言語的直感と非常に高い物理的な能力を持つことになります。このような直感と物理的な能力を持っている学生は、言語リソースが手元にある限り、新しい状況でも流暢にTLを使いこなせるようになるべきです。

したがって、レベル2の目標の一つは、学生が以前に習得した日常活動に関連する表現を本当に流暢で生産的に使えるようにし、さらに学生が社会的活動に関連する言語リソースを200の独立した表現以上で取り扱える能力と質を向上させることです。もう一つの目標は、学生が自分たちの言語リソースとして使用できるように、できるだけ多くの言語リソースを確保できるようサポートすることです。もちろん、学生がさまざまな文の構造を体験することもレベル2のBTMの目標の一つです。

外国語習得における読みの最も重要な目標の一つは、学生が使用するためのさまざまな種類の言語リソースを集めることです。もちろん、言語リソースは読み以外からも集めることができます。例えば、人と話すことや映画を観ることなどです。しかし、言語リソースを集める方法の中で、私は読みを通じて集めることが最も効果的だと信じています。理由はいくつかあります。

まず、読むことは自分のペースで行うことができます。さらに、誰かと話す必要もありません。したがって、読む進度を自分でコントロールできます。理解に時間が必要な場合、時間をかけて難しい部分を考えることができます。自分のペースで物事を進めることができることは、多くの利点をもたらします。

次に、言語リソースを効果的に維持することができます。新しい表現や単語が紹介された場合、それを語彙ノートに書き留めて、後で再訪することで習得できます。外国語教育における読みの最も重要な目標の一つは、さまざまな種類の言語リソースを集めることですので、新しいリソースを場所に記録して、何度でも再訪できるようにすることが常に重要です。

しかし、読みから集めた言語リソースにはいくつかの大きなリスクがあります。最初のリスクは、自分の読書から表現の発音に関するすべての言語情報を得ることができないという事実です。つまり、読む際には、書籍からネイティブスピーカーの発音を拾うことができません。目を通して得られる言語情報に頼らなければならないからです。リソースを見ながら読んでいると、不正確な発音パターンを作り出す悪習慣を身につけてしまうリスクが簡単に招かれます。実際のコミュニケーションにおいて、実際の音がないままで習得された多くの言語リソースは、誤った発音により問題を引き起こす可能性があります。

もう一つのリスクは、学生が文法ウイルスに感染しやすいことです。言い換えれば、難しい文に直面すると、学生はその文に適用されている文法を探ろうとする傾向があります。これは特に、レベル1を通してTLを習得していない学生に当てはまります。レベル1で徹底的に努力しないと、TLの音、構造、言語リソースの使用に関する言語直感を習得することができません。強い言語直感から得られるサポートなしでは、学生は読書中に自然に文法分析に頼りがちです。

これは、学生がレベル1で集中的なバブルトレーニングを行う理由の一つであり、レベル2で読みのためのバブルトレーニングを行う理由でもあります。レベル1を通して約500の独立した表現を習得していれば、文の構造を理解し、TLの洗練された文構造に徐々に慣れていくための十分に強い言語直感を身につけているはずです。したがって、レベル1で外国語を習得した程度の学生にとって、読みの理解を始めることは、書かれた単語を認識する方法さえわかれば、それほど難しいことではありません。

一般的に、学生はレベル1の過程でTLのさまざまな文構造に関する言語直感を身につけるようです。これは、TLとの言語的距離や各FLEの課題によって異なりますが、1学期ほどの短期間で身につくこともあれば、4学期以上かかることもあります。したがって、レベル1の後に読みを始めることは非常にスムーズに進みます。しかし、中国語のようにアルファベットではなく文字体系を使用する言語の場合、読みのためのバブルトレーニングにはかなりの追加の努力と時間が必要となります。

口語的なTLの形式を習得した後に読みを始めることは、子どもたちが母国語を学び、発展させる過程でたどるルートと同じです。自然な言語習得過程では、読むことは学習者が母国語を完全に習得するまで始まりません。おおよそ36〜40ヶ月の年齢で、子どもたちは母国語を流暢に話せるようになります。彼らの母国語に関する言語直感はしっかりと得られ、身体的能力はかなり完全に発達し、日常的な言葉のやり取りを十分に行えるだけの言語リソースが揃い、独自に母国語を生産的に話すことができます。

また、流暢に自分の言語を話せるが、読み書きができない大人が何百万と存在します。これは、言語は確かにバブルトレーニングのみで習得できること、そして流暢な言語の会話能力を得るためには読むことや書くことが必ずしも必要ではないことを教えてくれます。言い換えれば、言語そのものはBTMレベル1、バブルトレーニングによる会話で完全に習得できるということです。しかし、現代社会では、時には書かれた資料を通じたコミュニケーションが私たちの生活において非常に重要であり、非常に良い読み理解のスキルを習得する必要があります。したがって、BTMレベルIIは、TLの口頭コミュニケーションスキルの開発を続けるだけでなく、その目的のための読み理解スキルを発展させることを目的として設計されています。

3

テキストブック vs. ワークブック

バブルトレーニングによる会話に加えて、バブルトレーニングによる読みを導入する前に、適切な本を選んで推奨することがまず必要です。その際、考慮すべきいくつかの問題があります。しかし、バブルトレーニングによる会話にアプローチする場合と同様に、バブルトレーニングによる読みへのアプローチの基本的な考え方は、自然言語習得で全ての言語学習者に成功裏に適用されてきた読みのプロセスに従うことであり、また、学生の脳の能力の向上を活用してより効果的にすることです。

基本的に、バブルトレーニングによる読みは、文の個々の構成要素の意味に基づいて文の意味を正確に推測するスキルを学ぶための訓練です。最終的には、まず文の各構成要素の意味を見つけ、その後、それらの発見に基づいて文の正しい意味を導き出す方法を学生に示す具体的なプロセスです。

ただし、BTMレベル1を通じて、学生はTLの基本的な文構造や意味解釈パターンを把握するための直感的な推測スキルをある程度強化しています。そのため、少し洗練された文にもそれほど苦労せず取り組むことができます。その結果、学生はTL文の解釈方法に関する集中的な授業を必要とせず、バブルトレーニングによる読みの訓練を自分で行うために従うべき体系的なカリキュラムが必要です。この種類の読みの訓練は、学生を読解のために訓練する翻訳法が行うこととは大きく異なります。

レベル2では、バブルトレーニングが社会活動用とリーディング用に組み合わされるため、レベル2の初級に最も理想的なテキストブックは、さまざまな社会生活活動に関連したダイアログと、それに関連するトピックの短編ストーリーを組み合わせたものです。ストーリーの長さは徐々に増やしていくことが望ましいです。この方法により、学生は読み始めをスムーズに進めることができ、また与えられたトピックに密接に関連する言語リソースを習得する助けにもなります。

しかしながら、BTMレベル2では、TLで話すスキルの向上が依然として最優先事項であるため、教師が授業中に必要な量のリーディング教材をカバーするために多くの時間を費やすのは、あまり効率的ではありません。そのため、学生が効率的にリーディングトレーニングを進められるようにする方法として、テキストブックに加えてワークブックを活用することを教師は検討するべきです。つまり、テキストブックは社会生活活動における集中的なバブルトレーニングと意味解釈の実演に焦点を当てたものとして設計されるべきです。

一方で、バブルトレーニング用のリーディングワークブックはカリキュラムの一部として活用され、学生が必要な量のリーディングを自分で実施できるようにします。リーディングから収集した言語リソースを学生が維持できるように、適切な評価方法をカリキュラムに含めることが非常に重要です。

では、システマティックな授業カリキュラムに必要なリーディングバブルトレーニングを行うために、効率的なワークブックを選ぶ際のアイデアを考えてみましょう。

まず、簡単に始められるものを選びましょう。リーディング用のバブルトレーニングの目的は、TLの構造や表現、特に書かれた表現の使い方についての直感を身につけることです。そのため、テキストブックの内容は決して難しいものである必要はありません。むしろ、興味深く、理解しやすいものであるべきです。

また、それは学生の理解レベルに合ったものであるべきです。明らかに、大人の学生に対して幼稚園レベルのストーリーブックを教材として使用するのは不適切です。また、たとえ学生が大人のプロフェッショナルであったとしても、初級レベルのリーディングバブルトレーニングの教材として高度に専門的な業界誌を使用するのは効果的ではありません。初級レベルの教材は、さまざまなテーマに関連した日常生活や社会生活に関するストーリーであるべきです。

教材のフォーマットに関しては、一時的な配布資料やプリント、フライヤーではなく、150～200ページ程度のしっかりした厚みのある本をお勧めします。このようなしっかりした厚みのある本を教材として使用する理由については後ほど説明します。ただし、ストーリーが必ずしも長くある必要はありません。ストーリーの長さは2ページや1ページでも構いません。長さは重要ではありません。

次に、気軽に進められるものを選びましょう。リーディング用のワークブックは、TLとMTの両言語がバイリンガル形式で編集されている方が良いです。理想的には、MTの各ページが対応するTLのページのすぐ後に続く形式が良いでしょう。これにより、学生はTL表現の意味を自分で考えたものと、MTで実際に記載されている意味とを簡単に比較することができます。

ワークブックのバイリンガル形式だけでなく、各ページの下部に、そのページで使用されている重要な単語や慣用表現の用語集があることも重要です。特に未知の言語を学ぶ初心者にとって、各ページで無数の新しい語彙項目に出会うことになります。そのたびに辞書を引くのは簡単な作業ではありません。さらに、一部の慣用表現は辞書で見つけるのが難しい場合もあります。

また、それは非常に時間がかかるかもしれません。学生は、用語集に載っていない単語の意味を見つけるために、結局辞書を引く必要があるでしょう。しかし、それでも用語集は学生にとって多くの時間を節約することができます。そのため、新しい単語のそれぞれの意味に即座にアクセスできることは、学生が読書を続けるのに大いに役立ちます。これにより、学生がリーディングを進めるのがはるかに簡単になります。学生の時間と労力を節約し、集中力を維持するのに役立ちます。

バイリンガル形式と重要な単語の用語集は、学生が授業から離れて自分で学習するのを可能にするため、非常に重要です。また、それらは学生が多くの時間と労力を節約できるため効果的です。後ほど、学生がバイリンガル形式と重要単語の用語集をどのように活用できるかについて詳しく説明します。

三つ目に、楽しいものを選びましょう。バイリンガル形式で重要単語や慣用表現の用語集があるワークブックを選ぶ努力は、学生にとって興味深い、またはよく知られたストーリーを含むワークブックを探すことで、さらに報われるでしょう。特に初心者にとって、TLの複雑な文章を理解するのに苦労する場合に役立ちます。たとえば、多くの人にとってよく知られているイソップ物語は一例です。そのため、リーディング用のバブルトレーニングにイソップ物語をワークブックとして選ぶことができれば、学生が馴染みのない文化固有のストーリーよりも、TLで物語を読み理解するのに役立つでしょう。

4

リーディングスキルと語彙力の構築

過去10年ほどの間に、外国語教育（FLE）の分野では、OPIやiBT　TOEFLのような新しい外国語評価方法に関連した多くの議論や集まりが行われてきました。これらは従来の評価方法からの革命的な方向転換とみなすことができます。しかしながら、私は外国語教育の現実がそれほど変わっていないと感じます。その理由は、教師たちが変わっていないからです。

私は、従来の外国語クラスが堅実なバイリンガルスピーカーを育成できなかった最大の原因は、文法翻訳法に依存したアプローチにあると考えています。言語を流暢に話し、読んだり書いたりする能力を身につける上で、文法は必要ありません。単に文法が言語を学ぶのに不要であるというだけでなく、文法は言語や外国語の習得に深刻な問題を引き起こします。文法は、学生の貴重な時間のほとんどを奪い、他のことを試す余地を残さないのです。

彼らが文法が役に立たないことに気付く頃には、学校を卒業しなければならないため、多くの学生にとってはもう手遅れです。また、文法は、受け取る情報や発する情報を適切に処理するために再構築するという恐ろしい習慣を生み出します。これにより、言語の知覚および生成のプロセスが遅れます。特に、音韻的特徴の点で言語間の距離が非常に大きい場合に、この問題は顕著になります。さらに、発音の問題においても重大な影響を及ぼします。繰り返しのバブリングの不足や、誤った音に基づいたバブルトレーニングの繰り返しにより、悪い発音の習慣が強く形成されるのです。それにもかかわらず、教師たちはこういった問題を認識しようとしません。

ある人たちから、「文法を知らずにどうやって目標言語（TL）を読むことができるのか」と尋ねられました。私が、「学生たちは与えられた文に使用されている形態素、単語、イディオムの意味を調べることで、ほとんどの外国語（FL）を読むことができる」と言うと、彼らは納得しません。その代わりに、「文法的な理解を伴って目標言語を読むほうが、はるかに効果的で正確だ」と主張します。私がそれが必ずしもそうではないと熱心に伝えても、彼らはその話に耳を貸しません。というのも、それが自分たちが目標言語を読む方法を学んだ唯一の方法であると心から信じているからです。

文法を使わずに読解スキルを構築することは、シンプルで明確です。もし誰かが目標言語（TL）を話すことができれば、その人は非常に自然に文法なしでTLを読むことができます。そのため、学生たちがBTMレベル1のトレーニングプロセスを成功裏に完了することが非常に重要です。しかし、逆の順序では機能しません。

学生が複雑な文を読むとき、まず推測によって意味を把握させ、その後にFL教師や物語の母国語版（MT）から得られる正確な意味と照らし合わせて確認するように指導すべきです。レベル1のバブルで得たTLに関する言語的直感に基づいて、学生たちはほとんどの簡単な文をかなり正確に読解することができます。複雑な文を推測で扱う際には、教師の助けや物語のMT版を利用した自己訂正のプロセスを通じて、学生たちは必要な言語的直感を発展させることができます。

レベル1のバブルを成功裏に達成した後で読書を始めると、大量の言語資源を収集することが、TL習得レベルをさらに高めるための最も重要で重要な力となります。それは、話す、読む、聞く、書くといったスキルの向上を加速させます。そのため、語彙力を向上させるための成功する練習は、TL習得の成功にとって非常に重要です。

多くの人々が、読書から集めた単語やイディオムを維持するために、さまざまな種類の努力に頼っています。多くの人は、それらを紙に10回や20回連続して書くという方法を選びます。

また、特別な暗記練習のために単語やイディオムをテキストから選び出すことなく、ただ本を読み続ける人もいます。その人たちは辞書で意味を調べ、読み続けます。さらに、まったく辞書を引かず、新しい単語の意味を調べない人たちもいます。彼らは、たくさん読み続けるプロセスの中で、意味が自然に文脈から得られると信じています。

しかし、最も効果的にするためには、言語資源を覚える努力は、繰り返し時間をかけて行い、それをスピーチで使えるようにするべきだと私は考えます。

上記の理由から、私は、読書用ワークブックとして薄い本よりもむしろ厚い本を勧めます。厚い本には多くのページが含まれており、それらのページは、読書の過程で見つけた単語やイディオムを書き込むための十分な空白スペースを提供します。このアイデアは、私が韓国で独学で英語を学んだときに個人的に利用した方法です。新しい単語やイディオムを見つけるたびに、それらを約6〜7回書き写しました。約10〜20ページ間隔で本の6か所に書き込み、最後に私の語彙帳に1回記録しました。この方法で、本のほとんどの空白スペースは、私自身が手書きで記録した単語やイディオムで埋め尽くされました。

その後、ページをめくるたびに、読書を始める前に、以前そのページに記録した単語やイディオムを読み返して記憶にとどめようとしました。もし、一部の単語やイディオムがとても奇妙で新しいアイテムのように感じられた場合は、上記と同じ方法でそれらを約6〜7回書き写しました。このようにして、語彙アイテムは記憶のために繰り返されます。

また、読書をしていないときや時間があるときには、語彙帳を見てこれまでに収集した語彙を復習しました。この方法では、特定の本を読み終えた後でも、収集した語彙を頻繁に復習できる場所に保管することができました。これにより、多くの英語の語彙を学ぶのに非常に役立ちました。また、ノートには、自己訂正プロセスで学んだあらゆる重要な情報を記録しておき、同じ間違いを繰り返さないようにしました。

FL教師は、語彙の重要性を強調し、学生たちにTLの語彙を常に記憶に維持するための自分に最適な方法を開発するよう勧めるべきです。文法知識の本1冊分の量は、TLの口頭能力の発展を妨げるだけであることは非常に明白です。一方で、TLの単語やイディオムを本1冊分収集することは、TL習得を確実に加速させるでしょう。

第10章

教え方 - BTMレベル3: リスニング理解のためのバブル追加

1

クラスデザインのアイデア

レベル2のバブルコースが終了すると、学生は個人的および社会生活に関連する言語の運用に流暢になることが期待されます。学生は、以前のレベルで習得した表現や語彙を使って、自分の意味を伝えることができるようになります。言い換えれば、彼らは望めば、TL（目標言語）でかなりおしゃべりできるようになります。

しかし、個人的および社会的な生活活動についてはかなりおしゃべりできるようになっても、学生はビジネスの世界に関する表現の不足に直面することになります。また、以前のレベルではあまり気にされなかったメディア言語[31]にも直面することになるでしょう。

[31]「メディア言語」という用語は、ラジオやテレビなどのマスメディア環境でTL話者によって話される言語の種類を指すために使用しています。

メディア言語を聞き取ることと、それを理解することは異なります。メディア言語を聞き取ることができるというのは、メディア言語で使われる個々の単語や表現の構造を明確に聞き分けることができるという意味です。言い換えれば、これはリスニング理解力を指し、習得には多くのトレーニングが必要です。

しかし、聞き取ったメディア言語を理解するには語彙力が必要です。コンテクストに基づいて単語の意味を知らなければ、単に理解することはできません。この段階から、語彙力はTL（目標言語）の熟達度においてすべてを意味します。

レベル3のバブルトレーニングは、話す、読む、そして聞くというバブルから構成されます。以下は、クラスをデザインする際に考慮すべきアイデアのいくつかです。

1. クラスの指導は直接法で行い、学生がTLを話すことに完全に取り組むことができるようにするべきです。
2. バブルトレーニングは、学生が約200のビジネス言語を習得することを目指すべきです[32]。
3. クラスの主な焦点は、ビジネス活動に関連する表現のバブルトレーニングと、自己の意味を伝えるための話すスキル向上に常に置くべきです。
4. バブルトレーニングで読むことは、学生がTLで2〜3冊の本を読んで、読み物から集めた語彙をうまく維持できるようにすることを目指すべきです。
5. 聴解力のためのバブルトレーニングは、学生がTLの標準的なメディア言語（テレビ、映画、ラジオなど）の聴解力を習得することを目指すべきです。
6. 必要なレベル3のバブルの時間的な範囲は、学生の年齢、クラスの人数、週あたりの授業回数、その他の環境要因に応じて異なります。大学生の場合、週5時間の授業で約1〜2学期かかります。
7. 学生には、以前習得した表現を活用するよう促すべきです。学生には自己の意味を話すために生産的であることを強調すべきです。

8. 聴解力のためのバブルトレーニングは、文法解析ではなく、文脈に関連する形態素、単語、イディオムの個別の意味に基づいて行うべきです。
9. 評価は、学生が自己の意味を話すために習得した表現を使用する能力、読解力と読書から得た語彙、そして聴解力に焦点を当てるべきです。

私は「ビジネス言語」という用語を、銀行口座の開設、警察への報告、政府の担当者との連絡、ビジネス会議への参加、クリーニング、アポイントメントの設定、出張、街で警察と話す、就職面接、学校での保護者会、保険の購入、コンピュータの購入、花の購入、チケットの購入、朝食ミーティング、車の取引、車の修理、車の購入、ローンの申請、契約の締結、弁護士との面会、ガソリンスタンドで、IDの提示、交通違反の切符をもらう、レストランでの食事の注文、仕事での挨拶、上司との面会、従業員との面会、ビジネス電話のかけ方、顧客との面会、顧客を招待する、顧客からの苦情に対応する、謝罪を求める、ビジネスパーティーに出席する、人物の推薦など、ビジネス活動の場で使用されるTLの口語的な言語を指します。

学生のTL（目標言語）のリスニング理解能力は、TLの話すスキルに最も強く影響されます。もし学生がTLを流暢に話せ、発音が明確であれば、リスニング理解力は確実に向上します。学生が流暢に話せる表現については、TLのメディア言語がどれだけ速くても、リスニングと理解に問題はありません。しかし、学生が自分の発音や明確な話し方に問題を抱えている場合、どれほど遅いペースであっても、メディア言語のリスニングは難しくなります。

したがって、学生が前のレベルで必要とされる最小限の表現を習得することが、リスニング理解能力を習得するための初期段階での成功の鍵となります。

その結果、前のレベルで強固な基盤を築かずに進んでも効果的ではありません。したがって、若い学生や教師に頼りがちな学生には、より高いレベルのバブルに取り組む前に、低いレベルのバブルで十分な時間をかけて基盤を作る方が効果的です。

レベル3のバブルではリスニング理解力を養うトレーニングが追加されますが、それが学生がTLのすべてのメディア言語を理解できることを意味するわけではありません。それには、リスニング理解力を習得するためのトレーニングに加えて、語彙力が大きな支えとなります。このため、語彙資源を集め、維持するための継続的な読書がますます重要になります。

レベル2および3のバブルから得られる語彙力は非常に限られており、学生がメディア言語に挑戦するにはかなりの負担となります。メディア言語を一般的なトピックで理解するためには、最低でも20冊の本から得た語彙力が必要です。したがって、学生はTLで継続的に読書を行い、最も強力な語彙力を築くことに集中するべきです。

2

リスニング理解力を高めるためのバブルトレーニングの追加

学生はレベル2のバブルを修了することで、TLの口語を聞いて理解できるようになるべきです。ネイティブスピーカーやネイティブスピーカー並みの教師の助けを借りて話すための集中的なトレーニングは、学生が話すスキルだけでなく、TLを聞くスキルも習得するのに役立ちます。また、私自身の経験から、オーディオ技術を活用して自己学習する学生も同様のスキルを身につけるべきです。

リスニング理解力を高めるためのバブルトレーニングは、前のレベルで使用したバブル読書ワークブックのオーディオ版（利用可能な場合）を使うことで、初級レベルでも非常に効果的に行うことができます。もちろん、オーディオ版に異なる速度で話されるテキストが含まれていれば、より良いです。

バブル読書ワークブックのオーディオ版を利用する利点の一つは、学生が以前に読んだ物語を覚えているため、学習のスタートが容易になることです。物語と語彙が親しみやすいため、学生は物語を聞くことに集中しやすくなります。また、学生は発音が難しい単語の発音を学ぶ機会を得ることができます。それに加えて、以前に学習した語彙を復習する機会も得られます。この方法でリスニング理解力の堅固な基盤を築いた後、学生はTLのマスメディアに挑戦してリスニング理解力をさらに向上させることができます。

バブル読書ワークブックのオーディオ版が利用できない場合、TLのマスメディアを初期段階から使用することも可能です。メディア言語に触れるとき、学生が圧倒される一つの要因は、言語の速さと長さです。また、学生はメディア言語の膨大な語彙に圧倒されがちです。この圧倒される感覚や落胆は、初めての段階では非常に自然なことです。しかし、個々の成果に応じて、一部の学生はメディア言語を理解することがそれほど難しくないという発見に対して非常に誇りを感じ、自信を持つことがあります。

メディア言語の速度や長さが初期段階では脅威に感じられるかもしれませんが、学生たちはすぐにそれが速度や長さではなく、語彙のレベルが本当の挑戦であることに気づきます。彼らは語彙を保持することの重要性を簡単に理解します。メディア言語の速度に慣れること自体はむしろ簡単です。

レベル2のバブルまでに収集した語彙だけでは、さまざまな業界で起こる出来事をカバーするには不十分であることは非常に明白です。使用する教材によって語彙の数は異なります。

しかし、各バブルレベルの目標量を考慮すると、学生がその時点までに習得した語彙の量の大まかな目安を得ることができます。レベル1のバブルでは、約500の個別の生活活動に関連する表現から約2,000の非常に基本的な語彙を習得し、レベル2のバブルでは、200の社会活動に関連する独立した表現と、学生が読んだ書籍の数に応じて約1,500〜3,000の語彙を習得することになります。

学生がすべての語彙を習得し維持したとしても（TLの習得に強くコミットしている学生を除いて、ほとんどの学生はそのような場合にはならないでしょう）、レベル2のバブル後に習得した語彙の総数は約5,000語になるでしょう。しかし、多くの語彙は個人的な日常生活のような狭い環境に関連するものなので、学生がメディアで使用される言語に慣れることは期待できません。したがって、学生はこの新たな挑戦的な状況を理解し、決して落胆してはいけません。

TLのメディア言語に挑戦する最初のステップは、メディア言語の一部を録音して学習材料を作成することです。メディア言語を録音する際は、バックグラウンドノイズがなく、非常に明確に発音されたスピーチが学生にとって役立ちます。録音の長さは1回あたり約5分程度にすることができます。可能であれば、初心者には異なる速度で録音を行うことが理想的です。

メディア言語を手動で録音する代わりに、教師は商業的な目的で作成された音声教材を使用することができます。例えば、TLでの有名な大統領の演説集は、リスニング理解スキルを向上させるためのバブルテキストとして良い候補となります。また、専門的に録音されたメディア言語の音声コピーも便利に使用できます。

リスニング理解スキルを習得するためのトレーニングを開始すべきです。最初に、学生に通常の速度で何度か聞かせるのは良いアイデアです。これにより、学生は理解するのに困難を感じる箇所を特定できます。その後、学生は遅いバージョンを聞いて、表現の要素を解明することができます。もし、通常の速度で理解するのが難しい部分の要素を把握できたなら、学生は再度通常の速度で聞くことができます。

学生がメディア言語の速度に慣れてきたら、学生はその言語を日常生活の一部として継続的に聞くよう奨励すべきです。

3

効率的なバランスの維持

学生がバブルの高いレベルに進むにつれて、効果的なクラス管理には教師がより洗練されたクラス設計を行う必要があります。私は、学生に第二言語を教える成功は、バブルトレーニングのさまざまな分野の効果的な管理に依存していると言いたいです。

現代の外国語教育の現実を考えると、ほとんどの学校の外国語プログラムにおいて、学生が第二言語を習得することは名目上の目標に過ぎないと言えるかもしれません。ほとんどの学校が口頭能力の向上を促進する外国語プログラムを提供していると公言していますが、そのほとんどがその声明を実現できていないと言っても過言ではありません。

その主な理由の一部は、適切な外国語教育方法を採用していないこと、または仮に採用していたとしても、プログラム全体で開発すべきスキルのさまざまな領域間で体系的なバランスが取られていないことです。外国語教育プログラムが適切に方向付けられていない場合、学生の要素はプログラムの成功には関係ありません。

レベル3のバブルに進む学生は、第二言語の個人的および社会的な言語を使いこなすことに自信を持てるようになっているべきです。学生は、難解な単語や慣用表現の説明を求めたり、わかりにくい表現を繰り返してもらったりするようなスキルを使って、教師とのコミュニケーションを続けることができるべきです。言い換えれば、学生はコミュニケーションの流れを制御し、意味のやり取りを主導できるようになります。

それでもなお、このレベルの学生は、バブルトレーニングで習得した表現やそれに基づいて作られた表現を、自分で考え出す新しい表現よりもはるかに流暢に使いこなせることは明らかです。このことは、話すためのバブルトレーニングの過程で、できるだけ多くの表現を学生に習得させることの重要性を間接的に示しています。

したがって、TL学習の初期段階では、学生に適切な表現を習得させる方が、自分で表現を考え出すことを強制するよりもはるかに効果的です。そのため、教師は常に授業の中で新しい有用な表現を提供するべきです。

レベル3のバブルクラスでは、授業はTLで指導されるべきです。レベル3のバブルで紹介される新しい表現は、ビジネス活動に関連する実際の表現です。学生たちはすでに個人的な生活や社会的な活動といった日常生活の状況における話すスキルを習得しているため、紹介される新しい表現を比較的容易に習得することができます。

つまり、以前は新しい表現の文構造や意味を理解するためにリスニングを繰り返し、教科書に頼る必要があった学生たちが、今では音声を再生し直したり、表現の繰り返しを求めたりすることなく、表現を聞いて理解することができるようになります。また、バブリングの努力をそれほど必要とせずに表現を暗唱して習得することが可能になります。学生のTLの個々のスキルによっては、数回聞くだけで新しい表現を習得できる場合もあります。

たとえ学生が狭い環境のテーマにおいてTLを話すことに習熟しているように見えても、聞いたり読んだりしたことのないイディオマティックな表現を生み出すことはできません。そのため、学生にはより広い環境のテーマに関する表現を段階的に紹介し続ける必要があります。

したがって、ビジネス環境の表現を導入する際には、学生にとって現実的な表現から始め、将来的に現実的になりうる表現へと続けるべきです。学生に最も必要なビジネス表現を見つける最良の方法は、学生に直接尋ねることです。

TLを自習する学生には、このような定期的なクラス環境がありません。これにより、TL習得プロセスが遅れる可能性があります。しかし、音声機器を使った話すためのバブルトレーニングや、読む、聞く、書くためのバブルトレーニング（BTMレベル4バブル）に継続的に集中することで、これらの学生もTLを習得することが可能です。

BTMレベル3クラスを運営する際に、話す、読む、聞くというバブルエリア間の指導の効率的なバランスを保つためには、FL教師が学生の年齢、週ごとの授業時間、プログラムの期間を考慮しながら、クラス活動を最も効果的な方法で設計する必要があります。それでもなお、授業の主な焦点は、バブルの各エリアを通じて紹介される新しい表現に基づいて、学生がより高いレベルの話すスキルを習得するのを支援することにあるべきです。

たとえば、話す、読む、聞き取りのトレーニングの異なるエリアに応じてクラスをローテーションさせる方法があります。月曜日は話すためのクラス、火曜日は読むためのクラス、水曜日は聞き取りのクラス、木曜日は話す、読む、書くの復習、金曜日は評価とするなどです。

また、各バブルエリアの週ごとの授業時間を、話すためのバブルに2時間、読むためのバブルに2時間、聞き取りのバブルに1時間と割り当てることもできます。

読解のクラスでは、学生が自力であまり困難なく読解スキルを構築するにつれて、教師は読解教材から新しい単語やイディオムを利用して、学生が習得すべき新しい表現を紹介することができます。

リスニングのクラスでは、教師は特定の形態素、単語、フレーズが音のまとまりの中で生じる音韻現象を詳細に説明し、学生がそれを効果的に理解し習得できるようにする必要があります。

学生が音韻現象に慣れてきたら、教師はクラスをより高いレベルへと導くことができます。たとえば、学生にメディア言語をシャドーイングするよう求めるなどです。メディア言語をシャドーイングすることは、学生がTLのフォーマルな言語のリズムを習得する助けとなります。

第11章

教え方: BTMレベル4 – ライティングのためのせせらぎトレーニングを追加する

1

クラスデザインのアイデア

レベル3バブルコースまでの主な目的は、口語形式の口頭能力を学生に構築させることでした。トレーニング全体のプロセスは、言語的直感の構築、話すスキルだけでなくリスニング理解スキルのための身体的能力の開発、そしてTLの言語的リソースの蓄積に焦点を当ててきました。開発された直感を通じて、入出力の意味の流れが非常に自然なものとなりました：学生はTLの知識や分析的スキルに頼らなくても意味を処理できるようになります。十分に開発された身体的能力を通じて、習得または新たに作成された表現を発音し聞き取るパフォーマンスが非常に流暢になりました。これまでに蓄積された言語的リソースにより、特定の状況で必要な表現がリソースプールから簡単に取り出され、使用できるようになりました。

第4レベルバブルでは、書くトレーニングが追加されます。ライティングは、TLの口語形式および非口語形式の両方の創造的スキルを構築することを目的としています。また、ライティングバブルは、学生にTLのさまざまなライティングスタイルを紹介します。このバブルトレーニングレベルに追加されたもう一つの新しい概念は、以前に導入された個人的言語、社会的言語、ビジネス言語のような口語的な言語とは対照的な、プロフェッショナルな言語です[33]。プロフェッショナルな言語は口語ではなく、アイデアや情報を提示するためのスピーチ、プレゼンテーション、または講義形式の言語です。ライティングのトレーニングは、プロフェッショナルな言語のバブルトレーニングをサポートします。[12]

レベル4バブルトレーニングは、プロフェッショナルな言語を学ぶための話し方、読解、リスニング、そしてライティングのようなバブルで構成されています。以下はクラスデザインを考える際に考慮すべきアイデアです:

1. 授業の指導は直接法で行い、学生がTLを話すことに完全に専念できるようにするべきです。
2. バブルトレーニングでは、学生がさまざまなアイデアや製品についてTLで約10分間のプレゼンテーションを30回程度行う機会を提供することを目指します。プレゼンテーション後には、議論やコメントを求める場を設けるべきです。
3. 授業の主な焦点は常に、プロフェッショナルな言語のバブルトレーニングと、自分の意味を話すスキルの向上に置かれるべきです。
4. 読むためのバブルトレーニングでは、学生がTLで約3～4冊の本を読んで、その読書から得た語彙項目を成功裏に維持することを目指します。
5. 聴解のバブルトレーニングでは、TLの標準的なメディア言語（テレビ、映画、ラジオなど）の聴解スキルを引き続き構築することを目指します。また、ワークブックの音声版を使用して聴解スキルを向上させることもできます。
6. 書くためのバブルトレーニングは、個人的な日記を書くことから始めるべきです。個人の日記の

33 私は「プロフェッショナルな言語」という用語を、プレゼンテーション、講義、スピーチなどの場面でTL話者が人々の集団に向けて話す非口語的な言語を指して使用しています。

後、学生にはTLでのさまざまな種類のビジネス文書のサンプルを紹介し、ビジネス文書を書く練習をサポートするべきです。

7. 学生には、サンプル文書のスタイルやスキルを活用することを奨励するべきです。また、学生がサンプル文書や読解資料からの言語を自由に引用することも奨励するべきです。
8. レベル4のバブルに必要な時間は、学生の年齢、クラスの人数、週あたりの授業数、その他の環境要因によって異なります。週に5時間の授業がある大学生の場合、約1～2学期かかると考えられます。
9. 評価は、習得した表現を使用して自分の意味を話す能力、プレゼンテーション、読解力および読書からの語彙、聴解スキル、そして創造的なライティングスキルに重点を置くべきです。

2

書くためのバブルトレーニングの追加

個人的、社会的、ビジネスの言語の口語的形式で十分な言語資源を持って口頭能力を成功裏に習得した学生にとって、ターゲット言語で書くためのトレーニングははるかに簡単になります。学生はターゲット言語で書き始めるために文法的アプローチを必要としません。最初は、ターゲット言語でそれらを言う代わりに自分自身の意味を表現するだけの簡単な作業です。やがて、学生たちはターゲット言語で自分の言語で書いているかのようにページを埋めることができるようになるでしょう。しかし、前の段階で要求されるトレーニングが成功しない限り、書く能力を高めるための努力は効果的ではありません。

教師は、最初に学生に日々のジャーナルを約半ページ書くようにお願いすることからトレーニングを開始できます。この方法で、学生は感情的または記述的な言語をあまり加えず、各日の非常に基本的な活動を書きます。

その後、約1か月ほどで、教師は学生に1ページをフルで書くように求めることができます。日々のジャーナルの量を増やすことによって、学生は似ていると思われる日常的な活動を、記述的または感情的な言語を使って、より具体的に、詳細に表現しなければならなくなります。高学年の学生に対しては、教師は学生の進歩に応じて、日々のジャーナルの量を1ページ半から2ページに増やすことができます。こうして、学生は日々の身体的な活動だけでなく、その日の感情的な活動についても書かなければならなくなり、必要な量を満たすことができます。

進歩を加速し、時間を節約するために、教師はターゲット言語で書かれた日々のジャーナルのサンプルを提供し、学生がどのように始め、ターゲット言語でジャーナルを続けるかのアイデアを得ることができるようにします。また、学生はバブルの各レベルで使用した教科書を活用することを奨励するべきです。これにより、学生は記憶に残っているか、記憶から薄れてきた語彙や表現を探し求めるために、再び教科書を見直すことになります。

以前に使った教科書や資料を再訪することによって、学生は物語を思い出し、収集した語彙をリフレッシュする手助けになります。その中には、記憶から失われたかもしれない語彙も含まれています。学生の書き方のパフォーマンスは、個々の学生が前のステップで確立した言語的基盤によって異なる場合があります。

学生が状況に合ったサンプル表現を部分的または全体的に自由に引用することを奨励することも、学生がエラーフリーのライティングスキルを学ぶのに役立ちます。エラーフリーの表現を模倣または引用して自分の意味を伝えることによって、エラーフリーの文章を書く習慣と直感を身につけることができます。

時々、学生は例文が見つからない状況に直面し、特定の意味をどうやって書き表すか分からないことがあります。その場合、教師はターゲット言語でそれらをどう書くかを示すことができます。または、学生に辞書で明確な意味と例を調べるように指示することもできます。それでも、適切な書き方のサンプルが見つからなかった場合でも、学生は後でその問題に対するヒントや答えを見つけたときに思い出すことになります。

前述のように、日々のジャーナルを書くことは学生がターゲット言語で物語の形で話すのに役立ちます。学生は自分がしたこと、見たこと、そして感じたことを言葉で表現できます。

学生が日常的な活動を描写することに慣れてきたら、学生は専門的なビジネスライティングのためのバブルを学ぶべきです。もちろん、学生は日々のジャーナルの執筆を続けるように奨励されるべきで、彼らはそれを非常に迅速かつ簡単に書くことができます。

人々はビジネス文書、たとえばビジネスレター、招待状、通知、スポンサーシップの依頼書、履歴書、自己紹介の手紙、広告、苦情、宣誓供述書、会議の議事録などを作成する際、非常に大きな負担を感じがちです。高い教育を受けた多くのネイティブスピーカーでも、そのような文書を作成することに不安を感じます。彼らが不安を感じる理由は、自分の意見を文章にする方法を知らないからではなく、そのような文書のスタイルに慣れていないからです。

それでも、学生がそのような専門的な文書に関してバブルを学ぶことは重要です。学生がさまざまなタイプの専門的な文書に触れ、それらのサンプル文書を模倣または引用することによって自分を訓練する機会を持つと、学生はそのような問題を自分自身で、または他者の助けを借りて扱う自信を大いに得ることができます。

3

バランスの維持

レベル4のバブルは実際には言語スキルを築くための最後のステップです。次のレベルは、言語スキルに基づいて口頭能力を上級レベルまたはそれ以上のレベルに向上させるための始まりのステップだからです。このレベルを成功裏に修了した学生は、ターゲット言語のコミュニティ内で個人的、社会的、ビジネスライフの活動を円滑に行うことが期待されます。バブルの過程でターゲット言語で行われる集中的なインタラクションは、学生がターゲット言語のコミュニティのメンバーと交流できるという実際的な目標を達成するのを助けるためのものです。

レベル1のバブルトレーニングは、ターゲット言語を習得するために最も重要です。レベル1の成功が言語的直感、身体的能力、言語リソース、そして生産的能力という非常に堅固な基盤を確保するからです。したがって、最初は、学生がターゲット言語の音の現象、構造、表現の使用法を理解し、ターゲット言語の音を流暢に発音し、習得した表現を維持し、同様の環境でその表現を活用できることが、ターゲット言語の体系的なルールを理解し、ターゲット言語を読むことや書くことができるようになることよりも重要です。

レベル1はターゲット言語学習の成功にとって非常に重要であるため、レベル1のバブルトレーニングで成功しない限り、学生はターゲット言語を習得することに成功すると期待できません。したがって、基本的な習得要因を確保した者は、ターゲット言語のコミュニティ内での生活をうまく管理できるようになります。

次に、ターゲット言語を習得するための二番目の前提条件は、言語リソースの維持に成功することです。リソースの維持には、それらを定期的に見直すための着実で一貫したコミットメントが必要です。これがないと、高いレベルでの成功は長続きしません。それらは時間とともにすぐに消えてしまいます。バブルの上級レベルを通過する過程でリソースを一時的に把握することは、成功した習得にはつながりません。自分の母国語を何十年も使い続けてきた人々でさえ、何年も維持しなければその言語を失ってしまうという事実は、リソースを頻繁かつ一貫して維持することがどれほど重要であるかを明確に示しています。

したがって、バブルトレーニングの各段階を通じてのバランスの主要な概念は、口頭能力のパフォーマンスとリソース維持のバランスとして理解されるべきです。書くこと、読むこと、またはリスニング理解のスキルは、口頭能力が十分に認められるまでは不十分な口頭能力を免除することはできません。書くこと、読むこと、リスニングのスキルは、口頭能力が完全に認識されたときにのみ完全に認められます。

したがって、学生に対して、各分野で失敗することなく会話、読書、リスニング理解、ライティングのバブルを行うように時には奨励し、促すことが重要です。しかし、より重要なのは、習得要因の向上とダイナミックな言語リソースのプールを強化することに焦点を当てて、効果的にそれを行うためのアイデアと計画を考案することです。クラスを学生がそれぞれの習得レベルから得たものを、常に口頭能力のバランスの取れたパフォーマンスを通じて示すように設計する必要があります。言い換えれば、会話、読書、リスニング、ライティングのバブルに対するすべての努力は、高いレベルの口頭能力を達成することに収束すべきです。

第12章

教え方: BTMレベル5 – 包括的な口頭能力向上のためのバブルトレーニングの追加

1

クラス設計のアイデア

レベル4のバブルトレーニングを成功裏に修了した学生は、ターゲット言語を口頭能力の上級レベルで習得したと見なされます。口頭能力の高いレベルを達成するためには、三つの最も重要な要素があります。それは、身体的能力の質、言語リソースの量、そして文化を理解する能力です。習得の質が低いと、その習慣がターゲット言語の実行において一生続く可能性があります。

例えば、身体的能力が十分な練習の不足により非常に低い場合、その不十分な発音は改善されない可能性があります。言語リソースが不足していると、効果的なコミュニケーションができなくなるため、口頭能力に直接影響を与えます。文化を理解していないと、文化的に敏感な意味の受け取り方ができず、その結果、発信する意味も適切に処理できなくなります。

このレベルは、口頭能力重視のBTMの最終コースです。最終コースとして、このレベルは学生の口頭能力を最大化するために語彙力と文化的経験を拡張することに焦点を当てています。このレベルは包括的な口頭能力トレーニングレベルとして特徴付けられます。高い口頭能力は、単に語彙的な意味を理解し、語彙的な形を生産するという純粋な言語パフォーマンスによって達成されるわけではありません。それは、ターゲット言語の国の文化に関連する背景的な意味を理解するだけでなく、表面的な意味を理解することも必要です。また、文化に加えて、ターゲット言語社会の政治的および歴史的背景を広範に理解することも求められます。ターゲット言語の国について多く知っているほど、より高い口頭能力を達成することができます。

このバブルトレーニングの最終段階に追加された新しい概念は、「文化的言語」[34]であり、これはバブルトレーニングの前のレベルで導入された言語の種類とは区別されます。[13]

レベル5のバブルトレーニングは、文化的言語について話すこと、読むこと、聞くこと、書くことを学ぶためのバブルで構成されています。以下は、クラス設計の際に考慮すべきアイデアのいくつかです:

1. 包括的な口頭能力トレーニングは、学生を広範な興味の領域における柔軟で創造的なディスカッションに招待することを目的とすべきです。また、学生はことわざ、役立つ言い回し、ジョーク、ターゲット言語コミュニティの有名人のスピーチからの直接的な引用など、文化固有の言語に親しむことを奨励されるべきです。学生は、文化的言語からの引用を使ったディスカッションやコメントにも招待されるべきです。
2. クラスの運営は、形式的で定型化されたパターンに制限されるべきではありません。むしろ、クラス運営は、学生の興奮、関心、反応、そして進行

34 「文化的言語」という言葉は、ターゲット言語の話者が暗示的な意味を伝えるための比喩的な道具として話す、慣用的またはことわざ的な言語を指すために使います。また、この言葉は、ターゲット言語コミュニティの伝統や歴史に基づいた、文化特有の言語を意味するためにも使います。

中のテーマやトピックに対する欲求に応じて非常に柔軟であるべきです。
3. 学生が使用する語彙をアップグレードするための継続的な努力と、教師による新しい役立つ用語の紹介が重要です。
4. クラスの主な焦点は、常に文化的言語に関する口頭能力トレーニングに置かれるべきです。
5. 学生は、特に自分自身の文化と対照的な文化について、ターゲット言語の文化の詳細な側面に親しむことを奨励されるべきです。
6. バブルトレーニング用のワークブックには、もはや翻訳を含める必要はありません。学生は、ターゲット言語だけで本や雑誌を正確に理解して読むことができるようになるべきです。学生は、歴史、伝統、そしてその他の文化に関連する書籍を読むことを奨励され、そこで学んだことを口頭能力トレーニングに活用できるようにします。
7. 学生は、ターゲット言語でラジオを聞いたり、テレビを見たりして文化的言語を探すことを奨励されるべきです。また、学生は、ニュースやアイデア、情報を他の人と共有し、ディスカッションや議論をすることも奨励されるべきです。
8. 時間枠: 1～2学期。
9. 評価は、学生が文化的言語を自分の意味で使う能力、読解力と読書から得た語彙、リスニング理解力、そして創造的なライティングスキルに焦点を当てるべきです。評価は文法的な誤りには焦点を当てるべきではありません。

2

包括的な口頭能力トレーニング

これまでのすべてのバブルトレーニングに真剣に取り組んできた学生は、今や上級レベルの口頭能力を達成しているはずです。彼らは今、ターゲット言語のリアルな世界に直面し、コミュニティにスムーズに溶け込むことができるようになっています。専門的なターゲット言語の使用に特化した職業でなくても、仕事を得るなどのビジネス活動を行うことができるはずです。このレベルでバブルトレーニングが成功した学生は、ターゲット言語コミュニティで実生活に直面し、口頭能力をさらに向上させることを選ぶかもしれません。

学生がこの高いレベルのバブルトレーニングを成功裏に達成したなら、重要なのは語彙力の強さです。結局のところ、言語トレーニングは話すためのバブルから始まり、語彙力の強さで終わると言えます。つまり、話すためのバブルがなければターゲット言語は習得できませんし、語彙力がなければ口頭能力を達成することもできません。その結果、バブルトレーニングの最初のレベルで失敗した者はターゲット言語を習得できず、結果的に口頭能力を達成するための努力もさらに失敗に終わります。

たとえ比較的短期間の集中的なプログラムを通じてターゲット言語の上級レベルを達成したとしても、習得したターゲット言語の状態は依然として不安定で非常に脆弱であるといえます。ターゲット言語を話す年齢が非常に若いため、その言語は適切に維持されなければ、短期間で錆びてしまう可能性があります。したがって、ターゲット言語を確固たるものにするための努力は常に必要です。

学生が外国語クラスにいる間は、さまざまな会話活動に参加することでターゲット言語を維持することはそれほど問題にはならないでしょう。学生はディスカッションや議論のためのトピックやテーマを選ぶよう導かれるべきです。外国語教師は、クラスメンバー間でバランスを保ち、全員がある程度平等な機会と練習を持ってターゲット言語を話すことができるように努めるべきです。

学生が積極的にライブトークに参加するためには、学生の興味に基づいたトピックを選ぶことが非常に重要です。ディスカッションのトピックを選ぶ方法の一つとして、教師は、授業が始まる前に学生たちがすでに話している可能性のあるトピックを取り上げることができます。この場合、教師がするべきことは、学生たちにターゲット言語に切り替えるように促し、ディスカッションが続けられるようサポートを提供することです。その後、教師はディスカッションのコーディネーターとなり、全員に公平な機会を分配します。

私の経験に基づくと、これが最も効果的なトピック選びの方法です。通常、事前に計画されたトピックに頼るよりもはるかに良い結果を得ることができます。この方法でほぼ常に成功しています。したがって、私は教室に入ると、学生たちが授業が始まる前にどんなトピックについて話していたかに注意を払います。学生たちは同じテーマで話し続けるのが好きで、授業時間は常に足りないと感じ、互いの言葉に本当に注意を払い、学びに対して非常に真剣になります。コーディネーターとして、私は学生たちの興奮した議論と注意を中断したり流れを壊さないように気をつけながら、より良い語彙や文脈に適した有用な表現を提供して学生を支援します。また、私は自然に議論の一員として、自分の意見や考えを述べます。

ディスカッションのトピックを選ぶ典型的な方法は、あらかじめトピックを割り当てて、学生たちが事前に準備できるようにすることです。教師の創造的なコーディネーションによって、学生たちは積極的なディスカッションを行うことができます。しかし、通常、雰囲気は乾燥していて、学生たちがディスカッションに積極的に参加する代わりに、ターンテイキングで発表しているような形になりがちです。どんなに興味深いトピックを学生たちに事前に準備させたとしても、学生たちが自然に授業に持ち込む即時的なホットトピックは、学生たちを興奮した話に巻き込むのに常に成功しています。

このレベルを成功裏に修了することで、学生はTLコミュニティで大学の授業に参加できるようになります。学生は大学でのトレーニングに必要なTLのスピーキング、リーディング、リスニング、ライティングのスキルを非常にしっかりと習得しているべきです。リーディング、リスニング、ライティングのトレーニングにおけるすべての焦点と成果は口頭能力の向上に徹底的に捧げられていますが、これらのスキルは常に非常に有用な副産物として存在し、いつでも代替的な能力として役立つことができます。

しかし、5つ目のレベルのバブルトレーニングを修了することがTLの学習の終わりにはなりません。それは、学生がTLの口頭能力を熟練したパフォーマンスレベルに達するために必要なプログラムの終了に過ぎません。しかし、それには継続的で一貫したメンテナンスの努力が必要です。このレベルのトレーニングでは、実際の活動を通じてTLスキルを積極的に維持し、継続的に成長させることが含まれます。

自分で教えている教師にとっては、今がTLスピーキングパートナーを見つけ、TLコミュニティに没入する体験をする時です。前のレベルまで、彼らはオーディオ機器を使って自己学習用のBTMトレーニングを進めることができました。オーディオ機器によって生成された言語を通じて、個人、社会、ビジネス、そして専門的な言語をバブルトレーニングで習得できました。もちろん、各レベルのBTM教材の利用状況や教師の個々の能力によって、各レベルのBTMで提供される言語資源が体系的に異なるタイプにうまく整理されていない場合もあります。言い換えれば、自己学習の教師は、バブルリーダーやコーチなしで前のレベルまでのバブルトレーニングを自分で行うことができ、TLの口頭能力をかなりうまく習得し、改善することができます。しかし、TLのスキルを完成させ、TLの実際の世界に挑戦するためには、TLの話者と交流し、言語の実際の流れに直面する必要があります。

新たに習得したTLを維持するためには、学生は毎日少なくとも一定の時間、TLの中で生活する必要があります。それは話す、読む、書く、またはTLのテレビ番組を観ることで行われます。もちろん、最も効果的な方法は、毎日話す活動に参加することです。

3

文化的に正しいトレーニング

言語と文化は切り離せないものであることは、誰もがよく理解しています。言語は人々の文化を明確に反映します。したがって、文化を理解せずにいると、誤解を招いたり、他の人を傷つけてしまったりする状況に直面することになります。

TLの口頭能力が高くなるにつれて、文化的に正しい表現を使うことの重要性が増します。なぜなら、人々は自分たちの言語能力と同じくらいのレベルで文化的な行動が期待されるからです。もし言語能力が低ければ、人々はその人の文化的なエチケットの欠如について寛容であり、むしろその人がコミュニティ内で文化的に調整されるように教えることを喜んで行います。

しかし、もしTLを非常に上手に話せるにもかかわらず、文化的な理解不足から文化的に受け入れられない行動を取ると、人々は不快に感じ、違反の度合いによっては、その人に間違いを訂正する機会すら与えないことがあります。したがって、TLで高い口頭能力を達成した学生にとって、TLコミュニティの文化的な特徴を習得することは非常に重要です。

結局のところ、文化的に正しいかどうかを判断する基準は、その人の口頭能力のレベルに基づいていると言えるでしょう。口頭能力が高い人は、口頭能力が低い人よりも文化的に正しいことが期待されます。

また、二つの文化の間の文化的距離は、私はその二つの言語コミュニティにおける言語的距離に比例して測ることができると考えます。したがって、言語的距離が小さい二つの文化の間では、文化的距離が少なくなるでしょう。明らかに、文化的距離が小さい二つの文化は、新しくコミュニティに参加する人々にとって文化的ショックが少ないことになります。

文化的に正しいトレーニングは、TLコミュニティの文化を学ぶことだけでなく、自分自身の文化をTLコミュニティに持ち込まないことを意味します。しかし、たとえ自分の文化に基づいた行為が他の人々に誤解や侮辱を与える可能性があっても、自分自身の文化に従わないことを意図的に行うことは簡単ではありません。これが、文化的に正しくなることが簡単ではない理由です。

文化的トレーニングの目的は、単に知らずに誤りを犯さないようにすることだけではありません。時には、TLの文化を正しく理解することが無実の人々の運命に関わることもあります。例を挙げましょう。何年も前に、引き出しからテレビが落ちてきて、その子供が死んでしまったという事件の記事を読みました。そのとき、母親は仕事に出ていました。しかし、子供を失った心の痛みで、母親は韓国語で「私が子供を殺した」と繰り返し大声で言いました。

長い話を短くすると、母親のその言葉は、人々によって彼女が自分の子供を殺したことを告白していると解釈されました。その結果、彼女は殺人罪で告訴されました。私はこの事件の真実を知りませんし、検察側や母親側を擁護するつもりもありません。この記事が問題にしていたのは、母親の言語の解釈です。それは、自分の子供を殺した行為に対する告白ではありませんでした。

言い換えれば、それは単なる文化的な言語であり、殺す行為とは関係ありませんでした。記事によれば、母親は仕事に出ていたとあります。しかし、母親がそう言ったというだけで、検察側はそれを母親が殺人を事前に計画していたと考え、彼女を牢屋に入れました。後に彼女が「子供を殺していない」と言い直したとしても、検察はもう彼女を信じませんでした。

韓国の文化では、ほとんどの親は子供が死ぬような深刻な問題に対して、責任や罪悪感を漠然と感じることが一般的です。私はこれが、韓国人の伝統的な報いの信念や業の考え方に基づいていると考えています。したがって、上記のような状況では、多くの韓国の親が、自分たちが子供にそのような問題を引き起こしていない場合でも、自分が罰を受けるべきだと言うのです。

文化的に正しいトレーニングは、TLコミュニティの文化を学ぶことだけでなく、自分自身の文化をTLコミュニティに持ち込まないことを意味します。しかし、たとえ自分の文化に基づいた行為が他の人々に誤解や侮辱を与える可能性があっても、自分自身の文化に従わないことを意図的に行うことは簡単ではありません。これが、文化的に正しくなることが簡単ではない理由です。

文化的トレーニングの目的は、単に知らずに誤りを犯さないようにすることだけではありません。時には、TLの文化を正しく理解することが無実の人々の運命に関わることもあります。例を挙げましょう。何年も前に、引き出しからテレビが落ちてきて、その子供が死んでしまったという事件の記事を読みました。そのとき、母親は仕事に出ていました。しかし、子供を失った心の痛みで、母親は韓国語で「私が子供を殺した」と繰り返し大声で言いました。

長い話を短くすると、母親のその言葉は、人々によって彼女が自分の子供を殺したことを告白していると解釈されました。その結果、彼女は殺人罪で告訴されました。私はこの事件の真実を知りませんし、検察側や母親側を擁護するつもりもありません。この記事が問題にしていたのは、母親の言語の解釈です。それは、自分の子供を殺した行為に対する告白ではありませんでした。

言い換えれば、それは単なる文化的な言語であり、殺す行為とは関係ありませんでした。記事によれば、母親は仕事に出ていたとあります。しかし、母親がそう言ったというだけで、検察側はそれを母親が殺人を事前に計画していたと考え、彼女を牢屋に入れました。後に彼女が「子供を殺していない」と言い直したとしても、検察はもう彼女を信じませんでした。

韓国の文化では、ほとんどの親は子供が死ぬような深刻な問題に対して、責任や罪悪感を漠然と感じることが一般的です。私はこれが、韓国人の伝統的な報いの信念や業の考え方に基づいていると考えています。したがって、上記のような状況では、多くの韓国の親が、自分たちが子供にそのような問題を引き起こしていない場合でも、自分が罰を受けるべきだと言うのです。

もしその事件が本当に事故であったなら、検察が母親に対して彼女のその言葉を基に行ったことは、韓国の文化的言語を誤解した結果です。もし母親がアメリカの文化を理解していたなら、彼女はそのような文化的に誤解を招くような発言をしなかったでしょう。そうすれば、検察や調査官も異なる考え方をしたかもしれません。

また、もし検察や権限を持つ人々が、韓国の典型的な親がそのような状況にどう反応し、どのように言うかを理解していれば、最初から異なるアプローチを取っていたかもしれません。

韓国の子供たちが「殺す」という言葉を使う方法も、子供たちや他の人々に多くの問題を引き起こします。ある時、私は比較的新しい移民家族を助けました。彼らの中学生の男の子が、他の生徒に「殺すぞ」と脅迫したとして学校から停学処分を受けましたが、それは非常に深刻な脅迫に聞こえます。しかし、韓国語の文化では「殺す」という言葉は、通常、困らせることや、身体的な打撃を与えることを意味します。しかし、そのような脅しは、通常、誰かを殺す行為を意味するわけではありません。

再度言いますが、もしその韓国の生徒がアメリカでそのような言葉を使うことの深刻さを理解していれば、同じ言葉を使わなかったでしょう。また、もし他の生徒が韓国の人々がそのような言葉を使う時の典型的な意味を知っていれば、そこまで怖がることはなかったかもしれません。

韓国から来た男性が私に話してくれた別の話も、文化的言語を理解しないことによる出来事の例です。彼がアメリカに来てからそんなに経っていない頃、職場でブロンドの女性と出会いました。彼女はとても美しく、彼は彼女とデートする夢を見ていました。ある日、その夢が現実になりました。彼は彼女とランチを一緒に食べました。そして、彼は毎回彼女にランチをおごることで、彼女ともっと頻繁にランチをするようになりました。

今、彼は彼女と結婚することを夢見始めました。ある日、彼は彼女とディナーに出かけ、車で彼女を家まで送っていきました。車から降りると、彼女はディナーのお礼を言い、「明日、指輪をあげるわ」と言って家に走り込んでいきました。彼女はそのように言うとき、少し照れくさい様子でした。ついに、夢が再びかないました。彼女は彼にプロポーズし、記念の指輪を渡すと言ったのです！！！　彼はあまりの興奮でその夜はよく眠れませんでした。翌日、彼女から電話がありましたが、指輪のことについては何も言いませんでした。彼は何日も無駄に待ちました。

待ち疲れた彼は、ついに指輪について彼女に尋ねましたが、もちろん彼女はそのような指輪を渡すと言ったことは否定しました。最終的に、彼女は何が誤解を招いたのかを理解し、彼にどういう意味で「指輪をあげるわ」と言ったのかを説明しました。彼女はまた、彼に彼氏がいることも伝えました。

バブルトレーニングの過程で学んだ多くのTL表現は文化に関連する言語であるかもしれませんが、それだけではTL文化の広範な領域をカバーすることはできません。したがって、TLの文化的側面に特化した言語訓練を提供することは、学生の言語スキルを向上させるための最も効果的な方法の一つです。

例えば、韓国語や日本語のように社会的階層のための特定のレジストリを持つ言語では、学生が流暢に話せるようになった後にその異なるレジストリのセットをレビューすることが役立ちます。もしすべてのレジストリのレベルを一度に導入しようとすると、学生は非常に混乱し、クラスを続ける意欲を失うかもしれません。したがって、TL習得と口頭能力の訓練プロセスの中で、教師は学生ができるだけ簡単に学べるように、1つの一般的なレジストリに焦点を当てて指導すべきです。

TLに関する文化的訓練は、包括的な口頭能力訓練の自然な方法で行われるべきです。文化的訓練のためのディスカッショントピックには、宗教、信念、伝統的な価値観、思考方法、禁忌、社会的価値観、迷信、男女関係、家族生活、家庭でのマナー、儀式的な機会、祝祭行事、人間関係、結婚生活、子供の教育、身体のジェスチャー、社会構造と階層、食べ物、価値観や人々の生活の方法を表す諺、政治的背景、歴史、地理、伝統的な娯楽など、さまざまな特徴を含むべきです。

第１３章

教え方: BTM レベル 6 － 文法のためのバブル追加

1

文法とは何か?

出典によって、文法の定義は大きく異なります。いくつかの出典から見つけた定義の一部は次の通りです。(1) 言語の音、形態素、単語、または文などの形式的特徴の研究; (2) 話すまたは書く際の好ましいまたは規定された形式の知識や使用; (3) 単語が形成され、文に組み合わされるための受け入れられた規則。デイヴィッド・クリスタルの『言語学と音韻学の辞典』によると、文法の定義は文法の種類によって細分化されます。

文法の種類の一つは記述文法で、これは話し言葉や書き言葉のサンプルに基づく言語の体系的な説明として定義されます。記述文法とは対照的に、別のタイプの文法は処方文法と呼ばれます。これは言語がどのように使われるべきかについての正しさの規則を定め、使用法の規範を主張し、これらの規範からの逸脱を批判することを目的としています。

これらのさまざまな定義を踏まえて、そもそも文法を教えるべきか、教えるべきでないかという時に、私たちが本当に意味するのは何なのでしょうか? 私の考えでは、文法の一般的な共通の意味は、単語が形成され、文に組み合わされるための受け入れられた規則のようなものです。

では、誰がそのような規則を作り、どのようにして作るのでしょうか? 記述文法はその答えを提供します。つまり、話し言葉や書き言葉のサンプルに基づく言語の体系的な記述が、受け入れられた規則となります。その規則は、言語の音、形態素、単語、文、そして意味の解釈に関するものです。そして、人々は処方文法の概念を用いて、他人の言語能力を判断します。

次に、受け入れられるという概念は非常に主観的であり、受け入れられることと受け入れられないことの間に明確な境界線を引くことは非常に曖昧です。例えば、「彼には良い友達がいない」と「彼は良い友達を持っていない」という二つの形式について考えてみましょう。処方文法のアプローチに基づくと、前者が受け入れられるまたは許容される形で、後者は受け入れられないまたは許容されない形として教育されています。人々は後者の「don' t」と「no」という単語に青い下線を引いて指摘します。これはコンピュータプログラムが、私たちがコンピュータを使って書く際にいくつかの問題を知らせてくれる方法と全く同じです。しかし、多くの人々がこのような二重否定表現を使うため、それは受け入れられないものから、徐々に受け入れられるものへと変わっていきます。

人々は、こうした二重否定が特に教育レベルの低い人々によって使われると言いますが、それは本当ではありません。この二重否定の問題に加えて、処方文法の視点からは受け入れられないとされる言語が、実際には受け入れられるようになっている例を簡単に見つけることができます。その一例が、「I」を「me」に置き換えることです。「Me don' t like it」(私はそれが好きではない) は、「I don' t like it」(私はそれが好きではない) の代わりに使われ、また「It' s me」(それは私だ) は「It is I」(それは私です) の代わりに使われ、「Me either」(私も) は「I either」(私も) の代わりに使われます。

私の言いたいことは何か?

まず第一に、私はFLEの教師や学生に対して、言語が生きた動物であることを理解してもらいたいと思っています。それは常に変化し、成長していきます。言語は時間、人々、地理的な場所によって変化します。それが神から与えられた一つの人間の言語が、いくつもの地方言語に分かれていった理由です。私たちは、文法や受け入れ可能な基準として「一つだけ標準があるべきだ」という考え方を固守するべきではありません。

第二に、私は文法が言語そのものを代表するものではないということを明確に理解してもらいたいと考えています。したがって、学生に文法を教えることでTL（目標言語）を教えていると信じることは誤解です。また、文法教育が学生にTLを学ぶための基盤を提供すると信じることは時代遅れの考え方です。昔は、FLEの主な目的は、学生にTLの書き言葉を読み解く技術を教えることでした。

しかし、現代のFLEの主要かつ究極的な目標は、学生にTL（目標言語）の口頭能力を習得させることです。たとえ私たちが最初のFLEプログラムの授業からTLの話し方を教え始めたとしても、学校のFLEプログラム中に学生が望ましいレベルの口頭能力を習得するための十分な時間がないかもしれません。したがって、TLを読むことや理解することを教えるために何年も費やすべきではありません。

また、これはFLE教師やFLE学生によって適切に扱える科目ではありません。文法は、文法学者にとって非常に複雑な研究対象です。文法は高度に教育を受けた研究専門家たちの成果物です。彼らは文法学者になる前にその言語の流暢な話者です。

それでも、これらの人々ですら、言語の現象の説明に関して必ずしも一致しないことがあります。したがって、学生が言語の習得や口頭能力を伴わずに文法を学ぶことの失敗は、十分に予想される結果です。

三番目に、私は、文法や紙の言語を教えることで、飛んでいるTLを学生が効果的に捉える手助けができないことを指摘したいと思います。形態素、単語、文構造について書かれた文法の本を教えても、学生がTLを習得したり、高い口頭能力を達成することにはつながりません。また、それはTLの習得や口頭能力のための堅固な基盤を築くことにもなりません。

結局のところ、文法の性質に基づいて、自分の言語の方言を学びたい学生に方言の文法を教えることは、学生が方言を習得する手助けになります。なぜなら、方言はまったく新しい習得要素のセットを最初から習得する必要がないからです。方言は標準方言から非常に少ないか、ほぼゼロの言語的距離しか持たないため、特定の特徴を理解することで、方言を習得し、高い口頭能力を達成することができます。しかし、特に自分の言語から大きな言語的距離がある言語を文法で教えることは、FLEの歴史を通じて効果がないことが証明されているため、うまくいきません。私の言いたいことは、文法中心のFLEは避けるべきだということです。

2

なぜ人々は文法から始めるべきだと思うのか?

あなたは、高校生や大学生が外国語を学ぶために文法から始めるべきだと思いますか? もしそう思うなら、その理由は何ですか? その理由について真剣に考えたことはありますか?

公立学校での外国語教育（FLE）に関する懸念が広まった経緯を考えるには、それほどの推測は必要ありません。18世紀の産業化の登場により、世界の国々は目を覚まし、産業化が自国にもたらす利益を享受しようと忙しくなりました。彼らは新しい産業の革命的な発展を促進し始めました。海外の国々との交易が増え続ける中で、彼らはすぐに取引先との効果的なコミュニケーション能力の重要性に気づきました。

私はFLEの起源を遡るつもりはありません。ただ、体系的なFLEがどのように始まったのかを推測したいだけです。私たちは確かに、産業化の初期には、何百マイル、もしや何千マイルも離れた場所からネイティブスピーカーを学校に呼び寄せるための交通手段が不足していたため、ネイティブスピーカーによるFLEは実現不可能だったことを知っています。また、20世紀の中頃まで、オーディオ機器やラジオは一般には普及していなかったことも知っています。

したがって、20世紀以前のFLEは、言語の実際の音声を使わずに書籍を通じて行われていたはずです。また、当時の人々にとって、口頭で上手にコミュニケーションを取ることはそれほど重要ではありませんでした。彼らが外国語で書かれた手紙や文書を、必要な時間をかけて辞書を使って読んで理解できる限り、ビジネスに支障はなかったのです。彼らはビジネス文書を外国語で書く方法を知っていれば、成功するビジネス取引を行うことができたのです

言い換えれば、彼らは書類ベースのコミュニケーションモードにあり、その間にたっぷりと時間がありました。このため、彼らはTLで返答する時間が十分にありました。現在のように、他の関係者と同時に口頭でやりとりをしなければならないわけではなかったのです。したがって、彼らは言語を半本能的に話す必要はありませんでした。言い換えれば、彼らはTLの文法知識に基づいて、段階的に組み立てて表現を生み出す時間を十分に取っていました。

この推測に基づく事実は、私たちが同意するために多くの議論を必要としないでしょう。また、彼らが外国語を学んだ際には、当時の貿易が主に比較的便利な交通手段を持つ国々の間で行われていたため、近隣の国々の言語を教えていた可能性が高いです。また、近隣の国々の言語は同じ言語グループに属していることが多く、スペル、音、語彙、文の構造、単語の構造など、共通するまたは非常に似た言語的特徴を多く共有しています。

その後、国際貿易が急速に増加したため、学校での大規模なFLEの必要性が高まりました。したがって、学生が外国語をより効果的に学べるように、体系的なFLEのアイデア

が導入されました。これらのアイデアは、学生が外国語を文書の形で非常にうまく理解できるようにし、また学生がTLでビジネスの手紙や文書を書くのを助けることでした。

このために、言語学者たちは集まり、外国語の文の構造、単語の構造、音のパターンなどの言語現象を分析し、最終的に文の要素がどのように解釈されるべきかを示す文法を導入しました。

上記の理由から、文法翻訳法が最初の世代のFLE方法として開発されたと私は信じています。また、それは当時ほぼ唯一の可能なFLE方法であったことがわかります。つまり、当時の限られたリソースのため、彼らは他の方法を考えることができなかったのです。

文法は、学生が文を分析し、意味を組み立てるのに多くの助けを与えたことは明らかです。数世代にわたり、学校で言語を学ぶための基本として、最初に文法を教えることに異議を唱える人はほとんどいませんでした。したがって、学校では外国語を学ぶための基本として文法を教え始めました。

このような外国語教育のシステムは世代を超えて受け継がれ、私たちの父親、祖父、曽祖父、さらには曽曽祖父たちも同じ方法で外国語を学び始めました。さらに、曽曽祖父たちは曽祖父たちに同じ方法で外国語を学ぶようアドバイスし、教えました。

また、私たちの先祖から学んだ言語教師たちは、彼らが過去に教えられた通りに学生たちを教えました。最終的に、このような体系的な教育は強い伝統となり、その伝統は世代から世代へと受け継がれ、最終的に私たちの世代にまで至りました。私たちは親や祖父母を信頼しています。親や祖父母がその経験から最良のアドバイスをくれると信じているからです。

私たちはまた、教師がその経験に基づいて最良の教育をしてくれると信じています。私たちは、教師が文法とは何であり、それがどのように私たちが言語を習得するのに役立つかを明確に理解していると考えています。したがって、私たちは教師に文法とは何か、そしてそれがどのように言語習得を助けるのかを尋ねることはありませんでした。私たちはただ彼らの授業を受けて、指示に従って一生懸命努力しました。しかし、私たちの教師たちもまた、自分たちの教師に対して私たちと同じことをしていました。つまり、真の理由を知らずに、私たちは文法が外国語を学ぶために最初に始めるべきものであると信じているのです。

これが、なぜ外国語学習を始めるために文法から始めるべきだと考える理由の答えと同じですか? 私は多くの人々がこのように考えていることを知っています。ここで、なぜ人々が外国語教育において文法を最初に考えるのかについて、良い例を挙げてみましょう。

数年前、私は韓国人女性から電話を受けました。それは、モンタナに息子がいるアメリカ人女性から電話を受けた時期とたまたま重なっていました。

「授業で使っている文法書があれば教えていただけますか? 」と彼女は、私が大学で教えていることをすでに知っているようでした。

「オフィスにはたくさんありますが、授業では文法書を使っていません」と私は答えました。

「では、ひとつお勧めいただけますか？」と彼女は尋ねました。

「なぜ文法書が必要なのですか？」と私は好奇心から尋ねました。

「教会で韓国語を教えるために必要です。私は教会の韓国語教師になったからです」と彼女は答えました。

「なぜ韓国語の文法を学生に教えるのですか？」と私はさらに尋ねました。

「それだけです。韓国語の基本をどうやって教えるのですか？」と彼女は躊躇なく答えました。

「誰が文法が最初に教えるべき基本だと言ったのですか？」

「いいえ、誰も言いませんでした。でも、韓国の学校で英語をそのように教わったので、韓国語も文法から始めて教えるべきだと思います」と彼女は答えました。私は彼女の考えがわかっていたので、さらに質問を続けました。

「では、学校でそのように英語を学びましたか？」

「いいえ。」

「では、今英語は話せますか？」と私は尋ねました。

「はい。」

「どうやって？」

「アメリカ人の夫と結婚して、アメリカに来てから一緒に暮らしながら英語を学びました。」

「学校で文法から英語を学ばなかったのに、学生たちにあなたが教える韓国語を文法から学ばせたいと思いますか?」

「いいえ、でもどうすればいいのかわかりません。」彼女は本当にどうすればよいのかわからないようでした。

3

外国語学習の基本に対する誤解

何年か前、私はデンバーの韓国コミュニティのメンバーに英語を教えるボランティアをしていました。約1年間、毎週土曜日の午後2時間のセッションでした。学生はあまり集まりませんでした。約15人ほどです。そのほとんどは、繰り返し練習したにもかかわらず、英語の音を発音するのが難しい高齢のメンバーたちでした。

私は、それがメンバーたちが英語を習得するための理想的なカリキュラムではないことを理解していました。なぜなら、誰でも週に2時間のセッションだけで外国語を習得するのは非常に難しく、ほぼ不可能だからです。しかし、私は彼らが週を通して自分で勉強できるように手助けするアイデアを持っていました。そこで、私は約1年間、英語のクラスを運営しました。メンバーの中には、日常生活で使える基本的な表現を使えるようになった人もいました。しかし、誰一人として、私がクラスから学んだと信じる言語的直感を身につけることはありませんでした。ですので、私はそれを成功とは見なしていません。私は、成功しなかった明らかな理由をいくつも思いつきます。

すべての理由を挙げる代わりに、学生と私の間で解決されなかった衝突の一つを紹介したいと思います。それは、英語を学ぶための「基本」の概念に関するものでした。ほとんどの学生は、クラスから期待するものが私とは異なっていました。英語クラスの話がコミュニティに広がると、多くの人々が電話をかけてきて、「基本から教え始めるのですか？」と尋ねました。私が「基本が何か」を完全に理解していたにもかかわらず、彼らの「基本」とは私が考える基本とはまったく異なっていたので、私は「はい」と答えることにしました。さもなければ、同じ質問を電話でかけてくる個々の人々に議論をしたり、講義をしたりしなければならないことがわかっていたからです。

クラスに来たとき、私はすぐに彼らががっかりしているのが分かりました。毎週土曜日、私は前の週にメンバーに出したバブルの宿題をチェックしていました。それから、次の週に繰り返しバブルしてもらうために新しい章を紹介しました。もちろん、新しい表現や単語の意味を説明し、また新しい単語をどのように発音すべきか、実際の会話でそれらの単語やフレーズがどのように発音されるかを説明しました。

しかし、クラスが終わった後、学生たちは私に、私がやっていることは彼らにはレベルが高すぎると言ってきました。彼らは、私が基本から教え始めると言ったのに、なぜこんな難しいことをしているのかと私に反論してきました。彼らがそれをどういう意味で言っているのかを理解しつつ、私はそれでも「基本」とは何かを尋ねました。予想通り、彼らは基本は文法と読解だと主張しました。

それから、私は言いました。言語を学ぶための最も基本的なことは、日常生活のさまざまな状況における生き残るための表現をバブルし続けることだと。しかし、彼らの返答は、文法を知らず、読めない状態でどうやってそんなことをするのかというものでした。彼らの口調はとても強く、私が間違っていると信じていました。私は再度、私たち全員が生まれたときからどのように言語を習得したのかを説明し、基本的には外国語を学ぶこともそれと変わらないべきだと言いました。私たち大人は、完全に発達した脳を持っているので、集中的な努力といくつかのスキルを使って、言語習得の過程の時間を短縮できると伝えました。

多くの人々が文法と読解力を言語の基本と信じ、それを追求している中で、私の孤独な叫び声はその大きな影に勝つことができませんでした。

文法が外国語学習の最も基本だという信念は、韓国の人々だけに広がっているわけではありません。それは高齢者だけの問題でもありません。年齢、性別、教育レベル、職業を問わず、世界中で広がっている信念です。

数年前、私が最初の本『New TESL Plus』（2005年に韓国語で出版）を執筆していたとき、ある女性から電話を受けました。なぜか、彼女は私がコロラド大学ボルダー校で韓国語を教えていることを知っていました。

彼女は最初に自己紹介をし、私に尋ねてきました。

「あなたが韓国語の文法書を推薦してくれるかどうか、気になっていました」と彼女はとても優しく、丁寧に質問しました。

「どうしてそれが必要なのですか？」と私は驚いて尋ねました。

「モンタナの大学に通っている息子がいます。彼は学校で韓国人の女の子と出会いました。息子に彼女をとても愛していて、韓国語を学びたいと思っています。息子が韓国語を学びたいと言ってとても興奮しています。だから、息子への誕生日プレゼントとして韓国語の文法書を探しています」と彼女はかなり興奮した様子で言いました。

「どうして文法書が役立つと思うのですか? 」と私は尋ねました。

「息子は韓国語の背景が全くありません。彼が始めるべきことはそれだと思っています」と彼女は答えました。

私は、彼女が私の意見を求めてくれて幸運だと思いました。さもなければ、私は息子が多くの時間を無駄にして、結局何も得られずに諦めるだろうと確信していました。

私は彼女に約1時間、どのように母国語を習得したのか、そしてなぜ外国語を学ぶ方法を母国語を学んだ方法とは異なるべきだと信じるのかを話しました。もちろん、私は彼女に最初に様々な日常的な表現のバブルトレーニングが強く必要だということも話しました。また、文法の概念に対する誤解も訂正しました。どの言語の文法も、言語のスキルという真の意味での基本ではありません。それは、専門の言語学者にとっての最も高度な研究分野の一つです。

多くの専門の言語教師が文法を基本と考えていることが分かっても全く驚くことではありません。実際、私は文法を外国語学習の最初の基本として否定する言語教師に会ったことがありません。英会話の教科書の有名な著者のホームページで、著者が外国語を学ぶために文法の十分な知識が最も重要であることを強調しているのを見たとき、私は非常に驚きました。

なぜ文法が外国語学習の基本であってはいけないのでしょうか? それは、文法は母語話者にとっても非常に難しいからです。また、誰もが母国語を文法を知らなくても身につけるように、外国語も文法を知らなくても身につけることができるからです。さらに、文法的アプローチに強い習慣を持つことが、外国語を流暢に使う自然なプロセスを妨げてしまいます。

なぜ人々は文法が外国語学習の基本だと信じるのでしょうか? それは、私が信じるに、一般的な外国語教育方法である文法翻訳法(Grammar Translation Method)が世代を超えて揺るぎない伝統となっているからです。もし最初の世代の外国語教育者たちが、私がここで提案しているバブルトレーニング法(BTM)から始めていたなら、きっと人々は私が後で詳細に紹介するバブルが、外国語学習の基本であると信じたことでしょう。しかし、残念ながら、最初はそのようには始まりませんでした。

それでは、外国語学習の基本は何であるべきなのでしょうか? 私は、簡単でシンプルな日常的な会話表現を用いたバブルトレーニングが基本として最初に行うべきだと信じています。それは文法と比べて遥かに簡単に実行でき、日常のよくある状況に対処するために外国語で話す能力を身につけることができ、学習者がこれらの表現を蓄積していくうちに、外国語の構造、音、意味、使用法に関する言語直感が得られます。

4

なぜ私は文法中心の外国語教育に反対なのか?

私は多くの人々に、学校は外国語教育の焦点を少なくとも最初は文法に置くべきではない、もし永遠にではなくても、そう信じていると話してきました。その中には外国語教師や外国語学生も含まれています。特に、外国語教師にこの信念を売り込むのは非常に難しいです。彼らは通常、文法が初めに非常に必要であると強く反論し、文法が学生に対して、単語構造、文の構造、時制などの言語的特徴を体系的に理解させるのに役立つからだと主張します。さらに、学生が文法を知らずに外国語の文を作り出す方法について質問してきます。

私が文法中心の外国語教育に反対する理由は非常に簡単で明確です。何年も文法中心の外国語教育を受けた人々の証言と長期間の観察に基づいて、文法中心の教育は外国語の習得過程を傷つけるか、少なくとも真剣に遅らせると私は信じています。

伝統的な文法中心の外国語教育に懸念を抱く人々の中で、文法教育の必要性について異なる方法で議論するグループが存在します。ある人々は文法中心の教育は全く必要ないと主張します。他の人々は文法教育の量を大幅に減らすべきだと言います。また、他の人々は非常に最小限の文法教育が外国語を教えるために必要だと言います。

文法教育が言語を習得するために必要または要求されないという事実は、人類の歴史を通じて、母国語を自然に習得した人々によって証明されています。また、文法中心の言語クラスを受けずにバイリンガルになった数万、もしも数百万の人々によって証明されています。彼ら自身の経験を基にして、子どもたちに母国語を教えたり学んだりした人々は、文法教育が言語を学ぶために必要不可欠ではないという議論の基盤を容易に理解することができます。

同じ理由で、すべての外国語教育の教師もこれらの事実を非常によく知っています。それでも、彼らは依然として外国語の授業で文法を教えることに固執しています。彼らがそうする唯一の信念は、文法教育が何らかの形で学生の外国語学習を助けるだろうということのようです。しかし、数百年にわたる文法中心の外国語教育は、堅実なバイリンガルスピーカーを生み出すことに失敗してきました。

文法中心の外国語教育を支持する人々は、外国語の文法知識がなければ学生は外国語を十分に読んだり理解したりできないと主張します。例えば、最近、私の読者の一人が韓国からメールを送ってきて、「I should go to school to study English」のような文を、単語の順序や不定詞の機能を知らなければどう理解できるのか、という質問をしてきました。彼は、言語スキルを習得するためにはバブルトレーニングが本当に効果的だと信じていると書いていました。それでも、彼は基本的な文法はバブリングと一緒に教えるべきだと信じていました。

上記の質問は、学生が文の意味を理解するための文法教育の必要性についてでした。私の彼の質問への答えは、誰でもその文の各単語の意味を単純に照らし合わせることで、文の意味を簡単に推測できるということです。もっと複雑な文でも、それは同じことです。また、不定詞の機能は、バブルトレーニングを通じて各表現を習得するにつれて、自然に一つ一つ学ばれます。そのような文法的特徴は、文の構造や語彙アイテムの使い方についての言語的直感の一部として、表現と一緒に習得することができます。これは自然な言語習得の過程で簡単に証明できます。したがって、特別な文法中心の教育は必要ありません。

一方で、文法が有害なウイルスの集合体であり、したがって従来の方法で教えるべきではないという私の主張を人々は簡単には理解しません。なぜなら、文法は言語習得の過程を害したり遅延させたりするからです。最も頻繁で有害な習慣的な文法ウイルスは、非常に強いアクセントや単語の誤った発音のパターン、MT（母国語）とTL（ターゲット言語）との間で文法をフィルターとして適用し、TLを話す際や聞く際に遅延や誤りを引き起こすことです。また、文法的な誤りに対する過度な懸念や、TLを話す際の時間の大幅な遅れもあります。これらの問題は、TLの表現を発音し、作り出すために必要な特別な訓練の重要性を理解せず、文法に過度に集中した結果として引き起こされます。

一度人々が非常に集中的な文法教育を通じて文法の有害なウイルスに慣れ、固執すると、それが言語習得の過程に深刻な干渉をもたらします。典型的には、人々は文法が非常に難しいと信じており、しかし一度習得すればTLを学ぶのに役立つはずだと思っています。しかし、何年にもわたる集中的な文法教育を受けた多くの人々は、私の集中的な文法教育に対する批判が意味することを非常によく理解しています。

これまで、私はFLE（外国語教育）における文法の不要性や有害なウイルス機能について指摘してきました。今、読者の理解を深めるために、私がなぜFLEで文法を最初に教えるべきではない、または文法に焦点を当て続けるべきではないと強く反対しているのかをさらに詳細に示しましょう。

もし最初に1～2時間のオリエンテーションを行って、母国語とTLの言語的な違いを示す文法セッションを強く望むのであれば、私はそれをお勧めしません。私は、まだ世界中で広く普及している文法翻訳法（Grammar Translation Method）タイプのFLEやそれに似たものに反対しています。これらの方法では、学校が数年間にわたる集中的な文法中心の外国語授業を提供します。

私が文法ベースのFLEに反対する最も重要な理由は、文法自体が言語では全くないということです。どの構造的文法も、実際の生活の状況で人々が何を、どのように言うかを示すことはありません。文法は単語を組み合わせる原則を示すことはできますが、実際の生活の状況での単語や表現の適切な使い方を示すことはありません。関連があると考えられる単語を文法的に組み合わせても、効果的なコミュニケーションは生まれません。だからこそ、強い文法の背景を持つ学生は、実際の生活の中で何を、どう言うかがわからないのです。

視点によって、文法はさまざまな方法で定義されることがあります。しかし、どんな意味であっても、文法の本質と言語の本質は同じものとして定義できません。彼らは同じではなく、同じにはなりません。

したがって、どんなに長い間学生に文法を教え、どれだけ学生が文法を上手に学んでも、それだけでは学生がターゲット言語（TL）そのものを習得することはありません。せいぜい学生にTLがどのように構成されているかに関する知識を与えるだけです。TLの規則や言語的特徴を教え続けることは、音楽の規則や音楽的特徴を教えることにこだわるのと変わりません。そのような知識は、学生が言語や音楽を実際に演奏するために必要な身体的な能力を習得するという最も重要な点において、現実的な助けにはなりません。

第二に、従来の文法翻訳法（Grammar Translation Method）は、文法を教えたり学んだりするのに多くの時間を費やします。典型的には、中学校や高校では文法翻訳法に3年を費やします。例えば、韓国、日本、中国のアジア諸国の学校では、文法中心のFLEを中高生に提供しており、つまり6年間にわたるということです。最近、韓国の高校では大学入試のために英語のリスニングクラスが導入されましたが、学校がFLEの方法論を変えたようには見受けられません。

その結果、私はそのような文法中心のFLEが学生に言語そのものを習得する機会を奪っていると信じています。学生は学校時代のすべての時間を文法の学習に費やし、TLの実際の言語スキルを持たずに卒業します。私は、学校がTLではなく、TLの文法に全ての時間を費やすことを好ましく思いません。

第三に、文法は言語そのものではないので、TLを教えるために文法を教える必要はありません。つまり、文法を教えなくてもTLを教えることは可能です。FL教師たちは、言語を知ることがTLをより良く習得する助けになると言いますが、私はそれに同意しません。実際には、それは自然な言語学習のプロセスを助けるどころか、むしろ妨げるように見えます。これは、集中的な文法授業から悪い習慣を身につけるからです。TLの表現を読んだり、聞いたり、話したりするたびに、自分の知っている文法をすべての表現に適用しようとする習慣です。したがって、もし自分の知っている文法が特定の表現を検証できない場合、それらを受け入れる前にそれらを理解する方法を見つけようとします。このようなプロセスは、FLスキルを開発する上で非常に悪い習慣です。

第四に、文法は完全ではありません。TLには、通常の文法規則が適用されない例外がいたるところに存在します。完全な文法知識を持っている人は多くありません。したがって、現実の表現に一致するすべての文法を見つけることはできません。しかし、非常に限られた文法知識でも、言語を使う前にまず立ち止まり、自分の文法を適用して構造を確認しようとします。

最後に、非常に重要なこととして、FLE方法論の歴史が示すように、文法翻訳法における集中的な文法教育の目的は、学生がTLを自分の母国語に翻訳したり、その逆を行ったりできるようになることです。これは現代のFLEが要求する目的には沿っていません。

現代では、学生はTLでの口頭能力を証明することが求められています。学生はTLを高効率で口頭で実行できる必要があります。学生はTLを私たちの母国語のように習得しなければなりません。一度TLを流暢に習得すれば、文法教育を通さなくても翻訳できるようになります。

FL教師たちが、「学生は文法を知らずにどうやって単語や文を作るのか？」という質問をしたことに戻ります。私の答えは、「36～40ヶ月の赤ちゃんを見てください」です。彼らが約30ヶ月のバブリングだけでできるのであれば、私たちは完全に発達した脳と運動感覚を持っているので、彼ら以上にうまくできるはずです。

5

文法的に正しいことを訓練する

私の考えでは、TL（外国語）の集中的な文法教育は、学生が高いレベルの口頭能力を習得するまで提供されるべきではありません。理由はたくさんあります。しかし、だからといって、最初から学生が文法的に間違っていることを全く気にしないというわけではありません。はい、最初からできるだけ文法的に正しく教えることは重要です。では、学生にどうやって文法的に正しく教えることができるのでしょうか?

私が文法重視のFLE（外国語教育）を信じる理由の中で最も重要なものの一つは、文法を学ばなければ文法的な間違いを避けることができないという考えです。私はこれは完全に間違った理解だと確信しています。また、文法を学ぶことによって文法的な間違いを避けることができるという信念は、非常に明確な誤解です。

さらに、文法的に間違っていることは、必ずしも外国語を話す人々だけに起こるわけではありません。ほとんどの文法的なエラーは、人々が文法を学ばなかったからではなく、正しい言語を学ばなかったから起こります。時には、文法が時代遅れであることが原因で文法的なエラーが起こることもあります。言い換えれば、古い文法の基準に基づいて、言語の新しい現象は不正確な文法として考えられることがあります。また、ほとんどの文法的エラーは、話者が文法を知らなかったために起こるのではなく、話し方に起因するスピーチエラーです。

私は、英語の文法テストでほぼ100%を取った多くの異なる国の人々を知っています。しかし、そのほとんどが英語で話したり書いたりする際に、依然として文法的な間違いをたくさん犯しています。それだけでなく、アメリカに一生住んでいた英語のネイティブスピーカーが、スピーチやライティングで文法的な間違いを犯しているのも見たことがあります。私自身も、英語の文法知識がかなり高いと自負しています。しかし、アメリカに17年以上住んでいても、英語で話したり書いたりする際に、いわゆる文法的なエラーを犯す自分を見つけることがあります。

実際のところ、私自身も自分の母国語である韓国語を話したり書いたりする際に、時々文法的な間違いを犯します。私が韓国語を話したり書いたりする際の間違いのいくつかの理由は、若い頃に学んだ文法のいくつかが当局によって変更されたこと、私が文法的に正しいとされる形を好まないために意図的に不文法な表現を使い続けること、そして規則に混乱して直感に頼ることです。結局、言語の文法は、個々の話者の好みによって異なることがあります。これは、異なる音楽家が異なるパターンで音楽を書けることを認めるのと同じです。

では、文法書を使わずに学生にできるだけ文法的に正しく教えるためには、何をする必要があるのでしょうか? すでにその答えはわかっています。最初から正しい言語を習得させることを教えればいいのです。それは非常に簡単です。学生に最初から正しい言語を習得させるために、FL教師はTLのネイティブスピーカーのように流暢である必要はありません。技術のおかげで、もちろんネイティブスピーカーが学生を教えることが理想的ではありますが、ネイティブスピーカーの教師を提供することが必ずしも非効率的なFLEの問題を解決するわけではありません。

もしネイティブスピーカーの教師が伝統的な文法翻訳法を採用すれば、学生は言語の口頭能力を習得・発展させることができないでしょう。また、ネイティブスピーカーの教師が週に限られた時間で多くの学生を相手にしなければならない場合、学生が学ぶべきモデルとして効率的に機能することはできません。

学生に最初から正しい言語を学ばせるために、FL教師の仕事は、学生が正しい形でバブルトレーニングを行えるように導き、調整することです。そのためには、学校が学生にモデル言語を提供するように、個別のバブルトレーニングを直接リードできる教師を十分に配置してくれると素晴らしいことです。

私たちが見つけることができる最良のバブルリーダーモデルは、母親や父親のような人間モデルです。したがって、学生に理想的なホームステイホストを見つけることは、バブルリーダーを提供する良い方法です。しかし、これらのタイプのバブルリーダーは、FL教師が学生のために見つけることができるものではありません。代わりに、教師は与えられた状況において最良のバブルリーダーを見つけるべきです。私は、TLのモデルフォームを提供できる最も効果的で利用可能なバブルリーダーの一つとして、オーディオ機器の使用を提案しました。

FL教師が学生に正しい表現を教えることは重要ですが、学生が言語に興味を持つように現実的な表現をクラスに提供することも非常に重要な仕事です。BTMモデルを通じて、私は学生のレベルの上昇に応じて、個人的な言語、社会的な言語、ビジネスの言語、専門的な言語、文化的な言語などの正しい言語モデルを提案しました。

教師の役割は、文法や評価のためのスキルを教えることではなく、学生がモデル言語を通じてTLの口頭能力を獲得し、発展させるために一貫して管理し、指導することです。このようなFL教師の役割において、教師はTLのネイティブスピーカーである必要はありません。言語がどのように習得されるか、FL教育のプロセスを正しく理解することの方が、ネイティブスピーカーのFL教師であることよりもはるかに重要です。

正しいモデル言語を通じてTLの口頭能力を獲得し、発展させる学生は、その言語の文法的に正しい直感を発展させます。そのため、特別な文法クラスは必要ありません。これは、子供たちが文法的に正しい直感を発展させるのと同じです。次に、学生の文法的に不正確なパフォーマンスは、教師がケースバイケースで修正すべきであり、それによって再び学生はその言語に関する正しい直感を築くことができます。

学生がTLの高いレベルの口頭能力を達成すると、彼らはほとんどの文法を覚え込んでいることになります。しかし、文法的な特徴を文法用語を使って説明できないかもしれませんが、これは成功したコミュニケーションを行う上で全く問題ではありません。何年にもわたる集中的なFLプログラムで脳に詰め込まれた文法は、TLを習得することなく終わることがほとんどですが、このように自然に習得された文法は、意味のやり取りの自然で有意義なプロセスに干渉することはありません。したがって、MTとTLの間の言語のプロセスは、二つの言語の間に人工的なフィルターやスクリーンがない非常に自然なものになります。

文法のそれぞれの分野は口頭能力を発展させる過程で習得できますが、すべての個々の特徴がその過程で学生によって習得されるわけではありません。

言い換えれば、学生が高いレベルの口頭能力を達成した後でも、特定のTLの特徴について十分な直感を発展させていないかもしれません。主にその特徴がパターンに基づいていない独立した特性であり、習得プロセスの中で十分に頻繁に現れなかったためです。

例えば、韓国語には多くの文末助詞がありますが、そのほとんどは一般的に使われていません。典型的には、いくつかの助詞だけが頻繁に使われます。韓国語をTLとして習得した学生は、このような文末助詞の文法的なカテゴリーについて知っているべきです。彼らはまた、その助詞の一般的な機能も理解しているべきです。すなわち、助詞は命題を変えるのではなく、単にモダリティを示すだけです。しかし、学生がこれまでに読んだり教えられたりしたことがない助詞が表すそれぞれのモダリティを知ることは非常に難しいでしょう。

また、学生がいくつかの文法的特徴について混乱することがあるのは、それらを習得する機会が十分でなかったためか、文法的特徴が非常に複雑だからです。典型的には、学生は十分な時間と経験を積むことでそれらを習得します。しかし、学生は今自分が何を知らないのか、何に困惑しているのかを知っているので、一連の文法セッションから大いに利益を得ることができます。

したがって、学生がTLの口頭能力を習得し発展させた後、文法の要約セッションを一連で提供することは、学生のTLの理解を成熟させるのに役立ちます。また、文法の要約セッションは、学生にとってあまり乾燥しておらず、難しく感じることはありません。学生は、文法がどのように処理されるかを感じ、理解できるからです。学生が文法を理解するのにそれほど時間はかかりません。学生の能力レベルや教えられる文法の深さによって、1週間に5時間の授業を基にして、数週間または1ケ月で理解できるかもしれません。その後、学生は文法的に正しいことに自信を持つようになるでしょう。

最初に何年もかけて、学生が最も読む能力を発展させるために役立つ文法を教える必要はありません。

第14章

成功する自己BTMのアイデア

ここで提案するアイデアは、短期間の基本的なプログラムモデルのためのガイドラインです。

集中的なバブル・トレーニングは、自分の母国語のアクセントを克服し、TLを習得しやすくする唯一の方法です。

口頭能力を高いレベルに向上させるためには、2段階目のバブル・トレーニングを読書に使う前に、より多くの集中的なバブル・トレーニングと長時間のリアル・インプットを強くお勧めします。

話すためのリアル・インプットが500〜1000表現は、1段階目のバブル・トレーニングにおける最低レベルです。より良い成果を上げるためには、話すためのリアル・インプットとして2000〜3000表現、またはそれ以上を強くお勧めします。これは言語をより高いレベルの口頭能力へと習得するための最良かつ最速の方法だからです。

話すためのリアル・インプット表現を多く習得するほど、ネイティブに近い口頭能力が達成されます。

すでに伝統的な方法で読解力とリスニングスキルを習得した学生は、日常的、社会的、専門的な活動において有用な表現を学び、流暢に使えるようになるために、バブル・トレーニングに重点を置き、多くの表現を学びたいと考えるでしょう。

1

公共プログラムでBTMを採用するための障害

この本で書いた内容は、主にBTMの概念を紹介し、一般的に公共の言語プログラムにBTMをどのように適用するかを示すことです。そのため、実際のプログラムの環境に合わせて、リアル・インプットの量やプログラムの期間について提案した具体的なアイデアは調整が必要かもしれません。

公共または私立の学校で提供される言語プログラム、または小学校から大学に至るまで、すべてのプログラムにはBTMを成功裏に適用するための様々な障害があります。

私が言語教師として経験した多くの障害の中で、公共の言語プログラムにBTMを採用する上で最も重要な課題は、言語プログラムを何世紀も指導してきた当局と教師たちにあると信じています。彼らは、長年続いた従来のプログラムが学生に目標言語を習得させるのに完全に失敗しているという重要な事実を認識する必要があります。また、習得前の集中的な文法プログラムが多くの面で絶対に有害で、習得に深刻な干渉を与えること、そして言語は、赤ちゃんが母国語を習得するように、リアル・インプットに対する繰り返しのバブル・トレーニング（これをBTMと呼ぶ）によって一つの方法でしか習得されないことを理解する必要があります。

彼らがこれらの重要な事実を認識しない限り、公共の言語プログラムにおいて有意義な変化は期待できません。ちょうど人類が長い間、太陽中心の宇宙を受け入れるのが非常に難しかったように、ほとんどの当局や教師たちがこれらの重要な事実を認識し、従来のプログラムから完全に思考を変えるのは非常に挑戦的なことになるでしょう。

仮に彼らがBTMの効果を認識したとしても、長い間、従来のプログラムを放棄することはないでしょう。むしろ、BTMと従来の方法を組み合わせ、BTMがどのように機能するかを見てみたいと考えるかもしれませんが、これは多くの理由でBTMの効率性を大きく妥協することになります。

私は、韓国語を教えるために実施した大学プログラムだけでなく、韓国からの移民の小グループに英語を教えるために実施した私立プログラムでもBTMを試しました。その過程で、プログラムを成功裏に運営するためのいくつかの深刻な課題について学びました。

大学のプログラムにおいて最も深刻な問題は、カリキュラムが言語を初歩的なレベルまで習得するために必要だと信じる最低2年を確保していないという事実です。学生は言語プログラムで要件を満たすために3学期のみを受講する必要がありましたが、非常に少数の学生が、比較的要求が少ない従来のプログラムに比べて、かなり要求の厳しいBTMプログラムを3学期も終えることができました。大学のプログラムでは、必要な最小人数を満たさないクラスはキャンセルされます。

しかし、私は学生たちがBTMプログラムを通じて学んだ表現を流暢に話すことができたという点で、かなりの成功を目の当たりにしました。残念ながら、彼らが少なくとも2年間、その表現に対してバブル・トレーニングを続けなければ、すぐにその表現を忘れてしまうだろうということもわかっていました。私自身の英語習得の経験と他の人々の言語習得の観察に基づくと、私は、各表現が長期記憶に定着し、習得に貢献するためには、少なくとも2年間は繰り返しバブル・トレーニングや練習が必要だと言えるでしょう。

私立プログラムにおいては、学生は40代から50代のフルタイムの仕事を持つ大人であり、私の入力-出力仮説に基づくと、彼らは最も強い言語的抵抗を克服しなければならないことを意味します。ほとんどの学生はうまくいきましたが、最大の問題は、プログラムが1年を超えて続かないことでした。学生たちは、仕事、健康、家族の問題など、さまざまな個人的な理由でプログラムを辞めざるを得ませんでした。したがって、たとえ800～1000の独立した表現を習得したとしても、それらの表現は、少なくとももう1年くらいバブル・トレーニングを続けない限り、すぐに忘れてしまうことになります。そうでないと、その表現がLAD（言語習得装置）で繰り返し処理され、言語的直感、身体的能力、言語リソースといった必要な習得要因が得られることはありません。

上記のように、公共または私立のプログラムには、個人が言語を習得するための目標に到達するためのさまざまな障害や困難があります。したがって、学生はBTMを自分自身の独学に適用することを検討するかもしれません。

2

自学のためのBTMの活用

自学を始める前に、学習者は（規範的な）文法が必要ないだけでなく、習得に対して非常に有害であることを理解しなければなりません。これは学習者にとって受け入れるのが非常に挑戦的な事実です。リラックスして、自分が文法の干渉なしに言語を習得する方がはるかに成功することを確信してください。もし既に強力な文法のバックグラウンドを持っているなら、それは残念なことです。文法のスキルが強い人は、習得のトンネルを通過するのにかなり長くて厳しい時間がかかるでしょう。文法は、主に表現や思考の論理を制御するための規則として機能しますが、基本的には文法を学ぶ過程で作り上げられた悪い習慣の集合体です。ですので、文法は捨ててください。できるだけ文法から離れてください。BTMから始め、文法は習得過程の中で自然に身につき、習得の結果として獲得されます。

学習者はまた、言語を習得するために読書、リスニング、またはライティングのスキルは必要ないことを理解しておくべきです。表現を聞いて、それを繰り返し、暗唱し、模倣する能力さえあれば、他に言語を習得するために必要なスキルは一切ありません。ただし、目標言語の文字、文字体系、またはアルファベットの音を認識できることができれば、大いに助けになります。

BTMで自学を始めるためには、日常活動で使える実際の表現で構成された教科書を見つける必要があります。また、その教科書はネイティブスピーカーの声で制作されたオーディオセットを伴っているべきです。理想的な教科書は、二言語のバイリンガル形式で、学習者が表現を簡単に理解できるようになっていると良いでしょう。

これらの教科書は、話すためのバブル・トレーニング用です。初心者レベルで目標言語を習得するには、最低でも約1,000の実際の表現が必要です。習得する実際の表現が多ければ多いほど、より流暢で高度なレベルの習得が達成されます。

3

話すためのセルフ・バブル・トレーニング

実際のインプットを活用した教科書を見つけたり入手したりしたら、次のようにバブル・トレーニングを行うことができます:

1. 毎日、1〜2時間、または必要に応じて、オーディオを聞き、繰り返し覚え、そして新しい表現を練習します。これにより、言語習得装置に実際のインプットのプールを構築します。1日10〜15の表現、または自分が負担なくできる量が理想です。最初は1〜2時間で10〜15の表現を覚えるのがかなり挑戦的に感じるかもしれません。しかし、言語に慣れてきて、個人のスキルにもよりますが、10〜15の表現を覚えるのに30分程度で済むようになります。
2. 毎日、1〜2時間、または必要に応じて、過去7日間で習得した表現を練習します。ここで言うリラックスした時間とは、運転中、休憩中、自転車に乗っているとき、バスに乗っているとき、運動中など、複数のタスクをこなしながら聞いて繰り返したり、暗唱したりできる時間のことです。

3. 毎週、1～2時間、または必要に応じて、過去15日間で習得した表現を練習します。
4. 毎月、1～2時間、または必要に応じて、過去1か月間で習得した表現を練習します。
5. 本を終えたら、必要に応じて、次の本を始める前にその本をもう2回繰り返します。この本の復習は、本の最後のシナリオから遡って始めます。
6. 本を2回復習したら、上記のステップ1～5に従って、新しい本を始めます。
7. ステップ1～5に従いながら、過去に習得したすべての本や表現を、3か月ごとに必要なだけ復習する時間を取ります。

バブル・トレーニングの全過程は、学習者を目標言語に対する強い精神的没入状態に導き、習得の効率を高めます。

もし学習者がこの方法で約2000の実際の表現を流暢に習得できるなら、その学習者は言語を初級レベルまで習得したと言えます。この方法で、学習者は言語を2～3年で初級レベルまで習得できます。もしさらに実際の表現を追加してバブル・トレーニングを続ければ、習得はさらに高いレベルに進むことができます。この方法で、成人でも、ターゲット言語の国で物理的に没入するだけでは達成できない高度なレベルまで言語を習得することができます。

4

読むためのセルフ・バブル・トレーニング

約500〜1000（または希望に応じてそれ以上）の実際のインプット表現を習得するためのバブル・トレーニングを成功させ、さらに多くの実際のインプットでバブル・トレーニングを続けながら、読むためのバブル・トレーニングを追加することができます。読むためのバブル・トレーニング用の教科書は、バブル・トレーニングのためにリスニング用のネイティブスピーカーの音声セットも含んでいるべきです。

読むためのバブル・トレーニング用の理想的な教科書は、2つの言語間でバイリンガル形式で書かれているべきです。そうすることで、学生は文を理解するための時間と労力を節約でき、また自分の文の理解を翻訳と比較し、特定の単語や文の理解の誤りを訂正することができます。自分の興味のあるテーマの本を選ぶことができます。

また、読むためのバブル・トレーニング中に得た語彙を記録するノートが必要です。

1. 毎日1〜2時間、または必要に応じて集中的に語彙を学習する時間を取る。文中の各単語の意味に基づいて文の意味を推測し、翻訳と照らし合わせて意味を比較し、文の誤解を招いた問題を訂正する。最初は1〜2時間で数文しか読めないかもしれませんが、進行するにつれて読む速度が上がっていきます。

2. 新しい語彙をノートに書き留め、その後、各語彙項目を本の中で5ページ、10ページ、15ページ、20ページ先など、ページ間隔を増やしながら異なるページに配置します。これにより、読書を進めるうちに語彙項目を繰り返し記憶することができます。
3. 毎日空き時間を使って、語彙ノートを見返し、以前ノートに記入した語彙項目を復習します。
4. 本を読み終えたら、新しい本を読み始める前に、その本を3回か4回繰り返し読んでください。繰り返し読んでいくうちに、ターゲット言語の文を理解するための強い直感が養われます。また、創造的な会話や後で書くためのバブル・トレーニングで使用できる表現も得られます。

5

自己バブル・トレーニングで聴く

本#1の読みのバブル・トレーニングを3回または4回繰り返し成功させたら、同じ本#1の音声版を聴くことからバブル・トレーニングを加えることができます。1回に2〜3ページをカバーしながら、5〜10分間の聴き取り練習を開始し、1日にできるだけ繰り返し行います。

その後、本#1の聴き取りを3回以上繰り返し終えたら、次に本#2の読みのバブル・トレーニングを開始します。これで、本#1の読みと聴きのバブル・トレーニングは終了です。

既に繰り返し読みで慣れ親しんだ同じ教科書を使って聴くバブル・トレーニングを行うことで、聴解能力が非常に効果的に向上します。それに加えて、同じ本を6回または8回、読みと聴きで繰り返すことで、語彙や文が非常に豊かになり、実際の会話で簡単に活用できるようになります。

この聴解トレーニングの方法では、テレビ番組や映画、ラジオ番組を聴くことと比べて、はるかに簡単で効果的であることが分かるでしょう。

本の読みと聴きのバブル・トレーニングは、5冊または6冊、さらに希望に応じて多く行う必要があります。これにより、確実に読みと聴きのスキルを身につけることができます。

6

自己バブル・トレーニングで書く

上記のように、自己バブル・トレーニングで話す、読む、聴くを成功裏に進めていく間に、日記を書くことで書くためのバブル・トレーニングを加えることができます。日記を書くことは、創造的な文章を書く必要はありません。話す、読む/聴くを学ぶために使った教科書から文をコピーすることができます。また、必要に応じてその文から単語を置き換えたりして、自分自身の意味を書いたりできます。最初の日記を書くことが最も挑戦的ですが、毎日書き続けることで、だんだん速く、簡単に書けるようになります。

7

自己バブル・トレーニングで文法を学ぶ

学生が成功裏に書くためのバブル・トレーニングのレベルに到達すると、非常に強力な直感的な文法スキルを習得していることになります。体系的な文法を学ぶ必要はありません。文法書を簡単に通してみると、すでにほとんどの文法スキルを習得していることに気づくでしょう。

しかし、この段階で文法を徹底的に学ぶことは、文法的に複雑な表現を扱うのに役立ちます。文法を学んでいるとき、多くの「アハ」モーメントを得るでしょう。

8

自己学習のためのBTMの完成

話す、読む、聴く、書くための積み重ねたバブル・トレーニングの全過程は、個人の意欲やプログラムへの貢献によっては、少なくとも3年または4年、場合によってはそれ以上かかることがあります。

成功したバブル・トレーニングの終了時には、話す、読む、書くための目標言語を操作するための言語直感、身体的能力、言語資源といった習得因子が非常に強固で確かなものになっています。

参考文献

Bloom, Paul (1994) 『言語習得』. MIT Press.

Bragger, Jeannette D. (1986) 「能力向上のための教育: 私たちは準備ができているか? 」。

ADFL Bulletin 18, no. 1 (1986年9月): 11-14.

Crystal, David. (1991) 『言語学と音韻学の辞典』. Blackwell Publishers Ltd.

Freed, Barbara F. (1989) 「能力に基づく教育と評価の未来に関する視点」。ADFL Bulletin 20, no. 2 (1989年1月): 52-57.

Hudson, Mutsuko Endo. (2007) 「能力志向型言語教育ワークショップ」。

Lee, Cheol Beom. (2005) 『新TESLプラス』. Chonghap Press.

Phillips, June K. (1985) 「能力向上型プログラムにおける成果と期待: 現実的な目標に向けて」。ADFL Bulletin 16, no. 3 (1985年4月): 9-12.

Slobin, Dan Isaac (1979) 『心理言語学』. Scott, Foresman and Company.

Univ. of Idaho online. (2007) 「言語クラスにおける学習方法と学習との相関関係」。http://ivc.uidaho.edu/flbrain/learning.htm.

Stephen Krashen (2010年10月15日), Stephen Krashenによる言語習得に関する講演

(https://www.google.com/search?q=krashen&rlz=1C1CHBD_enUS851US851&sxsrf=ALiCzsYuNsyxIYdBbfHtD2xZZnUj37B5eQ:1670791715029&source=lnms&tbm=vid&sa=X&ved=2ahUKEwjw0auVuPL7AhXRIDQIHf3eCK8Q0pQJegQIBRAG&biw=1600&bih=757&dpr=1#fpstate=ive&vld=cid:9baca7e6,vid:NiTsduRreug)

Stephen Krashen (2019年12月26日), 最適なインプット

(https://www.google.com/search?q=optimal+input&rlz=1C1CHBD_enUS851US851&biw=1600&bih=757&tbm=vid&sxsrf=ALiCzsbJLhEpiMtsdSoiAgN4z7tImJIArw%3A1670791723672&ei=K0KWY_POKIGB0PEPo4mp6Ac&oq=op&gs_lcp=Cg1nd3Mtd2l6LXZpZGVvEAEYADIECAAQQzIFCAAQgAQyCAgAEIAEELEDMgsIABCABBCxAxCDATILCAAQgAQQsQMQgwEyCwgAEIAEELEDEIMBMggIABCxAxCDATIFCAAQgAQyBQgAEIAEMgsIABCABBCxAxCDAToECCMQJ1CnFFiKF2DqLWgCcAB4AIABmgGIAeACkgEDMS4ymAEAoAEBwAEB&sclient=gws-wiz-video#fpstate=ive&vld=cid:7cebafee,vid:S_j4JELf8DA)

www.ingramcontent.com/pod-product-compliance
Lightning Source LLC
Chambersburg PA
CBHW071659120626
46550CB00001B/34
* 9 7 8 1 9 6 4 1 0 0 3 5 7 *